高等院校公共基础课系列教材

U0837684

大学体育与健康教程

主　编　熊百华　陶干臣　胡达道
副主编　肖刚云　余友儒　罗　洪

哈尔滨工程大学出版社
Harbin Engineering University Press

内容简介

本书共十七章，内容包括大学体育概述、科学健身观、大学生体质健康与评价、体育运动卫生保健与急救、体育竞赛编排方法、田径运动、篮球运动、排球运动、足球运动、乒乓球运动、羽毛球运动、网球运动、武术运动、游泳运动、形体训练、健美操运动、体育欣赏与奥林匹克运动。

本书可作为高等院校各专业的公共课教材使用，也可作为相关人员的参考用书。

图书在版编目(CIP)数据

大学体育与健康教程 / 熊百华，陶干臣，胡达道主编. — 哈尔滨 : 哈尔滨工程大学出版社，2022.8(2023.8 重印)

ISBN 978-7-5661-3612-1

Ⅰ. ①大… Ⅱ. ①熊… ②陶… ③胡… Ⅲ. ①体育—高等学校—教材 ②健康教育—高等学校—教材 Ⅳ. ①G807.4 ②G647.9

中国版本图书馆 CIP 数据核字(2022)第 140812 号

大学体育与健康教程

DAXUE TIYU YU JIANKANG JIAOCHENG

选题策划 师丽华
责任编辑 张 昕
封面设计 刘文东

出版发行 哈尔滨工程大学出版社
社　　址 哈尔滨市南岗区南通大街 145 号
邮政编码 150001
发行电话 0451-82519328
传　　真 0451-82519699
经　　销 新华书店
印　　刷 三河市骏杰印刷有限公司
开　　本 787 mm×1 092 mm 1/16
印　　张 14.5
字　　数 300 千字
版　　次 2022 年 8 月第 1 版
印　　次 2023 年 8 月第 2 次印刷
定　　价 49.80 元

http://www.hrbeupress.com

E-mail:heupress@hrbeu.edu.cn

前言
Preface

2020年10月，中共中央办公厅、国务院办公厅印发了《关于全面加强和改进新时代学校体育工作的意见》（以下简称《意见》）。《意见》指出："学校体育是实现立德树人根本任务、提升学生综合素质的基础性工程，是加快推进教育现代化、建设教育强国和体育强国的重要工作，对于弘扬社会主义核心价值观，培养学生爱国主义、集体主义、社会主义精神和奋发向上、顽强拼搏的意志品质，实现以体育智、以体育心具有独特功能。"

为加强和改进学校体育育人工作，促进学生德智体美劳全面发展，发挥第二课堂育人实效，本书在编写过程中循序渐进地融入素质教育的内容，贯彻落实全国高校思想政治工作会议精神，旨在培养学生奋发向上的意志品质和激发其阳光心态，促进学生身心健康发展。

本书共十七章，内容包括大学体育概述、科学健身观、大学生体质健康与评价、体育运动卫生保健与急救、体育竞赛编排方法、田径运动、篮球运动、排球运动、足球运动、乒乓球运动、羽毛球运动、网球运动、武术运动、游泳运动、形体训练、健美操运动、体育欣赏与奥林匹克运动。每章都设有学习目标与任务、素质讲堂与点拨、视野拓展、课堂互动、课后思考与练习等丰富多彩的栏目，对体育知识进行了拓展延伸，增强了趣味性。

本书在编写过程中秉持"体育＋素质"的育人理念，有意识地在体育课中渗透素质教育，寓思想于行为之中，寓德育教育于体育教育之中，同时以二维码的形式配备了教学视频、图文，借助网络技术使知识内容的讲解更加形象，有利于学生理解，有助于学生开展自主学习和探究性学习。书中使用了大量的示意图片，有助于直观地指导学生进行体育锻炼。

本书由井冈山大学熊百华、陶干臣、胡达道任主编，肖刚云、余友儒、罗洪任副主编。参与本书编写的还有邱红、傅秋仁、王保奎、刘丽、张莹、邓金平、史桂忠、陈万睿、刘红妹、阮小娟。

编者在编写本书的过程中参考了一些文献及资料，在此谨向有关专家、学者深表谢意！

由于编者水平有限，书中难免存在不足之处，敬请广大读者批评指正。

编　者

目录
Contents

第一章 大学体育概述

学习目标与任务

- 了解社会变迁对体育的影响。
- 掌握体育的含义、分类与功能。
- 了解大学体育教育的基本内容。
- 树立终身体育的意识。
- 培养科学的体育观。

素质讲堂与点拨

半殖民地半封建社会的中国灾难深重，民不聊生。那时的中国人体格大多不够健壮，体育运动更是得不到振兴。面对这样的历史和现状，毛泽东思绪难平。1917 年，毛泽东在《新青年》杂志上发表了一篇名为《体育之研究》的论文，全面、深刻地阐述了体育对青少年健康成长和民族复兴的重要意义。“体育一道，配德育与智育，而德智皆寄于体……”“体者，载知识之车而寓道德之舍也。”可见，身体的强健是人综合素质提高的基础和前提，体育对学生身心的全面发展起到促进作用。

毛泽东是体育运动的积极倡导者和实践者。在求学时，他通过冷水浴、日光浴、风浴、雨浴、远足、爬山、六段操和游泳等方式锻炼身体；在战争年代，他强调要加强训练，只有锻炼好身体才能打败敌人。1933 年 5 月 30 日至 6 月 3 日，中华苏维埃共和国中央政府在瑞金叶坪红军广场召开了全苏区第一次规模较大、有组织、有计划的体育盛会，来自红军各军团、江西和福建两省以及中央政府各机关的 160 多名运动员参加了这次运动会，这就是著名的“五卅”赤色体育运动会。在总结会上成立了苏区体育运动的最高领导机构——中华苏维埃共和国赤色体育委员会，其是国家体育总局的前身。

思考：从国家角度讲，体育是提高人民身体素质、促进经济社会发展的重要动力，是展示国家文化软实力的重要平台。那么，从个人的角度来看，体育运动给你的生活和学习带来了哪些影响？

第一节 体育基础知识

体育是人类社会特有的文化现象。体育作为人类有目的、有意识的社会活动，是为适应社会需要和人的生理、心理需求而产生的，其主要产生于生产劳动的过程中。在原始社会，由于生产力水平低下，人们还没有明确的社会职能分工，各种社会活动尚处在萌芽状态，原始社会的体育与教育、军事、医疗卫生、娱乐及宗教祭祀等活动相互关联，相互促进和发展。体育运动是在人类生存进化的漫长过程中孕育、发展起来的，逐渐表现出多功能、多元化的形式及特点。

一、体育的含义

人们对体育的认识是随着人类认识活动的逐步深入而拓展的，尤其是随着现代生产生活方式和人文环境等客观环境的变化，体育的性质、内容、范围、对象及时空关系不断地自我完善。根据我国体育发展的特点和规律，体育可分为广义体育和狭义体育。广义体育是以身体练习为基本手段，以增强体质、增进健康、促进人的全面发展、丰富社会文化生活和促进精神文明建设为目的的有意识、有组织的教育过程和社会文化活动，它包括体育教育、竞技运动和身体锻炼三个方面，是一种特定的社会文化现象，属于社会文化教育的范畴，受社会政治制度和经济的制约，并为社会政治制度和经济制度服务。狭义体育是指促进身体发展、增强体质，传授身体锻炼的知识、技术和技能，培养道德和意志品质的教育过程。它是教育的组成部分，也是培养全面发展人才的一个重要方面。

二、体育的分类

随着社会的不断进步及体育运动的不断发展，我国现代体育的内涵也远远超出原来的范畴。一般来说，体育主要包括学校体育、竞技体育与大众体育，这三者既不能相互替代，也不能相互混淆，如表 1-1 所示。

表 1–1 学校体育、竞技体育与大众体育的区别

类别	目的	形式与方法	主要特征
学校体育	增强学生体质，传授身体锻炼的知识、技术、技能，培养学生的道德和意志品质，增强体育与健康意识	有目的、有计划、有组织地进行体育与健康课程的教学与锻炼	很强的规范性，以体育教学和校内体育活动为主；有较强的目的性
竞技体育	最大限度地发挥人在体格、体能、心理及运动能力方面的潜力，提高运动技术水平，取得优异竞赛成绩	科学、系统的运动训练与竞赛活动	具有激烈的对抗性与观赏性、国际性与公认性、严肃性与功利性
大众体育	强身健体、医疗保健、休闲娱乐、陶冶情操、调节情绪	娱乐与锻炼	娱乐性、健身性、自由性、生活性

视野拓展

《体育强国建设纲要》中指出，广泛开展全民健身活动，坚持以人民健康为中心，坚持大健康理念，从注重“治已病”向注重“治未病”转变。《体育强国建设纲要》提出如下目标：到 2035 年，经常参加体育锻炼人数比例达到 45% 以上，人均体育场地面积达到 2.5 平方米，城乡居民达到《国民体质测定标准》合格以上的人数比例超过 92%。

习近平总书记强调，“没有全民健康，就没有全面小康”。人民健康是民族昌盛和国家富强的重要标志，是体育强国建设的重要基石，是中华民族伟大复兴的重要动力。

三、体育的功能

体育的功能是指体育在社会进步和人类发展过程中所产生的各种效益。随着社会的发展，人类对体育多元化的需求层次不断提升，体育的功能也逐步完善和发展。

1. 生物功能

体育的生物功能主要表现为健身养生、健美和健心三个层次。

（1）健身养生功能。生命在于运动，体育运动能促进人体各器官与系统的生长发育，促进人体各组织结构与机能的改善，还能全面提高身体素质，提高人体基本的活动能力、适应自然和抵抗疾病的能力，达到防治疾病、强身健体、延年益寿的目的。

（2）健美功能。通过体育锻炼塑造出来的健康美具有恒久的魅力。参加体育活动可以塑造形体美、姿态美等健康美，使整个机体表现出蓬勃向上、充满朝气和青春飞扬的健康

活力。

（3）健心功能。体育锻炼可以培养人的心灵美，调节人的情绪，培养人良好的心理素质和高尚的道德情操。

2. 社会功能

体育的社会功能主要表现在教育、政治、经济、娱乐和社会情感五个方面。

（1）体育是教育的重要组成部分，是培养全面发展人才的重要手段。体育可以培养人良好的道德品质，培养全面发展的人才，从而提高民族素质。现代体育融健身、娱乐于一体，其教育功能早已扩展到整个社会，并在不断优化的过程中整合出新的内涵。

（2）体育既受政治制度的制约，也为一定的政治服务。体育可使国家扩大国际影响，振奋民族精神；体育可以发展国际文化、服务外交事业，还可以加强民族团结，促进国家统一和世界和平。

（3）体育既受国家经济发展的制约，也为国家的经济发展服务，这是现代体育发展的主要特点和趋势。体育能强身健体，提高劳动者的工作效率，促进产业及科学事业的发展，体育还可促进就业。作为一种新兴产业，体育以其独特的魅力和广阔的市场引起了经济界的高度重视。体育旅游、体育表演、体育建筑和其他体育经营产业正以“朝阳产业”的姿态成为国民经济新的增长点，并不断彰显自身独有的风采和魅力。

（4）体育为社会提供了娱乐场所，促进了文化形态的发展，满足了人们的精神需要，越来越受到人们的青睐。随着休闲体育时代的来临，它给人类提供了全新的娱乐享受、减压和宣泄的方式，在促进家庭和睦、愉悦心情等方面带来了新的社会体验。例如，参加户外体育活动可以调节生活节奏，享受大自然的乐趣，促进人际关系的和谐。

（5）体育可以促进社会心理的稳定性发展，还可净化国民情感，激发民众的爱国热情。体育活动被人们视为加强人际交往及国际沟通的平台。

课堂互动

“六艺”最早出现在周朝，是指六种技能。从中国古代开始，许多王侯将相就必须学习“六艺”。你知道“六艺”包括哪些内容吗？其中哪些内容与体育有关？

第二节　大学体育教育

大学体育教育是素质教育的重要组成部分，对大学生体质的发展起着重要的作用。随着课程改革的不断深入，国家对体育教育的重视程度日益提高，大学体育教育呈现出蓬勃发展的新局面。

一、大学体育教育的目的

视频：大学生体育锻炼的目的

教育部于2002年发布的《全国普通高等学校体育课程教学指导纲要》指出：“体育课程是大学生以身体练习为主要手段，通过合理的体育教育和科学的体育锻炼过程，达到增强体质、增进健康和提高体育素养为主要目标的公共必修课程；是学校课程体系的重要组成部分；是高等学校体育工作的中心环节。”“体育课程是寓促进身心和谐发展、思想品德教育、文化科学教育、生活与体育技能教育于身体活动并有机结合的教育过程；是实施素质教育和培养全面发展的人才的重要途径。”大学体育教育的目的在于增强学生体质，促进学生身心健康，提高学生体育素养，使其成为德智体美劳全面发展的社会主义建设者和接班人。

二、大学体育教育的任务

大学体育教育必须树立“以人为本，健康第一”的教育理念，从而达到健身育人的教育目的。

1. 注意体育教育与健康教育二元有机结合

传统体育教学主要以增强学生体质为指导思想，偏重于从生物学角度研究人的生理健康或生物体能的提高，忽视心理健康和社会适应这两个问题。而完善的体育和健康教育体系应包括生理健康、心理健康、社会适应状况良好和道德健康四个维度，注重体育教学环节中健康教育思想的渗透，使二者有机结合。

2. 注重加强学生的体育意识

通过体育教学，教师可以向学生传授体育知识、基本技能，帮助学生掌握科学的锻炼方法，提高对体育锻炼的认识，养成自觉锻炼的良好习惯。要让学生明白，人的体质发展需要靠积极主动的自觉行为去维护，而非强迫自己或完全依赖外力。

3. 培养学生的体育能力

大学体育教育应在教学实践与探索过程中解决学生未来健身需要的问题，即培养学生建立由学校体育转向终身体育的理念和行为模式。体育理论课的内容设置不但要传授现实体育锻炼知识，还要积极探索传授未来社会所需的相关内容，找到大学体育教育与终身体育教育的对接点。在教学过程中，教师要考虑如何将身体健康教育、心理健康教育、社会健康教育及学生道德品质教育有机统一，通过体育教学实现教学效果的最优化，达到最佳的教育目的。

4. 注重体育人文精神的培养和熏陶

体育作为一种群众广泛参与的社会活动，不但可以增强人民体质，而且有助于培养人们勇敢顽强、超越自我的品质，有助于培养人们迎接挑战的意志和承担风险的能力，有助于培养人们的竞争意识、协作精神和公平观念。事实上，健康的体育人文精神培养和人格塑造是新时期体育教育发挥校园体育文化建设作用的必然选择。

视野拓展

2021 年 4 月 21 日，全国青少年体育工作会议在桂林举行。会议明确提出，我国将积极构建青少年健康促进、青少年体育训练、青少年体育竞赛“三大体系”。在青少年健康促进体系方面，要深化体教融合，促进学校体育扎实开展；调动社会资源，丰富青少年的体育活动；针对青少年的重点健康问题进行有效干预，研究和推行不同方式的青少年体育健康干预方法。青少年体育训练体系着眼于建立起举国体制与市场机制相结合的青少年训练体系，夯实青少年训练基础，不断提升青少年后备人才培养质量。青少年体育竞赛体系的打造要破除赛事壁垒，加强与教育部门的沟通协作；丰富赛事内容，坚持做好赛事文化测试工作；优化青少年竞赛环境，加快完善青少年竞赛相应制度体系，充分发展体育竞赛的育人价值。

三、大学体育教育的途径

大学体育教育是通过学校体育的各种组织形式实现的，如课堂体育教学、课外体育活动、多样的体育竞赛及其他体育活动等。

（一）课堂体育教学

课堂体育教学是大学体育教育的主要形式之一，也是大学体育课程的重要组成部分。课堂体育教学是按照教育计划和体育教学大纲而组织的专门教育过程，是实现大学体育教育目标的基本途径。

1. 课堂体育教学的指导思想

课堂体育教学要树立健康第一的思想。《中共中央 国务院关于深化教育改革全面推进素质教育的决定》指出：“健康体魄是青少年为祖国和人民服务的基本前提，是中华民族旺盛生命力的体现。学校教育要树立健康第一的指导思想。”

（1）课堂体育教学要树立全面素质教育的思想，要通过科学有效的体育与健康课程的教学过程促使学生的全面素质得以提高。

（2）课堂体育教学要树立面向全体学生的思想，要促使每个学生都能主动地发展，达到人人享有体育、人人享有健康的目的。

（3）课堂体育教学要树立终身体育的思想，学校体育是终身体育的基础，要把运动、体育、健康置于人的生命的全过程。

（4）课堂体育教学要树立个性教育的思想，应以人为本，重视个性，创造良好的氛围，展示学生的个性，发展学生的天赋，挖掘学生的潜能。

2. 课堂体育教学的类型

（1）必修基础课。这类课程应使学生形成正确的体育意识和现代健康观念；明确健康是目的，体育是过程，运动和身体练习是良好的手段；掌握体育与健康的基础知识、基本技术和技能；全面提高学生身体素质，改善身体形态机能，增进身心健康。必修基础课既要重视与中学体育和健康课程的衔接，又应注意为下一阶段学习奠定坚实的基础。

（2）必修选项课。在基础课教学的基础上，教师根据学生个人的喜好、特长和身心发展水平，以某一类（组）运动和身体练习项目为主要内容组织系统教学，学生通过学习与掌握该项目的相应知识、技术和技能，增加学生对参与体育活动的兴趣，培养其终身坚持体育锻炼的习惯及健康生活的行为方式，进一步增强体质、增进健康，并获得体质与健康的自我评价能力。

（3）体育选修课。这是为高等院校学生开设的、由学生自由选择修习的体育课程。学生在完成必修课的基础上，可以根据个人的兴趣爱好等自主选择某些运动，进行专门的学习，从而进一步培养学生自觉参加体育活动、注重健康行为方式的意识和能力，为终身坚持体育锻炼打下坚实的基础，并在此过程中增强体质和增进身心健康。

（4）保健体育课。这是为个别身体异常和少数病残、体弱学生开设的必修课和选修课。它有利于学生根据自身情况选择适宜的运动内容，其目的在于增进学生体力，帮助学生恢复健康，调节学生生理功能，矫正学生某些身体缺陷，促使其形成正确的体育与健康意识，提高体育活动的能力。

（二）课外体育活动

大学课外体育活动是体育课程的延续和补充，是大学体育教育过程中不可分割的环节。课外体育活动能够在增强学生体质、培养学生自觉锻炼身体的习惯、陶冶学生情操、丰富学生文化活动、发展学生个性等方面起到良好的促进作用。

1. 早操锻炼

早操是大学生学校生活的重要组成部分，可以加强条件反射，活跃生理机能，让学生以良好的状态开始一天的学习生活。坚持早操锻炼是养成良好生活习惯的有效措施，其形式可以多样，以满足不同学生的个体需要。早操可以是轻音乐相伴的健身跑，可以是新推广的集体广播操、太极拳、迪斯科健美操及各种锻炼身体素质的项目。

2. 课外体育锻炼

课外体育锻炼是学生在课前、课间或课后进行的体育活动，以锻炼身心、娱乐休闲、丰富课余生活为目的。课外体育锻炼由学生个人、群体、学校或俱乐部等自由组织开展，其内容丰富、形式多样，深受学生欢迎。

课堂互动

明代宫廷绘画中有一类表现帝王生活和重大历史事件的作品。《朱瞻基行乐图卷》（现藏于故宫博物院）描绘了明宣宗朱瞻基在御园观赏各种体育竞技表演时的场面。图 1-1 是该幅画的局部，你知道图中人物所进行的是哪项体育竞技表演吗？

图 1-1 《朱瞻基行乐图卷》（局部）

（三）多样的体育竞赛

体育竞赛是学校体育教学和运动训练的重要方法，也是学校推动师生体育运动广泛开展、增强学生体质和提高运动技术的重要措施。其形式多样，包括校内体育竞赛、校际运动竞赛、课外体育竞赛等。

1. 校内体育竞赛

校内体育竞赛是指在学校内开展的各种竞赛活动，小到班级之间，大到院系之间，也可以是全校性的运动会。校内体育竞赛能够培养学生团结协作、不断进取的精神，达到锻炼学生意志品质和社会交往能力的目的。校内体育竞赛为全校师生提供了公平竞争的机会。

2. 校际运动竞赛

校际运动竞赛一般由两个或两个以上学校参加，形式包括校际的运动竞赛、体育俱乐部的比赛及地区比赛等，规格较高的运动竞赛有世界大学生运动会等。校际运动竞赛有助于促进不同学校之间的交流，给学生提供更多的观赏体育竞赛的机会，有利于形成学生的集体意识、荣誉感和归属感。

3. 课外体育竞赛

课外体育竞赛是指在课余时间，以争取优胜为直接目的的，以运动项目、游戏活动、身体练习为主要内容，根据规则的要求，进行个人或集体的体力、技艺、心理的相互较量的体育活动。课外体育竞赛着力培养广大学生的综合素养，引导学生形成终身体育锻炼的意识。

（四）其他体育活动

1. 课余运动训练

课余运动训练是利用课余时间，对部分身体素质较好并有某项运动专长的学生进行系统训练的一种专门教育过程。它是大学体育教育的一种主要组织形式，也是认真贯彻执行普及和提高相结合的重要措施。

一方面，课余运动训练肩负着提高学生运动技术水平、创造优异成绩、参与校际和国际交往、为校为国争光的光荣使命；另一方面，它承担着指导普及、促进学生体育运动蓬勃开展的艰巨任务。课余运动训练有着目标的双重性、对象的广泛性、时间的课余性、运动项目的专门性与训练手段的多样性等优点，并且拥有高科技、多学科及体能和智能优势。

2. 野外健身活动

野外是指山、河、湖、海、草原、天空等自然环境，野外健身活动是指在野外开展的各种活动的总称，如郊游、登山、攀岩等。野外健身活动的内容主要分为陆域、水域和空域。国内外的实践和研究表明，野外健身活动是一项具有陶冶情操、强身健体、消除疲劳等效能，深受广大人民群众喜爱，不能被其他运动所替代的有益活动。其活动特点决定了它对青少年的教育意义，因而成为一些发达国家学校教育的内容和终身体育锻炼不可缺少的部分。

课后思考与练习

1. 体育在提高学生素质方面有哪些作用？

2. 大学体育教育对学生终身体育意识的培养有哪些影响？

第二章 科学健身观

学习目标与任务

- 掌握健康的含义与判定标准。
- 养成良好的健康生活习惯。
- 掌握科学体育锻炼的原则与方法。
- 了解运动健身的相关安全知识。

素质讲堂与点拨

1942年9月1日至7日，延安“九一”扩大运动会召开，这是抗日战争时期在根据地举行的规模最大、规格最高的一次运动会。运动会由朱德担任会长，贺龙、柳湜担任副会长，李富春、萧劲光分别担任正、副总裁判。这次运动会的目的是通过“广泛开展国民体育运动”“支持反法西斯残酷的战争与繁重的革命工作”“使每一个国民应该有强壮的体魄，方能担负起繁重的抗战救国工作，建立自由幸福的新中国”。

延安《解放日报》曾这样描述此次运动会的开幕式：“这里没有大理石砌成的司令台，简陋的土台子，不是同样庄严肃穆吗？这里没有整齐排列的看台，那铺着青石板和草褥子的山坡，不是坐着成千成万的看客吗？清新的河湾，不是我们漂亮的游泳池吗？”在当时战火纷飞的条件下，此次运动会的成功举办调动了广大军民参与体育锻炼的热情，丰富了人民的文化生活，也坚定了广大军民取得抗战胜利的信心，展现出了中华民族在自强自救的过程中所体现出的精神风貌。

思考：重视体育锻炼历来是中国共产党的优良传统，在新时代，党和政府把体育上升到了更新的高度——没有全民健康，就没有全面小康。结合实际，谈一谈你对体育与健康之间关系的理解。

第一节　健康基础知识

“健康”是一个不断发展变化的概念，在不同的历史时期，人类对健康的理解不尽相同，但较为科学的观点当属世界卫生组织（World Health Organization，WHO）对健康做出的定义。1948 年，世界卫生组织成立，并向全世界发布了有关健康的重新认识：健康，不仅仅是没有疾病和身体的虚弱现象，而是一种在身体上、心理上和社会上的完满状态。这是对健康较为全面、科学、完整和系统的定义。现代健康观是指身体、心理和社会适应能力均处于良好状态。

一、健康的内涵

1990 年，世界卫生组织进一步丰富了健康的含义，提出健康还应包括道德健康的观点，也就是说，健康是指一个人的身体健康、心理健康、社会适应健康和道德健康四个方面皆健全。科学的健康观改变了人们传统的没有疾病即健康的观念，使健康的范围扩大到心理健康、社会适应良好、道德健康等方面，追求一种更积极的状态、更高层次的身心协调与发展。

人是一个生理和心理紧密结合的有机体，躯体和精神在同一个生命系统中共同起作用。每个人以躯体为载体的生理活动和以精神为表现的心理活动是相互影响、相互转化、相互依存和辩证统一的，不存在无生理活动的心理活动。生理健康是心理健康的基础，心理健康反过来能促进生理健康，生理和心理这两方面的因素都与人的健康有密切的关系。

资料：教育部办公厅关于加强学生心理健康管理工作的通知

专家们普遍认为，没有一种疾病是纯生理或纯心理的，人的生理与心理的健康问题是互为因果的。也就是说，生理或心理无论哪一方面出现问题，另一方面必定会受到影响。很多的社会因素和环境因素都会对人的健康产生重要影响，而健康本身就是一种个人财富或社会财富的代表，它是人生幸福指数的决定因素之一。疾病与健康不是对立，而是相互依存、相互转化的统一体。

实际上，健康和疾病是人体生命过程中两种不同的状态，从健康到疾病是一个由量变到质变的过程，而且健康水平有不同的等级状态，如健康、亚健康和非健康。世界卫生组织对健康的定义意味着衡量一个人是否健康，必须从生理、心理、社会、道德等因素进行分析，不仅要看一个人有没有器质性或功能性异常，还要看他有没有主观不适感，有没有社会公认的不健康行为。

视野拓展

为了纪念2008年北京奥运会，满足广大人民群众日益增长的体育需求，倡导全民积极健身，练就强健体魄，培养昂扬向上的精神，国务院批准，从2009年起，每年8月8日为“全民健身日”。全民健身日标识（图2-1）的主体图形是由两个“8”字构成的一对迎着朝阳、昂扬向上、极富朝气的健身男女图形，图案简洁活泼，传递出一种全民健身、人人受益、天天快乐的健身理念。

图2-1　全民健身日标识

二、影响健康的因素

影响人类健康的因素有很多，既有生物、环境、卫生服务因素，又有心理、行为和生活方式等因素。

1. 生物因素

生物因素是指影响人体健康的先天遗传因素和后天获得的各种致病因素（各种病原微生物、寄生虫等）。遗传是指亲代的特征通过遗传物质传递给后代的过程。DNA是遗传的物质基础，遗传基因决定了人体各种遗传性状。目前已发现5 000多种遗传病，随着科学技术的发展，一旦明确各基因功能，解密基因组编码，就有望治愈人体的遗传性疾病。

2. 环境因素

环境是影响人体健康的重要因素，包括自然环境和社会环境。自然环境是人体生存的物质基础，良好的自然环境对人体健康有促进作用；社会环境是指由政治、经济、文化、教育等因素构成的社会系统。

3. 卫生服务因素

卫生服务因素主要是向个人和社区提供范围广泛的促进健康、预防疾病的医疗与康复服务，以保护和改善人体健康。健全的医疗卫生机构、完备的服务网络及合理的卫生资源配置可以保持人类的健康。

4. 心理因素

人的心理因素与健康长寿有密切的关系，积极的心理状态是使人健康长寿的一个重要因素。人在愉快时，由于大脑中内啡肽分泌增多，脑细胞活力得到保持，大脑功能得以改善，从而增强了免疫功能，提高了机体防病和治病的能力；但如果闷闷不乐，常常处于忧虑、紧张和压抑的精神状态中，则容易引起各种疾病，而疾病又容易导致不良情绪的产生，如此反复，形成恶性循环。

5. 行为和生活方式因素

行为和生活方式因素对人体的影响具有潜袭性、累积性、经常性、广泛性和持久性等特点。不良的行为和生活方式含义广泛，如不合理饮食、吸烟、酗酒、缺乏体育锻炼、药物成瘾等。改变引起疾病的不良行为和生活方式，养成健康的行为和生活方式，是保证身心健康、预防疾病的重要措施。

图文：亚健康的 12 种表现

课堂互动

接力画图

准备好绘画纸和彩笔，以小组形式（每组 10 人左右）进行。

（1）每个小组围坐成一圈，自行约定画画的顺序。

（2）在事先准备好的绘画纸上按照顺序每人每次画一笔，循环接力画图。

（3）循环轮数可自行确定。

（4）游戏结束时，最后一人可以多画一笔，完成画作。

画完成后，小组成员为自己的画取一个名字。小组成员开展讨论，讨论画中每一个元素代表什么，最喜欢哪个部分，最不喜欢哪个部分。

第二节　健康生活方式

健康生活方式是指有益于健康的习惯化的行为方式，其主要表现为生活有规律，没有不良嗜好，讲究个人卫生、环境卫生、饮食卫生，讲科学、不迷信，平时注意保健，生病及时就医，积极参加有益于健康的文体活动和社会活动等。要拥有健康的生活方式，需从合理平衡膳食、健康作息、改变不良行为习惯等方面努力。

一、合理平衡膳食

合理平衡膳食是健康的基础。《健康中国行动（2019—2030 年）》指出，饮食风险因素导致的疾病负担占 15.9%，已成为影响人们健康的主要危险因素。一些人偏爱零食、快餐、油炸食品、饮料等，而摄入的白开水、蔬菜等量却偏少，这些不良的饮食习惯会严重影响身体健康。

（一）平衡膳食的含义

平衡膳食在营养学上指能全面达到营养素供给的膳食，它包括各种平衡，如能量平衡、各种营养素之间的平衡等。要实现这些平衡，则要求食物多样化、合理选择食物和搭配食物、合理烹饪等。合理膳食要求各种食物搭配合理、种类齐全，并讲究食物的质和量。

（二）平衡膳食的原则

1. 食物多样，以谷类为主

食物多样是平衡膳食的基本原则，以谷类食物为主是平衡膳食的基础。谷类食物中含有丰富的碳水化合物，是提供人体所需能量的最经济、最重要的食物来源。每种食物的营养特点不同，只有多样性地摄入才能满足平衡膳食的需要。营养学家建议，一个人平均每天摄入 12 种、每周 25 种以上食物。

2. 多吃蔬菜、水果和奶类、大豆制品等

蔬菜、水果、奶类和大豆制品是平衡膳食的重要组成部分，坚果是膳食的有益补充。蔬菜和水果是维生素、矿物质、膳食纤维和植物化学物的重要来源，奶类和大豆类制品富含钙、优质蛋白质和 B 族维生素，对降低慢性病的发病风险具有重要作用。

3. 适量吃鱼、蛋、瘦肉

鱼、蛋、瘦肉等食物是优质蛋白质、脂溶性维生素和矿物质的良好来源。动物性蛋白质的氨基酸组成更适应人体需要，且赖氨酸含量较高，有利于补充植物蛋白质中赖氨酸的不足。肥肉和荤油为高能量与高脂肪食物，摄入过多往往会引起肥胖，而且还是某些慢性病的致病因，因此应尽量不吃或少吃。

4. 饮食宜少盐少油，控糖和酒

食盐、烹调油和脂肪摄入过多是高血压、肥胖和心脑血管疾病等慢性病发病率居高不下的重要因素，因此应当培养清淡的饮食习惯，成人每天食盐不超过 6 克；每天烹调油为 25 ～ 30 克；每天摄入糖不超过 50 克，最好控制在 25 克以下；足量饮水，不喝或少喝含糖饮料。儿童、少年、孕妇、哺乳期女性不应饮酒，成人应严格控制饮酒量。

视野拓展

《中国居民膳食指南科学研究报告（2021）》指出，身高是反映长期膳食营养质量的指标，也是整体国民体质提升的重要表现。近 30 年来，我国儿童、青少年生长发育水平持续改善，平均每 10 年身高增加 3 厘米，成人平均身高继续增长，这说明我国居民膳食质量和人群体质明显提高。中国儿童、青少年身高变化如图 2-2 所示。

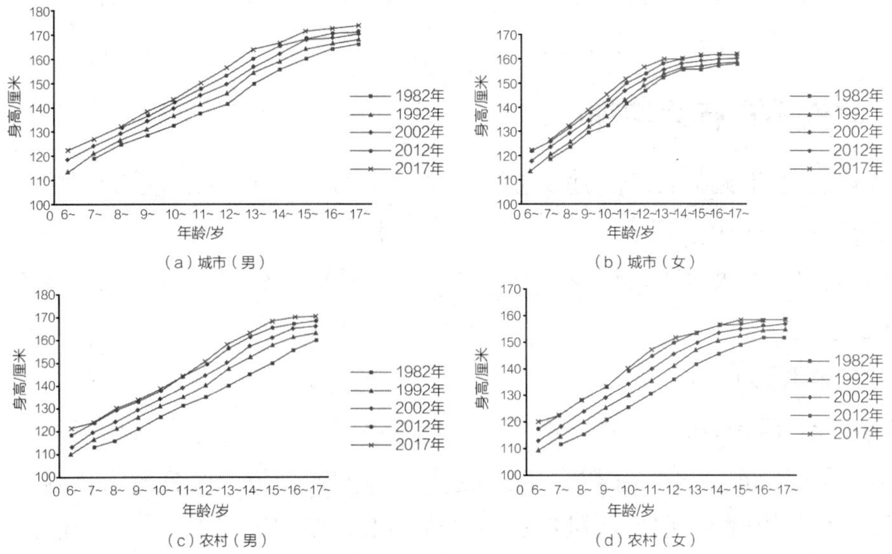

图 2-2 中国儿童、青少年身高变化

二、养成健康的作息习惯

春华秋实，夏雷冬雪，世间万物自有节律，人体器官也有自我调节能力，这种自我调节能力保证了人体的需求。但是，随着科技的发展，夜间工作或娱乐已不受限制，这种不规律的作息会引起体内生物钟的紊乱，进而引发各种疾病。

1. 避免熬夜

2018 年，中国青年网的一次针对高校学生的调查结果显示，39.12% 的学生经常熬夜，21.3% 的学生每天都熬夜，54.64% 的学生认为可以适当熬夜。熬夜成了高校学生群体中比较普遍的一种现象。熬夜透支着学生的健康，要知道，没有健康的身体，一切都是空谈。大学生熬夜的原因不外乎学习、工作或休闲娱乐，同时智能手机和移动互联网的普及也导致了大学生长期熬夜。

长期熬夜会导致用眼过度，眼睛的超负荷使用有可能会导致视力的功能性减退，诱发白内障等疾病；会导致内分泌紊乱，消化功能降低，引起腹胀、食欲不振等症状，严重时还会影响肝脏功能；会诱发心脑血管疾病；会影响皮肤的正常代谢，出现痤疮、皮疹等；还会影响睡眠质量，诱发失眠、多梦、神经衰弱等症状。

2. 保证睡眠充足

规律的作息是保证身体健康的重要方式。如果大学生能够长期坚持有规律的作息，身体就会出现非常大的变化。人在睡眠时，大脑皮层处于抑制状态，体内被消耗的能量物质重新合成，使经过兴奋之后变得疲劳的中枢神经重新获得工作能力。科学家研究发现，如果大学生能够保持每天 7 ～ 8 小时的睡眠，那么他的注意力会更加集中，做事效率会更高，记忆

图文：《2021 年运动与睡眠白皮书》

力也会增强，甚至能够加速脂肪的燃烧。充足的睡眠能够帮助学生建立良好的饮食习惯，提高免疫力，促进人体的正常生长发育。

三、改变不良行为习惯

违反一般生活准则的行为，违反社会生活、学习、纪律等公共道德规范的行为，违反法律法规的行为……一切违反社会规范的行为都属于不良行为。不良行为严重影响着个体的身心健康，帮助大学生改变不良行为，养成良好的行为习惯，是大学体育教学的重要任务之一。

1. 杜绝吸烟行为

烟草是一种慢性自杀剂，其燃烧后变成烟雾进入人体。烟雾中包含很多成分，主要成分有尼古丁、焦油、一氧化碳等，它们进入人体的各个部分后会对人体健康产生巨大危害。吸烟会导致血栓，引发心脏病；会损害脑部、口腔、肺部、胃部、肝脏、肠道及全身骨骼；还会使人的抵抗力下降，导致感冒、神经衰弱、睡眠不足等，甚至引发肺癌、口腔癌等恶性疾病。吸烟是一种不懂得珍惜自己生命和健康的行为，也是一种对自己、对他人不负责任的行为。青年学生要充分认识吸烟的危害，自觉抵制烟草诱惑，拒吸二手烟，远离烟草危害。

2. 杜绝过量饮酒行为

过量饮酒是许多祸事的根源，如酒后闹事致人死亡、酒驾车毁人亡、酒后猝死等。酒精进入人体后无法立即排出体外。人若在短时间内大量饮酒，摄入体内的酒精会抑制其大脑中的呼吸中枢，可能造成血糖下降或呼吸停止。有的人对酒精吸收不好，大量饮酒也会导致体内各种维生素的缺乏，间接导致神经系统受损。长期大量饮酒会导致肝脏受损，引起胃溃疡等。越来越多的研究发现，饮酒与癌症之间存在着一定的联系，喝酒越多，得癌症的概率越大。

青年学生对酒精的耐受力低，喝酒更容易导致脑部、脏器功能受损，表现为精神涣散、发育缓慢、未老先衰等。更为严重者，可能会埋下肝硬化、胃癌、心血管等疾病隐患。青年学生血气方刚，在酒精的刺激下可能会变得喜怒无常、神志不清，从而诱发某些心理疾病。

3. 杜绝沉迷于互联网行为

如今是信息数字化时代，便捷的互联网为人们创造了一种全新的生活方式。但是互联网是一把双刃剑，在给人类社会带来巨大变革和发展的同时，也产生了不可避免的安全危机。学生如果过于沉迷网络世界，不仅会影响其身体健康，更重要的是影响其心理健康，导致其患各种心理疾病，造成其自我情感和自我角色的迷失，并诱发种种心理障碍，患上网络成瘾症。

课堂互动

请为自己制定一份健康的生活作息表。（表 2-1）

表 2-1　健康的生活作息表

时　间	内　容	完成情况

第三节　科学的体育锻炼

2016 年 10 月 25 日，中共中央、国务院发布了《“健康中国 2030”规划纲要》，明确将“全民健康”作为“建设健康中国的根本目的”。实现全民健康的重要途径之一就是倡导科学体育锻炼。科学体育锻炼是人们根据需要自我选择和运用各种体育手段，并结合自然力和卫生措施，以锻炼身体、增进健康、增强体质、调节精神、丰富文化生活和支配余暇时间为目的的活动。

视频：体育锻炼好处多

一、科学体育锻炼内容的分类

科学体育锻炼一方面可以促进人体器官的良好发育，另一方面可以改善情绪状态，培养坚强的意志品质，预防和治疗心理疾病。

科学体育锻炼的内容多种多样。从锻炼目的、锻炼要求方面进行划分，科学体育锻炼包括健身运动、健美运动、娱乐性体育运动和格斗性体育运动等；从竞技项目方面进行划分，科学体育锻炼包括田径、游泳、球类运动、体操、举重、摔跤、滑冰、滑雪、划船等；从提高身体素质方面进行划分，科学体育锻炼包括力量锻炼、速度锻炼、耐力锻炼、灵敏性锻炼、柔韧性锻炼等。

二、科学进行体育锻炼的原则

科学进行体育锻炼需要遵循一些原则，这既是科学健身的依据，也是评估锻炼效果的标准。

1. 主动性原则

主动性原则是指锻炼者在充分理解运动的目的、意义的基础上，自觉、自愿、主动、积极地进行身体锻炼。积极主动是参加并坚持身体锻炼的首要条件。一个人只有保持了对体育的主动性和热情，才能够真正投入体育实践。例如，有的人是为了更好的生长发育，有的人是为了调节紧张的学习生活，有的人是为了某项运动技能与成绩得以提高，有的人是为了更健康、美丽，有的人则是为了锻炼意志、防病治病等。人们怀着不同的体育锻炼目的加入体育锻炼行列，说明体育锻炼具有多重功效，这就更需要人们保持对体育的热情，主动投身锻炼，参加体育活动。

2. 全面性原则

全面性原则是指在锻炼中要统筹兼顾，使身体各部位、各器官、各系统的机能及各种身体素质和活动能力都得到均衡的发展。人体是一个非常复杂的生命有机体，各个方面的锻炼都是相互影响与制约的，只有全面锻炼，才能互相促进和共同提高；否则，就容易出现偏差，有损健康。对正处在生长发育阶段的大学生来说，遵循全面锻炼的原则尤其重要。全面发展不仅是对体育锻炼本身的要求，还是对参与锻炼的每个个体的要求，只有注重协调一致、合理发展，才能最终实现体育锻炼的目的。

3. 循序渐进原则

循序渐进原则是指对人体施加负荷时应逐步增加，以使机体保持在超负荷的条件下工作。每个人的适应能力不同，应该注意逐步加压。循序渐进原则包括三个层面：一是运动负荷的循序渐进，它是指运动负荷量（强度、持续时间和次数）逐渐提高的过程；二是练习内容上的循序渐进，即练习内容由简到繁、动作规格由易到难的过程；三是节奏上的循序渐进，负荷增加太慢限制体能提高，负荷增加太快容易造成疲劳和损伤。体育锻炼的过程是人体对内外环境变化适应的过程，这个过程不能急于求成，必须逐步提高才能获得良好的效果。

4. 持之以恒原则

进行体育锻炼，不仅要循序渐进，还要持之以恒，只有这样才能收到良好效果。毛泽东在《体育之研究》一文中指出："凡事皆宜有恒，运动亦然。有两人于此，其于运动也，一人时作时辍，一人到底不懈，则效不效必有分矣。"进行体育锻炼时，身体的各器官、各系统都是在神经系统的支配下进行工作的。骨的坚实、韧带的牢固、肌肉的粗壮和肺活量的增大等都是长期坚持锻炼的结果。如果长期不锻炼，各器官、各系统的机能就会慢慢减退，体力逐渐衰退，体质就要渐渐下降。体质只有在经常的体育锻炼中才能得到增强。

5. 适宜运动负荷原则

在体育锻炼中，适宜的运动负荷是一个极其重要的问题。实践证明，运动负荷太小，锻炼效果不大；运动负荷过大，不仅不能增强体质，而且有损身体健康。只有适宜的运动负荷，才能有效增强体质。负荷是否适宜，因人因时而异。即使同一个人，在不同的机能状态下，对负荷量的承受能力也不尽相同。当身体状况不佳、情绪不好时，人体的各种机能下降，在进行体育锻炼时就要调整负荷量；当学习或工作紧张、脑力劳动频繁、体力消耗较大时，要相应地调整体育锻炼的负荷量。因此，确定运动负荷的大小，要充分考虑锻炼者的年龄、性别、健康状况、体质水平、项目特点和锻炼的目的等各种因素。

视野拓展

健康中国行动标识（图 2-3）以中国（China）英文的首字母“C”为创意主体，将图腾龙、太阳、飞鸟、运动的人巧妙糅合，直观地体现标识的主题文化内涵，点明了健康中国行动的品牌形象。“C”字母的变形体“龙图腾”是中华民族的象征，体现了民族昌盛和国家富强；“祥云”寓意祥瑞之云气，表达了吉祥、喜庆、幸福的愿望；迎着朝阳运动的“人”更好地传播和推广了健康中国行动理念。标识颜色采用红、黄、蓝、绿。红色、黄色代表热情、温暖、活力，蓝色、绿色代表希望与健康。

图 2-3 健康中国行动标识

三、科学体育锻炼的方法

每个人的健康状况不一样，兴趣、爱好也不同，因此，在选择和确定自己的锻炼内容与锻炼方法时要因人而异。但从实践经验来看，下面几种方法因其简便易行，对增进健康、增强体质具有良好效果，故适合大多数人采用。

视频：如何坚持体育锻炼

1. 散步健身法

散步健身法一般指用慢速（每分钟走 60 ～ 70 步）或中速（每分钟走 80 ～ 90 步）散步，每次散步 30 ～ 60 分钟，这种散步常用于保健作用。快速步行法一般为每小时 5 ～ 7 千米，每次步行 30 ～ 60 分钟，一般用于普通中老年人增强心脏功能和减轻体重。这种散步健身法可以分阶段进行，循序渐进，心率以在每分钟 120 次以内为宜。

2. 跑步健身法

开始练习跑步的体弱者可以先进行短距离慢跑，从 50 米开始，逐渐增至 100 米、200 米以至更多，速度一般为 30 ～ 40 秒跑 100 米。体力稍好的人可进行长跑，距离从 1 000 米开始，在适应这个长度后逐步增加距离，可增至 3 000 ～ 4 000 米，速度为 6 ～ 8 分钟跑完 1 000 米。心肺功能稍差的人应该采取慢跑与步行相交替的方式。运动量要根据跑时每分钟最高脉搏次数来掌握，最高脉搏次数一般不宜超过 170 次。参与此种健身方法的人应结合自我感觉合理控制运动量。

3. 运动处方健身法

对每个体育锻炼者来说，有一个合理的运动处方才能有效地提高自己的体能水平。运动处方应适合个体需要，一份运动处方应包括锻炼目标、准备活动、锻炼模式和整理活动，特点是因人而异，对“症”下“药”。采用运动处方健身，可以避免不合理的运动损害，更好地达到健身和预防疾病的目的；可以吸引更多的人，促进体育锻炼的普及和科学化。

4. 跳绳锻炼法

坚持跳绳锻炼能提高心血管系统和呼吸系统的功能，提高肌肉长时间工作的能力。不仅普通人可以通过跳绳来锻炼身体，而且对心肺功能和肌肉耐力要求极高的拳击运动员来说，也常常将跳绳作为身体练习的重要手段。因为跳绳对速度、灵敏、协调等体能有较高的要求，所以跳绳锻炼会使这些体能得到增强。对肥胖的人来说，跳绳绝对是一种非常好的减肥方法，完全可以寻找一处空地进行跳绳锻炼，从而达到控制体重的目的。跳绳的长度一般以脚踩绳子中央，两手握绳分别至两侧腋下为宜。跳绳时，锻炼者应穿比较紧身的运动服和富有弹性的运动鞋，这样可以防止因服装过于宽松而妨碍活动或因鞋子不能有效缓冲外力而引起脚部损伤。跳绳是一种比较剧烈的运动，应根据自己的身体状况制订切实可行的计划和确定目标。计划的实施也应根据具体情况灵活运用，并且通过系统锻炼后逐渐延长跳绳的时间及增加跳绳的次数。

5. 自行车锻炼法

自行车的品种繁多，功能各异，有作为交通工具的普通自行车，有骑车旅行的越野自行车，还有适合穿山越岭的山地自行车及各种竞赛用的自行车等，无论哪种自行车，都可以用来进行身体锻炼。为了消除室外自行车锻炼的不安全因素，同时获得自行车锻炼对提高心肺功能的良好作用，固定式自行车练习器被发明并得到普及。在室内练习虽然没有优美的风景相伴，但一边锻炼一边听音乐、看电视等，也可以使枯燥的锻炼变得趣味盎然、其乐无穷。

课堂互动

请为自己制订一份周运动计划表（表2–2）。

表2–2　一周运动计划表

日　期	运动类型	详细运动计划	执行情况
星期一			
星期二			
星期三			
星期四			
星期五			
星期六			
星期日			

课后思考与练习

1. 什么是健康？
2. 如何养成健康的生活方式？
3. 坚持科学体育锻炼的原则是什么？

第二章 大学生体质健康与评价

学习目标与任务

- 熟悉体质的含义。
- 了解体质测试的内容与指标。
- 掌握体质测试的方法。

素质讲堂与点拨

钟南山是广州医科大学附属第一医院国家呼吸系统疾病临床医学研究中心主任、中国工程院院士，他长期致力于重大呼吸道传染病及慢性呼吸系统疾病的研究、预防与治疗，成果丰硕。2020 年，他获得共和国勋章，尽管当时已经 85 岁高龄，但他依然步伐矫健，精神抖擞，这得益于他数十年如一日的运动。

钟南山从小就喜欢运动，足球、篮球、跑步都有涉猎。他曾透露，自己的百米速度最快是 11.2 秒，举重的最高质量是 100 千克，卧推可以达到 70 千克。在北京大学医学部读书期间，他参加学校运动会曾创下几项纪录，至今无人能破。1956 年，钟南山因体育成绩突出，作为北京医学院的运动员代表参加了北京市高校运动会，并摘取了 400 米栏的桂冠。他常说："锻炼就像吃饭一样，是生活的一部分，我们要建立一种观念，就是要一辈子运动，这样才能享有比较好的生活质量，最大的成功就是健康地活着。"正是有着这样的运动理念，并且在日常生活中身体力行、勤奋不辍，钟南山才能够保持着良好的身体状态，充满活力地奋战在医疗一线。

思考：在残酷的疫情面前，每个人都应认识到，身体是一切的根本，有了健康的身体，才能增强抵抗病毒和疾病的免疫力，才能拥有看似平凡实则幸福的生活。但有的学生说："学业压力这么大，哪来的时间与闲心进行体育锻炼。"请结合实际谈谈你的看法。

第一节　体质测试项目及其评分标准

体质是“人体在遗传性和获得性基础上表现出来的人体形态结构、生理功能和心理因素的综合的、相对稳定的特征”[①]。《国家学生体质健康标准（2014 年修订）》（以下简称《标准》）是测量学生体质健康状况和锻炼效果的评价标准，是国家对不同年龄段学生体质健康方面的基本要求，是学生体质健康的个体评价标准。

视频：《国家学生体质健康标准》

一、测试项目

身体素质包括力量耐力素质、力量素质、爆发力素质、反应能力素质、柔韧素质、平衡素质等，分别用仰卧起坐、握力、立定跳远、反应时、坐位体前屈、闭目单足站等指标来测评。体质测试三要素主要指形态、机能和素质。其中，形态指标主要指身高、体重，机能指标指肺活量，素质指标包括立定跳远、坐位体前屈、仰卧起坐、长跑等指标。根据《标准》的要求，大学生必须完成多项测试，如表 3-1 所示。

表 3-1　大学生体质测试内容及各项测试所占权重系数

项　目	分　值
体重指数（BMI）	15
肺活量	15
50 米跑	20
坐位体前屈	10
立定跳远	10
引体向上（男）/1 分钟仰卧起坐（女）	10
1 000 米跑（男）/800 米跑（女）	20

二、评分标准

（一）体重指数（BMI）

男生体重指数（BMI）单项评分如表 3-2 所示，女生体重指数（BMI）单项评分如表 3-3 所示。

表 3-2　男生体重指数（BMI）单项评分　　单位：千克 / 米 ^{2}

等　级	单项得分	指　标
正常	100	17.9 ～ 23.9
低体重	80	≤ 17.8
超重		24.0 ～ 27.9
肥胖	60	≥ 28.0

① 袁守龙.大学体育与健康[M].2版.北京：人民邮电出版社，2021：256.

表 3-3　女生体重指数（BMI）单项评分　　单位：千克 / 米 ^{2}

等　级	单项得分	指　标
正常	100	17.2 ～ 23.9
低体重	80	≤ 17.1
超重		24.0 ～ 27.9
肥胖	60	≥ 28.0

（二）肺活量

男生肺活量单项评分如表 3-4 所示，女生肺活量单项评分如表 3-5 所示。

表 3-4　男生肺活量单项评分　　单位：毫升

等　级	单项得分	大一、大二	大三、大四
优秀	100	5 040	5 140
	95	4 920	5 020
	90	4 800	4 900
良好	85	4 550	4 650
	80	4 300	4 400
及格	78	4 180	4 280
	76	4 060	4 160
	74	3 940	4 040
	72	3 820	3 920
	70	3 700	3 800
	68	3 580	3 680
	66	3 460	3 560
	64	3 340	3 440
	62	3 220	3 320
	60	3 100	3 200
不及格	50	2 940	3 030
	40	2 780	2 860
	30	2 620	2 690
	20	2 460	2 520
	10	2 300	2 350

表 3-5 女生肺活量单项评分 单位：毫升

等 级	单项得分	大一、大二	大三、大四
优秀	100	3 400	3 450
	95	3 350	3 400
	90	3 300	3 350
良好	85	3 150	3 200
	80	3 000	3 050
及格	78	2 900	2 950
	76	2 800	2 850
	74	2 700	2 750
	72	2 600	2 650
	70	2 500	2 550
	68	2 400	2 450
	66	2 300	2 350
	64	2 200	2 250
	62	2 100	2 150
	60	2 000	2 050
不及格	50	1 960	2 010
	40	1 920	1 970
	30	1 880	1 930
	20	1 840	1 890
	10	1 800	1 850

（三）50 米跑

男生 50 米跑单项评分如表 3-6 所示，女生 50 米跑单项评分如表 3-7 所示。

表 3-6 男生 50 米跑单项评分 单位：秒

等 级	单项得分	大一、大二	大三、大四
优秀	100	6.7	6.6
	95	6.8	6.7
	90	6.9	6.8
良好	85	7.0	6.9
	80	7.1	7.0

续表

等　级	单项得分	大一、大二	大三、大四
及格	78	7.3	7.2
	76	7.5	7.4
	74	7.7	7.6
	72	7.9	7.8
	70	8.1	8.0
	68	8.3	8.2
	66	8.5	8.4
	64	8.7	8.6
	62	8.9	8.8
	60	9.1	9.0
不及格	50	9.3	9.2
	40	9.5	9.4
	30	9.7	9.6
	20	9.9	9.8
	10	10.1	10.0

表 3-7　女生 50 米跑单项评分　　单位：秒

等　级	单项得分	大一、大二	大三、大四
优秀	100	7.5	7.4
	95	7.6	7.5
	90	7.7	7.6
良好	85	8.0	7.9
	80	8.3	8.2
及格	78	8.5	8.4
	76	8.7	8.6
	74	8.9	8.8
	72	9.1	9.0
	70	9.3	9.2
	68	9.5	9.4
	66	9.7	9.6
	64	9.9	9.8
	62	10.1	10.0
	60	10.3	10.2

续表

等级	单项得分	大一、大二	大三、大四
不及格	50	10.5	10.4
	40	10.7	10.6
	30	10.9	10.8
	20	11.1	11.0
	10	11.3	11.2

（四）坐位体前屈

男生坐位体前屈评定标准如表 3-8 所示，女生坐位体前屈评定标准如表 3-9 所示。

表 3-8 男生坐位体前屈单项评分 单位：厘米

等级	单项得分	大一、大二	大三、大四
优秀	100	24.9	25.1
	95	23.1	23.3
	90	21.3	21.5
良好	85	19.5	19.9
	80	17.7	18.2
及格	78	16.3	16.8
	76	14.9	15.4
	74	13.5	14.0
	72	12.1	12.6
	70	10.7	11.2
	68	9.3	9.8
	66	7.9	8.4
	64	6.5	7.0
	62	5.1	5.6
	60	3.7	4.2
不及格	50	2.7	3.2
	40	1.7	2.2
	30	0.7	1.2
	20	−0.3	0.2
	10	−1.3	−0.8

表 3-9　女生坐位体前屈单项评分　　单位：厘米

等　级	单项得分	大一、大二	大三、大四
优秀	100	25.8	26.3
	95	24.0	24.4
	90	22.2	22.4
良好	85	20.6	21.0
	80	19.0	19.5
及格	78	17.7	18.2
	76	16.4	16.9
	74	15.1	15.6
	72	13.8	14.3
	70	12.5	13.0
	68	11.2	11.7
	66	9.9	10.4
	64	8.6	9.1
	62	7.3	7.8
	60	6.0	6.5
不及格	50	5.2	5.7
	40	4.4	4.9
	30	3.6	4.1
	20	2.8	3.3
	10	2.0	2.5

（五）立定跳远

男生立定跳远单项评分如表 3-10 所示，女生立定跳远单项评分如表 3-11 所示。

表 3-10　男生立定跳远单项评分　　单位：厘米

等　级	单项得分	大一、大二	大三、大四
优秀	100	273	275
	95	268	270
	90	263	265
良好	85	256	258
	80	248	250

续表

等　级	单项得分	大一、大二	大三、大四
及格	78	244	246
	76	240	242
	74	236	238
	72	232	234
	70	228	230
	68	224	226
	66	220	222
	64	216	218
	62	212	214
	60	208	210
不及格	50	203	205
	40	198	200
	30	193	195
	20	188	190
	10	183	185

表 3-11　女生立定跳远单项评分　　单位：厘米

等　级	单项得分	大一、大二	大三、大四
优秀	100	207	208
	95	201	202
	90	195	196
良好	85	188	189
	80	181	182
及格	78	178	179
	76	175	176
	74	172	173
	72	169	170
	70	166	167
	68	163	164
	66	160	161
	64	157	158
	62	154	155
	60	151	152

续表

等　级	单项得分	大一、大二	大三、大四
不及格	50	146	147
	40	141	142
	30	136	137
	20	131	132
	10	126	127

（六）引体向上（男生）/1 分钟仰卧起坐（女生）

男生引体向上单项评分如表 3-12 所示，女生 1 分钟仰卧起坐单项评分如表 3-13 所示。

表 3-12　男生引体向上单项评分　　单位：次

等　级	单项得分	大一、大二	大三、大四
优秀	100	19	20
	95	18	19
	90	17	18
良好	85	16	17
	80	15	16
及格	78		
	76	14	15
	74		
	72	13	14
	70		
	68	12	13
	66		
	64	11	12
	62		
	60	10	11
不及格	50	9	10
	40	8	9
	30	7	8
	20	6	7
	10	5	6

表 3-13　女生 1 分钟仰卧起坐单项评分　　单位：次

等　级	单项得分	大一、大二	大三、大四
优秀	100	56	57
	95	54	55
	90	52	53
良好	85	49	50
	80	46	47
及格	78	44	45
	76	42	43
	74	40	41
	72	38	39
	70	36	37
	68	34	35
	66	32	33
	64	30	31
	62	28	29
	60	26	27
不及格	50	24	25
	40	22	23
	30	20	21
	20	18	19
	10	16	17

（七）1 000 米跑（男生）/800 米跑（女生）

男生 1 000 米跑单项评分如表 3-14 所示，女生 800 米跑单项评分如表 3-15 所示。

表 3-14　男生 1 000 米跑单项评分

等　级	单项得分	大一、大二	大三、大四
优秀	100	3′17″	3′15″
	95	3′22″	3′20″
	90	3′27″	3′25″
良好	85	3′34″	3′32″
	80	3′42″	3′40″

续表

等　　级	单项得分	大一、大二	大三、大四
及格	78	3′47″	3′45″
	76	3′52″	3′50″
	74	3′57″	3′55″
	72	4′02″	4′00″
	70	4′07″	4′05″
	68	4′12″	4′10″
	66	4′17″	4′15″
	64	4′22″	4′20″
	62	4′27″	4′25″
	60	4′32″	4′30″
不及格	50	4′52″	4′50″
	40	5′12″	5′10″
	30	5′32″	5′30″
	20	5′52″	5′50″
	10	6′12″	6′10″

表 3-15　女生 800 米跑单项评分

等　　级	单项得分	大一、大二	大三、大四
优秀	100	3′18″	3′16″
	95	3′24″	3′22″
	90	3′30″	3′28″
良好	85	3′37″	3′35″
	80	3′44″	3′42″
及格	78	3′49″	3′47″
	76	3′54″	3′52″
	74	3′59″	3′57″
	72	4′04″	4′02″
	70	4′09″	4′07″
	68	4′14″	4′12″
	66	4′19″	4′17″
	64	4′24″	4′22″
	62	4′29″	4′27″
	60	4′34″	4′32″

续表

等　级	单项得分	大一、大二	大三、大四
不及格	50	4′44″	4′42″
	40	4′54″	4′52″
	30	5′04″	5′02″
	20	5′14″	5′12″
	10	5′24″	5′22″

第二节　大学生体质健康测试方法

一、身高的测试方法

测试学生身高时，应与体重测试相配合，评定学生的身体匀称度，评价学生生长发育的水平及营养状况。

被测试者赤足，以立正姿势站在身高计的底板上（上肢自然下垂，足跟并拢，足尖分开成 60°）。足跟、骶骨部及两肩胛区与立柱相接触，躯干自然挺直，头部正直，耳屏上缘与眼眶下缘呈水平位。测试人员站在被测试者右侧，将水平压板轻轻沿立柱下滑，轻压于被测试者头顶。测试人员双眼应与压板水平面等高进行读数，记录员复述后进行记录。读数以厘米为单位，精确到小数点后一位，测试误差不得超过 0.5 厘米。

二、体重的测试方法

测试学生的体重，与身高测试相配合，评定学生的身体匀称度，评价学生生长发育水平及营养状况。

测试时，测试仪应放在平坦的地面上。被测试者赤足，男性被测试者身着短裤；女性被测试者身着短裤、短袖衫，平稳站立在测试仪上。读数以千克为单位，精确到小数点后一位。记录员复述后将读数记录，测试误差不超过 0.1 千克。

三、肺活量的测试方法

测试学生的肺的通气功能。房间通风良好，使用干燥的一次性口嘴（非一次性口嘴，则每换一位测试对象需消毒一次，每测试一人后将口嘴向下倒出唾液，并注意消毒使其干燥）。肺活量计主机放置在平稳桌面上，检查电源线及接口是否牢固，按工作键液晶屏显示“0”即表示机器进入工作状态，预热 5 分钟后开始测试为佳。告知被测试者不必紧张，并且要尽全力，以中等速度和力度吹气效果最好。令被测试者面对仪器站立、手持吹气口嘴试吹 1 ～ 2 次，看仪表有无反应，还要试口嘴或鼻夹是否漏气，调整口嘴和鼻夹（或自己捏鼻孔）；深吸气（避免耸肩提气，应该像闻花似的慢吸气）。被测试者进行一两次较平日深一些的呼吸动作后，更深地吸一口气，屏住气向口嘴处慢慢呼出至不能再呼为止，防止此时从口嘴处吸气，测试中不得中途二次吸气。吹气完毕后，液晶屏上最终显示的数字即肺活量毫升值。每位被测试者测三次，每次间隔 15 秒，记录三次数值，选取最大值作为测试结果。测试结果以毫升为单位，不保留小数。

四、50 米跑的测试方法

测试学生的速度、灵敏度及神经系统灵活性的发展水平。50 米直线跑道若干条，地面平坦，地质不限，跑道线要清晰。秒表若干块，使用前需要校正，校正标准与 1 000 米跑相同。

被测试者至少两人一组进行测试。站立起跑，被测试者听到“跑”的口令后开始起跑。发令员在发出口令的同时要摆动发令旗。计时员视旗动开表计时，被测试者躯干部到达终点线的垂直面停表。以秒为单位记录测试成绩，精确到小数点后一位，小数点后第二位数按非零进一原则进位，如 10.11 秒读成 10.2 秒，并记录之。

五、坐位体前屈的测试方法

测量学生在静止状态下的躯干、腰、髋等关节可能达到的活动幅度，主要反映这些部位的关节、韧带与肌肉的伸展性和弹性及学生身体柔韧素质的发展水平。

被测者两腿伸直，两脚平蹬测试纵板坐在平地上，两脚分开 10 ～ 15 厘米，上体前屈，两臂伸直向前，用两手中指尖逐渐向前推动游标，直到不能前推为止。测试计的脚蹬纵板内沿平面为零点，向内为负值，向前为正值。记录以厘米为单位，保留一位小数。测试两次，取最好成绩。

六、立定跳远的测试方法

测试学生下肢爆发力及身体协调能力的发展水平。沙坑沙面应与地面齐平，如无沙坑，可在土质松软的平地上进行。起跳线至沙坑近端不得少于 30 厘米。起跳地面要平坦，不得有坑洼。

被测试者两脚自然分开站立，站在起跳线后，脚尖不得踩线（最好用线绳做起跳线）。两脚原地同时起跳，不得有垫步或连跳动作。丈量起跳线后缘至最近着地点的垂直距离。每人试跳三次，记录其中成绩最好的一次。测试结果以厘米为单位，不计小数。

七、引体向上（男）的测试方法

测试学生上肢肌肉力量的发展水平。高单杠或高横杠，杠粗以手能握住为准。被测试者跳起双手正握杠，双手与肩同宽呈直臂悬垂姿势。静止后，两臂同时用力引体（身体不能有附加动作），上拉到下颌超过横杠上缘为完成一次。测试员记录引体次数。

八、1 分钟仰卧起坐（女）的测试方法

测试学生的腹肌耐力。被测试者仰卧于垫上，两腿稍分开，屈膝成 90° 左右，两手指交叉贴于脑后。同伴压住其踝关节，以固定下肢。被测试者坐起时两肘触及或超过双膝为完成一次。仰卧时两肩胛必须触垫。测试人员发出“开始”口令的同时开表计时，记录 1 分钟内完成的次数。1 分钟到时，被测试者虽已坐起但肘关节未达到双膝者不计该次数，测试结果精确到个位。

九、1 000 米跑（男）/800 米跑（女）的测试方法

测试学生耐力素质的发展水平，特别是心血管和呼吸系统的机能及肌肉耐力。被测试者至少两人一组进行测试，站立式起跑。当听到“跑”的口令后开始起跑。计时员看到旗动开表计时，当被测试者的躯干到达终点线垂直面时停表。以分、秒为单位记录测试成绩，不计小数。

课后思考与练习

1. 大学生体质健康测试指标主要有哪些？

2. 如何评价大学生的身体素质？

第四章 体育运动卫生保健与急救

学习目标与任务

- 了解运动中常见的生理反应及疾病。
- 掌握运动损伤的急救方法。
- 能够自主进行科学锻炼，养成良好的运动习惯。

素质讲堂与点拨

沈某是一名职业的电竞选手，她非常注重运动。一方面，电竞这个职业需要经常坐在计算机前面，使人容易患职业病；另一方面，她希望有一个好身材。为此，她曾长期处于健身的焦虑中：定时定点执行减脂塑形的任务，时间表严密紧凑，每天严格控制饮食，运动流程、动作细节都一丝不苟，但每当遇到工作日程有变化、不得不推迟健身计划时，她总会心生烦恼，并且在练了一段时间不见成效后还会焦躁不安。这种折磨自己的锻炼方式逐渐让她身心俱疲。

后来，与夕阳美景的一次邂逅改变了她，她开始思考运动的意义，仔细塑形，精准食量……在沈某看来，这与其说是运动，不如说是一种过分苛刻的“身材管理学”，人和身体形成了一种高度理性又极度功利的关系，运动不应该是这样的。

如今，沈某只要有时间便离开楼房，开车半小时到城郊的公园跑步。新鲜的空气给紧张的大脑带来舒畅感，阳光、风、植物的气味令她身心放松。她说：“人要花一辈子的时间去认识自己的身体，要学会让身体去感受自然，丰富自己的人生体验。”她坚信，通过运动获得的身体的自主权和自由的感受力，可以帮助她调整好身体状态，去应对未来生活中的种种挑战。

思考：发展体育运动、增强人民体质是我国体育工作的根本方针和任务。青年大学生是国家的未来和民族的希望，只有放下手机，走出网络，拥抱自然，大学生才能在运动中找回被吞噬的健康与久违的自我。结合实际谈一谈你对体育运动与自然环境关系的看法。

第一节　运动中的生理反应和疾病

在体育运动过程中，生理活动的有序性受到了暂时的破坏，人体会发生一系列规律性的生理变化，认识这些生理变化的机制能够使运动者更好地适应这些生理反应，从而提高人体各器官系统的机能水平。

一、极点和第二次呼吸

极点和第二次呼吸是长距离运动中常见的生理现象，只要坚持运动和处理得当，极点现象就可以得到消失或减轻。

（一）极点

训练不足及体能状态较低的人通常在运动开始后不久（特别是长跑运动）就会有两腿发软、全身乏力、呼吸困难等感觉，在运动生理学中将这种现象称为极点。

极点主要是由内脏器官的惰性引起的，体内各器官及系统都需要一段时间来适应剧烈运动。因此，这是一种正常的生理现象。人体从相对安静状态到剧烈运动时，四肢肌肉能迅速适应，进入工作状态，而内脏器官，如呼吸系统、循环系统等，却不能很快发挥其最高的机能水平，从而造成体内缺氧，大量的乳酸和二氧化碳积聚，使自主神经中枢和躯体性神经中枢之间的协调遭到暂时性破坏，表现为极点的产生。

极点的出现时间与训练水平、运动前的准备活动有关。一般来说，在运动强度较大、持续时间较长的周期性项目中，运动者的极点反应较明显。经常参加锻炼的人，极点出现得晚，持续时间短，身体反应较轻；反之，极点出现得早，且持续时间长，身体反应较重。训练水平低及运动前的准备活动不足都会增加出现极点现象的概率。

（二）第二次呼吸

第二次呼吸是运动中机体建立新平衡的一种表现。在极点出现后，运动者依靠意志力和调整运动节奏继续运动，不久后，不适应的生理反应将消失或者减轻，动作变得轻松有力，呼吸也均匀自如，这种状态称为第二次呼吸。

第二次呼吸产生的原因主要是运动中内脏器官的功能惰性逐步得到缓解，氧供应量增加，乳酸得到逐步清除；同时，运动速度的下降使机体的需氧量下降，乳酸的产生减少，机体的内环境得到改善，被破坏了的动力定型得到重新恢复。

在体育运动中，人体对运动负荷有一个适应—不适应—再适应的循环往复过程，人体只有在不断克服极点的基础上逐渐适应，在适应的基础上适当增加运动负荷，身体的机能才能得到不断发展，运动效果才能逐步提高。

课堂互动

极点现象的产生是因为人体有生理上的惰性。不经常锻炼的人极点现象出现早，持续时间长，反应强烈。你参加过哪些长距离运动？有没有出现过极点或第二次呼吸现象？你是如何处理的？认真思考后完成表 4-1 的填写。

表 4-1　我的锻炼体验

我参加的长距离运动	是否出现过此类现象		我的处理方法
	极点现象	第二次呼吸	

二、运动性腹痛

运动性腹痛是中长距离运动中常见的一种生理反应。根据腹痛的原因、疼痛部位及严重程度，腹痛会有所不同。若预防及处理措施得当，症状可以得到适当改善。

（一）主要症状

运动中出现腹痛，其特点为除腹痛外一般不伴随其他症状。多数腹痛在安静时不痛，在运动时痛。它与运动过程中肝脏瘀血、呼吸肌痉挛或活动紊乱、胃肠道痉挛或功能紊乱有关。疼痛程度与运动量大小和强度成正比，一般活动量小、强度低时疼痛不明显，随着运动负荷加大，疼痛逐渐加剧；调整运动量和运动强度，做深呼吸或按压腹部，疼痛处多数可减轻症状。

运动时，脐部周围或下腹部钝痛、胀痛，多数是肠痉挛。此时只要停止运动，疼痛即可减轻。用手按揉双侧合谷穴，每个穴位按摩 5 分钟，或用热水敷脐区 10 ～ 20 分钟，亦可止痛。为防止发生肠痉挛，在运动前应做好充分的准备活动，忌食生冷食物。

（二）处置和预防方法

运动中一旦出现腹痛，应立即减慢运动速度，降低运动强度，加深呼吸，调整呼吸与动作的节奏，用手按压疼痛部位，一般疼痛即可减轻。若无效或疼痛剧烈，则应停止运动，同时可针刺或点掐内关穴、足三里穴等，以缓解疼痛，必要时口服止痛药。

三、肌肉痉挛与肌肉酸痛

肌肉痉挛与肌肉酸痛是运动过程中常见的较为轻微的损伤，常出现在运动刚刚结束后，一般可以很快自行消失，也有在运动后的 8 ～ 12 小时才会出现，可持续 2 ～ 3 天或更长时间。

（一）肌肉痉挛

1. 主要症状

肌肉痉挛俗称抽筋，是肌肉不自主地突然性强直收缩，肌肉变得异常僵硬，引起局部疼痛和活动障碍的现象。运动中最容易发生痉挛的肌肉是小腿腓肠肌，其次是足拇屈肌和趾屈肌等。对轻微的肌肉痉挛，以相反方向用力牵引痉挛的肌肉，一般都可缓解。牵引时用力需均匀、缓慢，以免造成肌肉拉伤，在处理过程中要注意保暖。

2. 处置和预防方法

运动前必须做好充分准备活动，对容易发生抽筋的肌肉可事先做适当的按摩。冬季锻炼要注意保暖；夏季运动时，尤其是进行剧烈运动或长时间运动时，要注意补充电解质和摄入维生素 B_1。疲劳和饥饿时不宜进行剧烈运动。

在运动过程中，要学会掌握肌肉放松的方法和技巧。跑步姿势不当会伤及身体。因此，在跑步时，人的上身应稍向前倾，这样做不仅能减轻关节负担和运动强度，还能延长运动时间。上身前倾的幅度应以自然、舒适为佳。但是应避免跑步步幅过大，步幅增大会造成腾空时间长、身体重心起伏大、落地力量重，这样对人体的震动也会增大。不要“内外八字”，“内八字”和“外八字”都会使膝盖和脚尖不能保持在同一个方向上，会加重膝关节负担。不要全脚掌着地，否则落地没有缓冲和过渡，很容易伤脚，也容易伤害颈椎。

视野拓展

肌肉痉挛发生的原因

（1）肌肉受到低温的影响，兴奋性会增高，易使肌肉发生强制性收缩。因此，寒冷刺激或准备活动不充分易引发肌肉痉挛。

（2）运动中大量排汗，特别是长时间的剧烈运动或在高温季节运动时，人体内的电解质从汗液中大量丢失。电解质与肌肉的兴奋性有关，电解质丢失过多，肌肉的兴奋性增高过快，肌肉可发生痉挛。

（3）肌肉连续过快收缩，而放松时间短促，以致收缩与放松不能协调地、成比例地交替，从而引起肌肉痉挛。

（4）身体疲劳会影响肌肉的正常生理功能，疲劳的肌肉往往使血液循环和能量物质代谢改变，肌肉中会有大量的乳酸堆积，乳酸不断地对肌肉的收缩物质起作用，致使痉挛产生。

（二）肌肉酸痛

1. 主要症状

在一次运动量较大的锻炼以后，或停止锻炼很长时间又开始锻炼之后，往往会出现肌肉酸痛的现象。这种酸痛发生在运动结束 1 ～ 2 天，所以也称为运动性延迟肌肉酸痛。肌肉酸痛常见的症状除了酸痛外，还有肌肉僵硬，轻者仅有压痛，重者可能出现肌肉肿胀，妨碍正常的活动。

2. 处置和预防方法

预防肌肉酸痛，首先应根据不同的体质、不同的健康状况科学合理地安排肌肉锻炼负荷；其次要做好准备活动和整理活动。在准备活动中，注意让练习时负荷重的局部肌肉活动得更充分。整理运动除一般性的放松练习外，还应重视肌肉的伸展、牵拉练习，这有助于预防局部肌纤维痉挛。

锻炼时，应尽量避免长时间集中练习身体某一部位，以免局部肌肉负担过重。口服维生素 C，有助于促进结缔组织中胶原的合成，加速受损组织的修复和缓解酸痛。

任何骨骼肌在剧烈运动后均可发生延迟性肌肉酸痛，尤其是在长距离跑后更易出现。长跑者可能出现髋部、大腿部和小腿前侧伸肌与后侧屈肌的疼痛，在肌肉远端和肌腱连接处症状更明显。在炎热的夏天进行极量运动后，除肌肉疼痛外，还可能出现脱水、低钙、低蛋白等症状。

四、运动性晕厥与运动性贫血

当进行剧烈或长时间的运动时，人体器官会因过度紧张而出现暂时性供血不足，使运动者产生头昏眼花、心悸气促、恶心等不适感，表现为运动性晕厥和运动性贫血。

（一）运动性晕厥

晕厥是脑部血流暂时降低或血中化学物质变化所致的意识短暂紊乱和意识丧失。身体素质不好、缺乏锻炼或者运动前未做充分准备等因素均可能引起运动性昏厥。

1. 运动性晕厥的症状

运动性晕厥主要是剧烈运动或长时间运动使大量血液积聚在下肢，静脉回心血量减少所致，同时与剧烈运动引起的低血糖有关。运动性晕厥表现为全身无力、头晕耳鸣、眼前发黑、面色苍白、失去知觉、突然晕倒、手足发凉、脉搏变得慢而弱、血压降低、呼吸缓慢等症状。

2. 运动性晕厥的处理和预防

发生运动性晕厥，应使患者立即平卧，使其足部略高于头部，同时由小腿向大腿、心脏方向进行推摩或拍击，用手指点压其人中、合谷等穴位。如果有呕吐，应将患者的头部偏向一侧；如果停止呼吸，应立即对其进行人工呼吸。

平时需要经常进行体育锻炼，以增强体质。同时注意，长时间下蹲后不要立即站立，不要带病参加运动，高强度运动后不要立即停下来，不要在饥饿的情况下参加剧烈运动。

（二）运动性贫血

运动性贫血是指运动引发的血液中血红蛋白含量减少，致使运动者出现面色苍白、头晕目眩、四肢无力等症状的现象。

1. 运动性贫血的原因

长期进行高强度的耐力训练会引起血浆容量增加，高强度的运动会引起红细胞破坏加剧，大量出汗会加快铁的流失，再加上铁摄入量不足等原因，容易导致运动员发生运动性贫血。在通常情况下，发生运动性贫血症状的，女生多于男生；从事中长跑项目的运动员发生运动性贫血的概率较大；而女性运动员由于生理周期的原因，通过经血流失铁较多，更容易发生贫血症状，从而影响训练效果和运动员的身体健康。

2. 运动性贫血的处理和预防

如果运动中出现头晕、无力、恶心、呕吐等相关症状，应适当减小运动量，必要时停止训练，并适当补充富含蛋白质和铁的食物，口服硫酸亚铁、生血中药等，以期得到缓解。预防运动性贫血，需在运动训练后及时补充水分、电解质和维生素，也可选取一些专业运动饮料；另外，还要加强训练期间的营养补充。

五、运动性中暑

（一）运动性中暑的症状

运动性中暑是指肌肉运动时产生的热超过身体上发的热而造成运动员体内的过热状态，往往是在高温环境或者烈日暴晒下运动而引发的一种疾病，多见于年轻的体育锻炼者、马拉松跑者、铁人三项运动员等。

运动性中暑早期有头晕、头痛、恶心、呕吐等现象，逐步发展为体温升高、皮肤灼热干燥。严重者甚至出现精神恍惚失常、虚脱、手足抽搐、心律失常、血压下降，还会昏迷，严重时甚至危及生命。

（二）运动性中暑的处理和预防

若发生运动性中暑的情况，应立即将患者扶至阴凉通风处休息，同时果断采取降温消暑措施，如解开紧身衣物、用冰袋冷敷，并适当补充生理盐水或者葡萄糖生理盐水等。患者情况严重的，经过临时处理后仍需迅速送至医院做进一步的观察治疗。

在高温炎热的季节进行锻炼，锻炼者需要做充分的准备。例如，尽可能穿浅色系列的宽松衣物，戴好帽子；避免在烈日直射下锻炼；如果在训练中遇到不适情况，可减小运动量；于运动后补充含有电解质的矿物饮料。

视野拓展

对心脏骤停患者的急救

（1）首先，施救者要用力拍打患者双肩，大声呼唤患者。如果患者没有反应，需要及时观察患者胸腹部是否有起伏，若无起伏，立即拨打120。

（2）其次，对患者实施胸外按压。施救者需双手重叠，掌根置于胸骨下半段，按压位置约为剑突上两横指。交叠双手，垂直向下，快速用力按压30次，速率为每分钟100～120次，深度为5～6厘米。

（3）最后，要及时放开患者气道。施救者将一只手置于患者额头，用另一只手的食指和中指提起下腭，让患者嘴角和耳垂连线与地面垂直，紧接着对患者实施人工呼吸。施救者先用手捏住患者鼻子，对患者的嘴巴吹气，持续约1秒，见到患者胸腹部起伏后即可停止。进行2次人工呼吸，继续胸外按压。

第二节 常见运动损伤的急救

运动性损伤是指在参与体育运动过程中发生的身体损伤。随着全民健身意识的提高，运动损伤的发生率也时有发生。运动损伤的发生多与运动训练安排、运动项目的技术动作特点、运动训练水平、运动环境和条件等因素有关。

一、运动性损伤的分类

运动性损伤的分类方法很多，常用分类方法是将其分为软组织损伤、关节脱位和骨折三大类。按照有无创口，分为开放性软组织损伤、开放性关节脱位、开放性骨折和闭合性软组织损伤、闭合性关节脱位、闭合性骨折；按照损伤病程，可分为慢性损伤和急性损伤。

其中，慢性损伤主要有脚疼，膝关节、腰背、肩关节等疼痛，是在不知不觉中缓慢、逐渐发生的损伤症状，一般伴随轻度的疼痛，若不及时治疗，有可能会发展成严重的疼痛和永久性的功能障碍。急性损伤主要有皮肤擦伤，肌肉、肌腱拉伤，戳伤等，是由急性事件引发的单一的或一次性受伤，属于突发的疼痛，一般不会造成永久的肌肉损害。

课堂互动

体育锻炼中，最重要的一点是防止运动损伤，无论什么季节，气温如何，运动前的热身运动必不可少。你在进行体育锻炼前是如何进行热身的？热身是按照什么顺序进行的？寻找一个搭档，交替完成运动前热身运动，彼此做好记录，完成表 4-2。

表 4-2 热身活动健康监测

<table>
<tr><th>户外活动内容</th><th colspan="4">热身运动</th></tr>
<tr><td>热身顺序</td><td colspan="4"></td></tr>
<tr><td colspan="5">观察内容及结果</td></tr>
<tr><td>脸色</td><td>表情</td><td>出汗</td><td>呼吸特点</td><td>动作协调性</td></tr>
<tr><td></td><td></td><td></td><td></td><td></td></tr>
<tr><td colspan="2">活动前脉搏
次 / 分</td><td colspan="3">活动后脉搏
次 / 分</td></tr>
<tr><td colspan="2"></td><td colspan="3"></td></tr>
<tr><td colspan="2">实际联系时间</td><td colspan="3">运动评价</td></tr>
<tr><td colspan="2"></td><td colspan="3"></td></tr>
</table>

二、运动性损伤发生的原因

造成运动性损伤的原因很多，既与锻炼者自身的体质状况、心理状态、运动锻炼方法有关，也与运动项目的战术特点、技术难度及运动环境有关，同时与运动内容的安排、运动量及运动强度、运动负荷（密度）等有一定关系。

（一）运动性损伤发生的主观因素

运动性损伤的发生大多是主观思想认识不足、准备活动不合理及心理状态不良等因素造成的。

（1）主观思想认识不足。面对危机情况时缺乏必要的运动性损伤急救常识，不注意事先检查场地、器材设施是否到位。

（2）准备活动不合理。运动前的准备活动量过小，导致肌肉弹性差，韧带和关节活动性小而出现肌肉、韧带拉伤；准备活动量过大，易导致运动性疲劳。

（3）身体素质较差，身体状况不佳，运动负荷过大，缺乏运动经验和自我保护意识。

（4）运动心理状态不良。运动中伴有畏惧、恐惧、害羞、过分紧张等情绪，注意力不能集中。

（二）运动性损伤发生的客观因素

造成运动性损伤的客观因素主要是教学中存在问题，如保护不当、不及时，动作粗野、违反活动规则，场地设施老化损坏，运动服装和设备不佳，不良的气候环境，等等。

三、常见运动性损伤的急救

（一）软组织损伤的急救

软组织损伤是运动性损伤中常见的一种，根据损伤组织是否有创口与外界相通，可分为开放性损伤和闭合性损伤。

1. 擦伤的急救

皮肤受到外力急剧摩擦引起的表面被擦破出血或者组织液渗出称为擦伤。小面积擦伤可用生理盐水或冷开水洗净创伤口或用 70% 酒精棉球消毒，然后涂抹红药水或紫药水即可；大面积擦伤需先进行消毒处理，再用消毒布遮盖，最后用纱布包扎。

2. 撕裂伤、刺伤、切伤的急救

撕裂伤主要是剧烈运动中受到钝物击打引起皮肤和软组织的撕裂，伤口边缘不规则，常见损伤有眉际、跟腱等撕裂。刺伤是尖细物件刺入体内所致。切伤是锐器切入皮肤所致。对这些伤口，轻者可用消毒液涂抹；创口面较大者需手术缝合，必要时应注射破伤风疫苗；若跟腱断裂，则需手术缝合治疗。

3. 挫伤的急救

挫伤是撞击器械与练习者之间相互碰撞造成的。单纯的挫伤损伤处会出现红肿、皮下瘀血等症状，并伴有疼痛。内脏器官损伤时易导致面色苍白、心慌气短、四肢发凉、烦躁不安，严重者甚至出现休克等症状。遇到这种情况，需要在 24 小时内冷敷或加压包扎，24 小时之后进行按摩理疗，在恢复期内可进行一些功能性锻炼以促进康复。如果伤者出现严重的内脏损伤，需经临时性处理之后，立即被送至医院做进一步的检查和治疗。

4. 肌肉拉伤的急救

肌肉拉伤通常是外力作用导致肌肉过度收缩或被动拉长引发的肌肉损伤。尤其是准备活动不充分、动作不协调更容易拉伤肌肉。损伤后伤处出现肿胀、压痛、肌肉痉挛，触摸时会发现硬块。常见的拉伤部位有大腿后群肌、腰背肌、大腿内收肌等。严重的肌肉拉伤可导致肌肉撕裂。轻者需要立即用冰袋冷敷或者流水冲洗，局部加压包扎，抬高患肢，24 小时之后进行按摩理疗。如果肌肉出现断裂，在急救处理之后，需立即送医院处理。

5. 关节、韧带损伤的急救

关节、韧带损伤是指在外力作用下，关节骤然向一侧活动而超过其正常活动度时，引起关节周围软组织如关节囊、韧带、肌腱等发生撕裂伤。常见的关节损伤或扭伤主要表现在活动度很大的关节，如肩关节、膝关节、踝关节、腰关节、腕关节等。

（1）肩关节扭伤。肩关节扭伤一般是关节用力过猛及反复劳损所致，或者训练时因技术上的失误、违反解剖学原理而造成的。其症状主要表现为压痛，急性期甚至出现肿胀、酸痛。对单纯的韧带扭伤，可采取冷敷、加压包扎进行紧急处理。出现严重的韧带断裂时，需要将伤者经紧急处理之后立即送医院处理。伤者在关节肿胀和疼痛有所减轻后可适当进行功能性锻炼。

（2）髌骨劳损。髌骨劳损也称髌骨软化或髌骨软骨病，主要是膝关节长期负重或反复损伤累积，被一次直接外力撞击而致，如弹跳时易导致髌骨损伤。髌骨劳损是膝关节常见的损伤。在受伤初期，应减少剧烈运动和下蹲以保护膝关节，另外可采用中药外敷、针灸、按摩进行康复理疗。

（3）踝关节扭伤。踝关节扭伤主要是弹跳落地时失去平衡，使踝关节过度内翻或外翻所致，在准备活动不充分、场地不平的情况下更容易发生。其症状表现为伤处肿胀、疼痛、皮下瘀血等。早期可抬高患肢，进行冰敷或使用氯乙烷喷雾剂包扎以缓解疼痛、减少出血或减轻肿胀，24 小时后可用针灸、理疗等消肿、止痛。损伤严重者需要进行绷带包扎固定。

（4）腰闪伤。腰闪伤主要是重力超过躯干所能承受的压力，腰部突然发力引起部分肌纤维撕裂，造成腰肌急性拉伤，或者脊柱运动超过正常的生理范围。腰部出现损伤后，伤者需要平卧，一般不能立即搬动或移动，如果疼痛剧烈，需用担架抬往医院诊治；也可采用针灸、拔火罐、外敷伤药或按摩进行治疗。

（5）腕关节韧带损伤。腕关节韧带损伤多有明显的外伤史，伤后出现腕部无力、关节活动不灵活等症状。轻者一般无明显肿胀，仅在大幅度动作时出现疼痛；严重扭伤者，其腕部会出现肿胀，疼痛较重。腕关节韧带损伤处理方法与踝关节损伤的处理方法相同。

视野拓展

膝关节损伤的原因

造成膝关节损伤的原因主要有以下3个方面。

（1）选择的运动鞋不适合跑步时穿，不能有效缓冲来自地面的冲击力。

（2）姿势错误。标准姿势应该是上身正直、重心向前微倾、脚跟着地，减少肩部前后转动，脚尖前冲、内八或外八。

（3）肌肉力量不足。支撑跑步运动，需要全身均衡的肌肉构成，跑步不只是腿部肌肉，其实脚、踝、关节的小肌肉群、上肢和肩背力量都非常重要。特别是以前没有运动基础或运动习惯，想以跑步开始运动的人，前期的肌肉力量训练很重要。

（二）脑震荡的急救

头颅受暴力打击后发生短暂意识障碍，但脑组织无明显改变者称为脑震荡。脑部受到外力打击后，神经细胞和神经纤维的意识与功能会发生一时性障碍，不久即可恢复，无明显的解剖病理改变。致伤时，伤者会出现神志昏迷、脉搏徐缓、呼吸表浅、肌肉松弛、神经反射减弱或消失等症状。清醒后，伤者会有头痛、头晕、恶心、呕吐症状。

急救时，应让伤者平卧，保持安静，不可坐或站立；对其头部冷敷，身上保暖；若出现昏迷，可用手指掐其人中、内关等穴位；呼吸发生障碍时，可进行人工呼吸。如果伤者昏迷时间超过4分钟，或者两侧瞳孔大小不对称，或者耳、鼻、口内出血及眼睛紫青，或者清醒后剧烈头痛、恶心、呕吐，说明损伤严重，应立即送医院诊治。

（三）骨折的急救

骨折是指骨或骨小梁发生断裂。体育运动中发生的骨折多为暴力作用引起的外力性骨折。骨折是较严重的损伤，常见的骨折有肱骨、前臂骨、手骨、大腿骨、小腿骨、肋骨、脊柱和头部骨等骨折。骨折发生后，伤处会立即出现肿胀、皮下瘀血，活动时剧烈疼痛，肢体失去正常功能，肌肉产生痉挛，有时骨折部位发生变形，甚至有骨摩擦声。严重骨折时，还会伴有出血和神经损伤、发热、口渴、休克等全身性症状。

一旦发生骨折宜就地检查，紧急处理。对有休克或脏器损伤者，应先给予抗休克治疗及脏器的修复处理。在送医院前宜临时固定骨折部位，可防止骨折端再次损伤软组织，有利于抗感染、止痛和抗休克的治疗。

开放性骨折的伤口可采用加压包扎法。对离断肢体可用洁净的布包好，外面可加冰袋以降温，为断肢再植创造条件。若为闭合性骨折，畸形较明显，宜牵引伤肢远端纠正畸形，然后用夹板固定。经初步固定后，疼痛可减轻，可立即给予止痛药或针刺镇痛。

闭合性骨折的治疗原则是复位、固定和功能锻炼；开放性骨折在全身情况改善、纠正休克后尽早清洁创面，用手法使之成为闭合性骨折。一般常用的复位手法有复位法、牵引复位法及手术切开复位加用内固定法等。小夹板的应用提高了骨折疗效，固定后可辅以中药外敷、内服或熏洗，这有助于骨折愈合和功能的恢复。

课后思考与练习

1. 体育运动中常见的生理反应有哪些？该如何应对？

2. 体育运动中常见的运动性损伤有哪些？应如何进行急救与护理？

第五章 体育竞赛编排方法

学习目标与任务

- 了解田径比赛的编排方法。
- 了解球类比赛的编排方法。
- 能够根据实际要求合理编排体育比赛。

素质讲堂与点拨

2021 年 10 月 25 日，国家体育总局发布《"十四五"体育发展规划》(以下简称《规划》)，对如何实现体育强国的目标做出了更全面、更具体的实施要求。其中，围绕青少年体育健康发展提出了一系列"量化"提升指标和有现实针对性的策略、模式。

青少年的身体素质与健康不仅关系我国体育事业长远发展，而且关乎国家前途和民族复兴。如何从体育运动破题，提高青少年身体素养？《规划》提出了很多有针对性的新策略。例如，通过支持高校组建高水平运动队，实施竞技体育人才"十百千万"工程等方式可以挖掘、选拔青少年竞技体育人才；加强体教融合，让青少年能普遍掌握 1 ～ 2 项运动技能，有助于提升整体的体育健康水平；按照"一校一品""一校多品"的原则，因地制宜、因项目制宜建设好各级各类体校，以及鼓励青少年体育俱乐部发展，完善青少年体育竞赛活动体系等，可以多层次、多途径满足青少年体育运动的个性化需求。

敢于打破传统思维方式，运用更加科学、灵活的机制和模式。《规划》进一步明确提出，要实现青少年体质健康、体育健康"量""质"双升，为体育强国和健康中国建设夯实"关键"基础。

思考：体育是锻炼身体的一种手段。浓厚的体育氛围为青少年的茁壮成长提供了良好的环境，只有在这样的环境中，他们才能拥有强健的体魄、坚韧不拔的意志、遵守规则的意识、团结协作的精神以及健康的生活，才能成就精彩的人生。蔡元培提出“完全人格，首在体育”，结合实际谈谈你对这一观点的理解。

第一节　田径比赛的编排

田径比赛具有竞争性、公平性、制约性、随机性几大特点，深受不同年龄、性别及阶层人群的喜爱。田径比赛顺利进行的基础是科学合理的竞赛编排。

一、田径比赛组织工作的基本程序

田径比赛组织工作基本程序如图 5-1 所示。

图 5-1　田径比赛组织工作基本程序

二、田径比赛的编排程序

（一）编排前的准备工作

编排前的准备工作主要是掌握参赛人数、比赛时间和场地等具体情况；准备比赛用的图或表；编写运动员的号码与姓名对照表；根据比赛天数及作息时间，按每半天为一个比赛单元，除去开幕式、闭幕式时间外，考量还有多少时间可真正用于比赛，为安排赛程打下基础；制订完整的工作计划并进行具体分工。

（二）编排比赛日程

田径比赛日程编排的复杂性是其他运动项目无法比拟的。为使田径比赛有条不紊地进行，田径比赛的编排应遵循以下基本原则。

（1）注意同一项目各赛次之间、全能比赛各项目之间的休息时间，应按照标准留出休息时间。

（2）按兼项的一般规律将相关项目分开编排，以减少兼项冲突。经常出现兼项的项目有 100 米兼 200 米、100 米兼跳远、200 米兼 400 米、400 米兼 800 米、800 米兼 1 500 米、400 米兼 400 米栏、1 500 料兼 3 000 米、5 000 米兼 3 000 米障碍或 10 000 米、100 米兼 4×100 米接力、400 米兼 4×400 米接力、跳高兼三级跳远、推铅球兼掷铁饼等。

（3）编排时注意运动员在一天内所能承受的运动负荷是否合理。

（4）性质相同的项目，编排时应注意先后顺序。

（5）在条件许可的前提下，尽量延长兼项之间的时间间隔。

（6）不同级别的同一径赛，最好衔接起来进行，以利于裁判工作和场地器材的布置。

（7）若短距离径赛项目赛次较少，最好安排在一天内结束。

（8）不同级别的同一田赛项目，一般不安排在同一单元内进行。

（9）将决赛项目分配至各比赛单元进行，并尽量安排在下午。

（10）在举行场地径走和长距离跑比赛时，最好不安排与其有场地冲突的田赛项目。

（11）每一单元的比赛，尽可能使径赛与田赛同时结束。

（三）编排步骤和表格

随着田径比赛规模的不断扩大，现很多田径运动会的编排已采用专门的田径运动会编排软件，以节省人力物力。田径比赛里最常用的编排方法有填表法和卡片法，本书主要介绍填表法。采用填表法确定比赛日程，工序简便，可大大缩短编排时间。具体的步骤如下。

（1）根据报名和比赛天数等情况制作日程编排表（表 5-1）。

表 5-1　田径比赛日程编排表组别

比赛单元	比赛日期					
	第一日		第二日		第三日	
	上午	下午	上午	下午	上午	下午
100 米						
200 米						
400 米						

续表

比赛单元	比赛日期					
	第一日		第二日		第三日	
	上午	下午	上午	下午	上午	下午
·······						
标枪						
十项全能						
每日决赛项数						
每日比赛项数						

（2）先排全能项目后排单项，先排径赛项目后排田赛项目。

（3）有决赛项目时，应预留颁奖时间。

（4）将田径比赛日程编排表送相关人士进行审核，审核通过后即印发给各参赛单位。

（四）比赛中的编排记录公告工作

1. 临场编排

提前半天或一天将记录表交田赛裁判长。提前半天或 2 小时左右将径赛卡片按比赛顺序交给径赛裁判长或检录长。

2. 竞赛成绩公告

在基层的田径运动会中，收到成绩表后，应立即检查有无裁判长的签名，若签名齐，则认为该成绩表有效。之后将成绩单复印，一份汇编秩序册，一份张贴于成绩公告栏，一份留底，若打破纪录，则还应印发破纪录成绩公告。

3. 统计纪录、奖牌和总分

负责此项工作的裁判员应认真学习竞赛规程，并熟记本次比赛的记分办法，准备好相应的成绩记录表、团体总分表、奖牌统计表和破纪录统计表。在比赛进程中，根据收到的成绩单立即填写相应表格。如采用计算机录入，则须与计算机操作员复核结果。

（五）基层田径运动会的计分方法

根据田径规则的规定，一般各项决赛可取前六或前八名，分别按 7、5、4、3、2、1 分或 9、7、6、5、4、3、2、1 分计算。对实际参加决赛人数不足原规定录取人数的，计分方法亦可不变。

课堂互动

假如你所在的社区计划举办一场三人制篮球赛，选手可自愿组队报名，一共设10支队伍。社区工作人员找到你，请你帮忙编排此次比赛，你会如何进行编排？仔细思考，将你的方案写在下列方框中。

第二节　球类比赛的编排

球类比赛通常采用的赛制有淘汰赛、循环赛和混合赛三种。一般根据参赛队伍数或人数多少、场地分布和数量等确定赛制。

一、淘汰赛的编排

通过比赛逐步淘汰成绩差的，最后评出优胜者的赛制即为淘汰赛。

（一）淘汰赛的种类与特点

淘汰赛可分为单淘汰、双淘汰和交叉淘汰三种。在球类比赛中，若采用淘汰赛，则须一对对地按淘汰表的顺序进行比赛，每次胜者进入下一轮，直到最后一对决定冠亚军。采用此种赛制可大大增加比赛容量，使比赛具有更加强烈的对抗性，但要注意以下几个事项。

（1）运用“种子”分区、抽签和定位等方法，使强者或同一单位参赛者之间避免过早相遇。

（2）采用附加赛法，以确定第二名以后的名次。

（3）增设双淘汰赛，失败两场方被淘汰。

（二）淘汰赛轮数与场数的计算

1. 单淘汰赛轮数与场数的计算方法

（1）当参加比赛队数或个人数等于 2 的乘方数，则比赛轮数等于 2 的指数。

（2）当参加比赛队数或个人数不是 2 的乘方数，则比赛轮数为最接近比赛队数或人数的、较大或较小的 2 的指数。

（3）比赛场数为参赛队数或个人数减去 1。

例如，若参赛队数或个人数为 8，$8=2^3$，则轮数为 3 轮，比赛场数为 7 场。若参赛队数或个人数为 28 人，16（2^4）< 28 < 32（2^5），且 32 比 16 更接近 28，则轮数为 5 轮，比赛场数为 27 场。

2. 双淘汰赛轮次和场数的计算方法

（1）胜方轮次与单淘汰赛相同。

（2）负方轮次 = 胜方轮次 ×2 − 2。

（3）双淘汰比赛场数 = 2× 参赛队（个人）数 − 3。

例如，16 个参赛队（个人）进行双淘汰赛，胜方须赛 4 轮，负方须赛 6 轮，比赛场数为 29 场。

（三）淘汰赛中“号码位置”的确定

在淘汰赛中安排参赛队（人）位置的号码称“号码位置”。由于参赛队（人）的人数不一定恰好为 2 的乘方数，在确定淘汰赛的号码位置时，应根据参赛队数或人数选择最接近的、较大或较小的 2 的乘方数作为号码位置数。

例如：112 人参赛，64（2^6）< 112 < 128（2^7），128 较 64 更接近于 112，故使用较大的 128 个号码位置，将出现轮空号码。132 人参赛，选择较小的 128 个号码位置，将出现有的号码要抢号的现象。

（四）淘汰赛编排方法与注意事项

1. 轮空与抢号方法

（1）轮空。在淘汰赛中，当参赛队（人）数小于选用的号码位置数时，第一轮未安排比赛的参赛队（人）即轮空。

① 轮空队（人）数的确定方法。轮空队（人）数等于或略大于参加比赛队数的 2 的乘方减去参加比赛的队（人）数。轮空号码的定位须查“轮空位置表”（表 5-2）。

表 5-2　轮空位置表

2	255	130	127	66	191	194	63
34	223	162	95	98	159	226	31
18	239	146	111	82	175	210	47
50	207	178	79	114	143	242	15
10	247	138	119	74	183	202	55
42	215	170	87	106	151	234	23
26	231	154	103	90	167	218	39
58	199	186	71	122	135	250	7
6	251	134	123	70	187	198	59
38	219	166	91	102	155	230	27
22	235	150	107	86	171	214	43
54	203	182	75	118	139	246	11
14	243	142	115	78	179	206	51
46	211	174	83	110	147	238	19
30	227	158	99	94	163	222	35
62	195	190	67	126	131	254	3

② 查表方法。用稍大于参赛队（人）数的 2 的乘方数作为最大位置号数。根据轮空队（人）数，在轮空位置表上由左向右依次找出小于最大位置号数，就是轮空位置。与轮空位置相应的队（人）即在第一轮轮空，直接进入第二轮比赛。

（2）抢号。当参赛队（人）数量刚超过或较少地超过某一个 2 的乘方，采用轮空则会给制表带来不便，也不利于比赛进行，故常采用“抢号”的方法来确定参加第一轮比赛的队或人。

① 抢号的方法。一部分选手通过一场比赛争夺淘汰赛号码位置表上的某一个号码，胜方获得淘汰赛号码位置表上的某些号码，负方则直接被淘汰。

②“抢号”中被抢的号码亦是通过“轮空位置表”查得，只是查“轮空”号码时较查“抢号”号码时高一次幂乘方数的号码位置。

2. 分区方法

将全部号码位置分成若干个相等的部分，称为“分区”。例如，将全部号码分为上下两个半区，将分出的上下两个半区再分成两半，即为 1/4 区，以此类推。

3. 种子编排法

在淘汰赛中，由于参赛队（人）数较多，为避免强队或强手过早相遇，降低比赛的精彩程度，可以将他们确定为“种子”。“种子”在号码位置中的具体位置可查“种子位置表”（表 5–3）。

表 5–3　种子位置表

1	256	129	128	65	192	193	64
33	224	161	96	97	160	225	32
17	240	145	112	81	176	209	48
49	208	177	80	113	144	241	16
9	248	137	120	73	184	201	56
41	216	169	88	105	152	233	24
25	232	153	104	89	168	217	40
57	200	185	72	121	136	249	8

查表方法：按比赛所设的种子队数，在种子位置表上从左向右依次找出小于或等于最大位置号数，就是种子队的位置。

4. 抽签方法

（1）拟订抽签方案。

（2）准备抽签用具：签卡、抽签记录表、分区控制表。

（3）抽签人员分工。

（4）抽签实施方法如下。

① 种子的抽签与定位。

② 非种子的抽签与定位方法为按抽签方案确定的顺序，将各参赛队（人）先分区，后定位。

③ 各单位的运动员分批进行抽签。

④ 控制平衡与复核检查。

5. 淘汰赛编排时的注意事项

（1）球类个人项目赛常采用淘汰赛，由于竞赛项目和场次多，且交叉进行，个别选手还涉及兼项，故编排时应全面检查，以免出现重场、漏场和连场等问题。

（2）淘汰赛时比赛应逐轮进行，以保持比赛进度。

（3）安排好队和个人单项比赛的“决赛”，以保证比赛的悬念和精彩程度。

（4）对于同一场馆内安排若干场地进行比赛的小球项目（羽毛球和乒乓球）竞赛，应注意科学合理地使用比赛场地。

二、循环赛的编排

循环赛指参赛队或个人之间均要互相轮流比赛，最后按照各参赛队或个人在全部比赛中的胜负场数和得分多少排定名次的比赛方法。循环赛在对抗性项目比赛中经常被采用。

（一）循环赛的分类与特点

循环赛包括单循环、双循环和分组循环三种，最常被采用的是单循环和分组循环。单循环是所有参赛队或个人相互轮赛一次。双循环赛是所有参赛队或个人相互轮赛两次。分组循环是参赛队或个人较多时，采用种子法把参赛队或个人分散于各组，先进行小单循环赛，再根据小组名次组织第二阶段的比赛。

大多数情况下，比赛主办方会根据参赛队伍的多少、比赛期限的长短、项目特点来灵活选用。一般来讲，单循环赛适宜在参赛队不太多，比赛时间和场地比较充裕的情况下采用。分组循环赛适宜在参赛队伍较多，比赛时间不太长时使用。

采用循环赛进行比赛，基本能保证参赛队伍机会均等，实战和相互观摩学习的机会也较多，能准确反映出参赛队伍的真正技术水平，从而客观进行名次排序。但循环赛也有其不足之处，主要表现为比赛总的期限长、占用场地多、耗时长，应用范围具有一定的局限性。

（二）循环赛的轮数与场数计算

1. 轮数

每个参赛队赛毕一场（轮空队除外），称为一轮结束。计算循环赛的轮数主要是为了计划整个比赛所需要的时间或期限，是比赛日程安排的主要根据。循环赛轮数的计算方法如下。

Y= 轮次数；N= 参赛队伍数。

如果参赛队伍数量为偶数，则 $Y=N-1$，轮次数 = 参赛队伍数 −1。例如，参赛队伍数为 8，则比赛轮次为 7 轮。

如果参赛队伍数量为奇数，则 $Y=N$，轮次数 = 参赛队伍数。例如，参赛队伍数为 5，则比赛轮次为 5 轮。

需要注意的是，如果采取双循环赛，其轮数要在上述基础上加倍。

2. 场数

循环赛的场数是指参赛队伍之间互相轮流比赛全部结束后总的比赛场次。计算循环赛的场数主要是为了更科学地安排人力、物力、比赛日程与场地等。循环赛场数的计算方法为

$$X=N\times(N-1)\div 2$$ （X= 比赛场数，N= 参赛队伍数）

如果是单循环比赛，那么场数 = 参赛队伍数 ×（参赛队伍数 −1）÷2

如果是双循环比赛，那么场数 = 参赛队伍数 ×（参赛队伍数 −1）

（三）循环赛的具体编排方法

1. 单循环赛的具体编排方法

（1）轮次表的安排方法。单循环赛普遍采用逆时针旋转法来制作轮次表。

若参赛队伍或个人数量为单数时，将所有参赛队伍或个人进行编号，并在最后补“0”，使其成为双数。之后将其分为两组，前一组的号数按序自上而下写于左边，另一组号数按序自下而上写于右边，并将相对应的号横线连接，即为第一轮比赛对阵情况。与“0”相遇的队伍即轮空。以 5 个队或 5 个人参赛为例，轮数应为 5 轮，共赛 10 场，第一轮编排情况如图 5-2 所示。

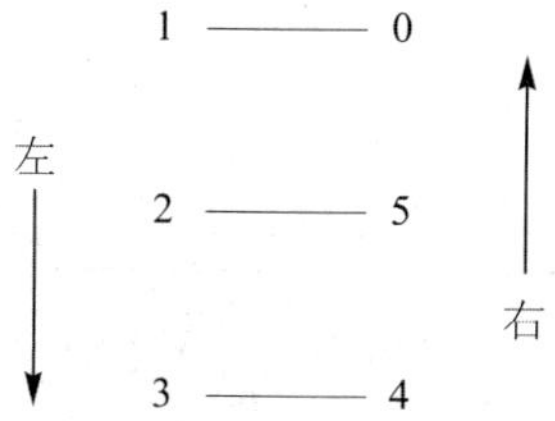

图 5-2　单数队第一轮编排情况

第一轮编排完后，“0”的位置保持不动，将其他数字按逆时针方向旋转一个位置，再用横线将对应号进行连接，即为第二轮对阵情况。以后各轮按同一方向轮转一个位置，依次排出各轮比赛对阵情况。请看图 5-3 所示的 5 个队或个人参赛第二轮和第三轮对阵情况，其他几轮以此类推。

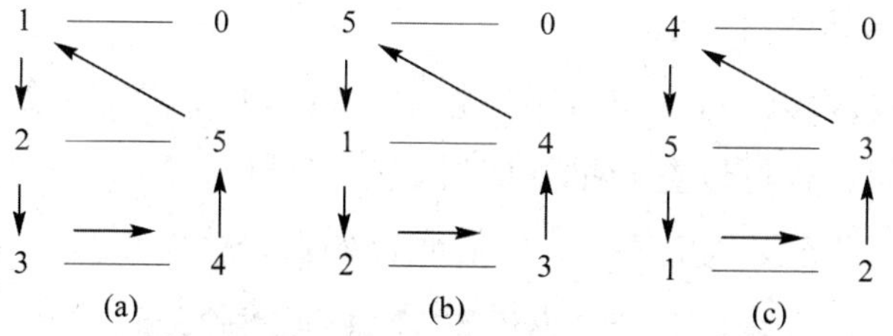

图 5-3　循环赛编排逆时针轮转

若参赛队伍或个人数量为双数时，以 6 支队伍参赛为例，第一轮比赛是先将 1、2、3 号队伍自上而下依次写在左侧，4、5、6 号队伍自下而上写在对应的右侧，之后用横线分别将左右两个对着的号码连起来，就是第一轮比赛表。将第一轮中的 1 号固定不动，其余号码按逆时针方向轮转一个位置，就是第二轮比赛表，以后各轮都依次类推（表 5-4）。

表 5-4　6 支队伍单循环比赛

第　一　轮	第　二　轮	第　三　轮	第　四　轮	第　五　轮
1-6	1-5	1-4	1-3	1-2
2-5	6-4	5-3	4-2	3-6
3-4	2-3	6-2	5-6	4-5

（2）抽签定位与编排竞赛日程表。单循环赛根据队伍数编排好轮次后，应将比赛队伍安排到轮次表里，可采用两种方法，详见表 5-5。

表 5-5　把比赛队伍安排进轮次表的方法

方　法	内　容
抽签	按参赛队伍数量做好相应的号签，抽到相应号码的队伍“对号入座”安排到轮次表中
将上一年度比赛的名次作为各队进入轮次表的代号	第一名是 1 号，第二名是 2 号，依此类推，分别对号入座。使用这种方法可以对比赛轮次进行适当调整。进行调整时，必须将整个轮次一起调整

轮次表填好后，需要编排比赛日程表，这时只需要将各轮次的比赛编成比赛日程表即可，如表 5-6 所示。

表 5-6　比赛日程表

日　期	时　间	组　别	比赛队伍	场　地

2. 双循环赛的具体编排方法

双循环赛比赛轮次表的编排与单循环相同。只需要排出第一循环，第二循环就可以按照表重复一次即可，也可以重新抽签另排。第二循环的比赛如何进行，需要在竞赛规程中做出明确规定。以 5 支队伍参赛为例说明，如表 5-7 所示。

表 5-7　5 支队伍参加双循环比赛轮次安排

项　目	第　一　轮	第　二　轮	第　三　轮	第　四　轮	第　五　轮
第一循环	0-5	0-4	0-3	0-2	0-1
	1-4	5-3	4-2	3-1	2-5
	2-3	1-2	5-1	4-5	3-4
第二循环	0-5	0-4	0-3	0-2	0-1
	1-4	5-3	4-2	3-1	2-5
	2-3	1-2	5-1	4-5	3-4

3. 分组循环赛的编排方法

分组循环赛一般分为预赛和决赛两个阶段。

（1）预赛阶段。当参赛队伍较多时，可采用分组循环赛制进行比赛。分组循环与单循环不同的是需要确定种子队（个人）的数目。分组循环赛一般按分组数或分组数的 2 倍数定种子。若种子数与组数相等，则将种子队或种子选手分别安排在各小组的 1 号位置；若种子队为组数的 2 倍，则采用“蛇形”排列法。

种子队数一般等于组的组数，如果分 4 组进行比赛，那么应该有 4 个种子队。为了使比赛更加合理，也可以多选出几个种子队，但必须是组数的倍数。以分 4 组进行比赛为例，可以确定 4 个种子队，也可以确定 8 个种子队，这时第一号种子队与第八号种子队编为一组，第二号种子队与第七号种子队编为一组，依此类推。

对分组单循环赛来讲，其抽签方法是：种子队先抽签，确定各种子队的组别，然后其他各队或个人再抽签确定组别。以 20 个队伍分为 4 组为例，除了 8 个种子队外，其余 12 个队伍再进行抽签，签号分为 4 组，每组有相同的 3 个签。抽签完成后，把各队按照组别填入各组比赛的轮次表中即可。

此外，还有一种蛇形排列分组方法，这种方法就是按照上一届的名次进行分组，以 16 支队伍分 4 组为例，如表 5-8 所示。

表 5-8 16 支队伍分 4 组比赛安排

第 一 组	第 二 组	第 三 组	第 四 组
1	2	3	4
8	7	6	5
9	10	11	12
16	15	14	13

（2）决赛阶段。决赛阶段一般采用同名次赛、分段赛和交叉赛三种主要的编排法。

① 同名次赛。以预赛时分为四组的比赛为例，决赛阶段每组的第一名编成一组进行单循环赛，决出第一至第四名，各小组的第二名编在一起决出第五至第八名。

② 分段赛。以预赛时分为两组的比赛为例，决赛阶段每组的第一、第二名编在一起决出第一至第四名，每组的第三、第四名编在一起决出第五至第八名。

③ 交叉赛。各组的前两名交叉比赛，两场胜者进行决赛以决出第一、第二名，两场负者再相互比赛决出第三、第四名，各组第三、第四名用同样方法决出第五至第八名，其余以此类推。

视野拓展

“抢七”循环赛

2022 年 4 月，国家羽毛球集训队在晋江集训基地组织了队内循环赛，并采用全新的“抢七”赛制，即比赛必须赢两局才能赢，如 2 比 0 赢，或者 3 比 1 赢，又或者 4 比 2 赢，如果 4 比 2 赢不了，就要进行抢第 7 局的比赛，谁赢得第 7 局谁获得最终比赛的胜利。

新的赛制下，如果要想 2 比 0 获胜，就要求运动员必须日常实力水平明显高于对手，比赛精力高度集中才可以做到，否则，稍有闪失，就需要打到 3 比 1。这样的赛制对运动员的实力储备、体能储备要求提出了更高标准，也更接近于实战。而当比分陷入相持，打成 2 比 2 后，继续打下去就需要 4 比 2 取胜，如果打成 3 比 3，就需要进行第 7 局的“抢七”战。

“抢七”赛制，运动员之间不仅仅是体能的考量，也是心理的较量，更是意志品质的较量，需要在日常的训练中不断地全面强化体能的储备。是对运动员的体能储备、技战术的运用、心理素质、意志品质等全方位考验。通过这种残酷的赛制让运动员更加清醒地认识到在球场上时刻保持清晰的头脑、增强每一分必争，每一局必赢的信念。

三、混合赛的编排

一次竞赛中同时采用循环制和淘汰制的赛制为混合制。采用此赛制时，一般将比赛分为两个阶段进行：第一阶段先将参赛队（人）分组，小组内进行单循环赛，可称为预赛阶段；第二阶段进行交叉淘汰赛决出最后名次，可称为决赛阶段。第一阶段的具体编排见单循环赛。第二阶段采用交叉淘汰赛，每场比赛均须决出胜负。

例如，第一阶段将参赛队（人）分为 A、B 组进行了单循环赛，在决赛阶段，首先将各两组的前两名共计 4 个队（人）编成一组，决出第一至第四名；两组的第三至第四名编成一组，决出第五至第八名。在第一组的比赛中，由 A 组第一名对 B 组第二名、A 组第二名对 B 组第一名，胜者决出冠亚军，负者决出第三、第四名。在第二组的比赛中，由 A 组第三名对 B 组第四名、A 组第四名对 B 组第三名，胜者决出第五、第六名，负者决出第七、第八名。通过以上方法即可决出比赛的前八名。

混合赛制特别适合基层的球类比赛，既可促进参赛者之间的交流，亦不失比赛的对抗性与激烈性。

课后思考与练习

1. 你观看过哪些田径比赛？你知道田径竞赛组织工作的主要内容有哪些吗？

2. 你参加过学校组织的田径运动会吗？学校田径比赛的编排方法是什么？

3. 球类比赛的编排方法有哪些？各有什么特点？

第六章 田径运动

学习目标与任务

- 了解田径运动的发展与分类。
- 掌握径赛项目的基本技术。
- 掌握田赛项目的基本技术。
- 熟悉田径比赛的主要规则。

素质讲堂与点拨

苏炳添被视为中国短跑的领军人物，他职业生涯中曾7次打开10秒大关。在过往中国短跑运动员“职业寿命”的概念中，30岁以上是难以创造成绩的年纪，但他依然努力地超越自己。2020东京奥运会上，他展现了良好的竞技状态，第一枪预赛10秒05，他轻松进入半决赛；第二枪半决赛9秒83成功晋级决赛，并成为电子计时时代第一位闯入奥运百米决赛的亚洲选手。两小时后，他又站在了百米决赛的跑道上，并最终以9秒98的成绩获得第六名。人民日报这样评价道：“不是夺得奖牌才值得庆贺，超越自我就能赢得尊崇。从第一次跑进10秒，到跑进奥运决赛，苏炳添一次次逆天改命，跑赢了时间。这是中国骄傲，也是亚洲荣耀。奔跑是一种状态，更是一种风采。致敬中国速度，致敬每位创造历史的英雄！”

思考：单从数据上看，9秒98第六名的最终成绩并不算最佳，还有少许遗憾，但这不妨碍苏炳添吸引了全世界的瞩目——“中国选手不可思议”“亚洲博尔特”。想一想，为什么苏炳添第六名的成绩比金牌还硬核？

第一节 田径运动概述

田径运动是世界上最为普及的体育运动之一，也是历史上最悠久的运动项目之一。经常从事田径运动，能促进人的新陈代谢，改善与增强内脏器官的机能，全面提高的身体素质。

一、田径运动的概念

田径是指人类从走、跑、跳、投等自然运动发展起来的身体练习运动和竞技项目，可分为竞走、跑、跳跃、投掷和全能五部分内容。其中，以时间计算成绩的竞走和跑的项目称为径赛，以高度、远度计算成绩的跳跃、投掷类项目称为田赛，而由跑、跳、投掷等部分项目组合成的综合项目称为全能运动。

二、田径运动的起源与发展

据记载，最早的田径比赛是在公元前 776 年于希腊奥林匹亚村举行的第 1 届古代奥运会上进行的，项目只有短距离赛跑。到公元前 708 年的第 10 届古代奥运会上，才正式出现了跳远、铁饼、标枪等项目。1894 年，在英国举行了最早的现代田径运动国际比赛，比赛共分 9 个项目。真正的大型国际比赛是 1896 年开始举行的现代奥运会，它沿用古代奥运会每隔 4 年举行一次的制度，每届奥运会上，田径运动都是主要的比赛项目之一。从 1928 年第 9 届奥运会起增设了女子田径项目。

进入 20 世纪以后，田径运动赛事更是得以在全球各地普遍开展。中华人民共和国成立后，我国田径运动得到较快发展，运动员成绩大幅度提升，涌现出了众多优秀的田径运动员，为我国田径运动发展起了重要的宣传和推动作用。今天，世界田径运动水平不断提高，新的世界纪录不断被刷新，田径运动正以昂扬的姿态和蓬勃的激情开创新的发展纪元。

视野拓展

国际上的田径比赛主要有奥运会田径比赛、世界田径锦标赛、世界杯田径赛、国际田联钻石联赛、亚运会田径比赛、亚洲田径锦标赛等。我国的田径比赛主要有全国田径锦标赛、全国田径冠军赛、全国田径大奖赛等。

三、田径运动的分类

世界田径比赛项目如表 6-1 所示。

表 6-1　世界田径比赛项目

类　别		组　别	项　目
竞走		男子组	场地赛 5 千米、10 千米 公路赛 20 千米、50 千米
		女子组	
跑	短距离跑	男子组	100 米、200 米、400 米
		女子组	
	中距离跑	男子组	800 米、1 500 米、3 000 米
		女子组	800 米、1 500 米
	长距离跑	男子组	5 000 米、10 000 米
		女子组	
	跨栏跑	男子组	110 米栏、400 米栏
		女子组	
	障碍跑	男子组	3 000 米
		女子组	
	马拉松	男子组	42.195 千米
		女子组	
	接力跑	男子组	4×100 米、4×400 米
		女子组	
跳跃		男子组	跳高、撑竿跳高、跳远、三级跳远
		女子组	
投掷	铅球	男子组	7.26 千克铅球
		女子组	4 千克铅球
	标枪	男子组	800 克标枪
		女子组	600 克标枪
	铁饼	男子组	2 千克铁饼
		女子组	1 千克铁饼
	链球	男子组	7.26 千克链球
		女子组	4 千克链球
全能		男子组	100 米、跳远、铅球、跳高、400 米、110 米栏、铁饼、撑竿跳高、标枪、1 500 米
		女子组	100 米栏、铅球、跳高、200 米、跳远、标枪、800 米

课堂互动

2020年3月，中国田径协会牵头全国各地田径专家学者，线上联手，共同打造了一档短视频专题节目《田径密码》。《田径密码》第一期从最具“速度与激情”的短跑项目——100米讲起，从发展到规则，从历史到未来，一展田径场上“电光火石”的魅力。观看视频，想一想，为什么会把田径称为“运动之母”？

第二节 径赛项目基本技术

径赛项目种类比较多，根据大学生体育锻炼与比赛的需要，这里主要介绍短跑、中长跑、跨栏跑和接力跑。

一、短跑

短跑是田径运动的基础项目，包括60米、100米、200米和400米跑，距离越短，以最快速度跑的可能性越大，对其技术要求越高。短跑一般可分为起跑、加速跑、途中跑、终点跑。

（一）起跑

起跑是运动员的身体从静止到启动的过程。起跑的目的是使身体迅速摆脱静止状态，获得向前的最大初速度，为之后的加速跑创造条件。在正规田径短跑比赛中，运动员必须在起跑器（图6-1）上采取蹲踞式姿势起跑。起跑过程包括“各就位”“预备”和“鸣枪”三个阶段。

1. 各就位

听到“各就位”口令后，要到起跑器前俯身，两臂伸直撑地，两脚依次蹬在起跑器的抵足板上，后膝跪地，两手间的距离与肩同宽或比肩稍宽，双手虎口向前，四指并拢或稍分开与拇指呈“人”字形，保持身体稳定，颈部自然放松，两眼目视前方半米处，注意听“预备”口令，如图6-2所示。

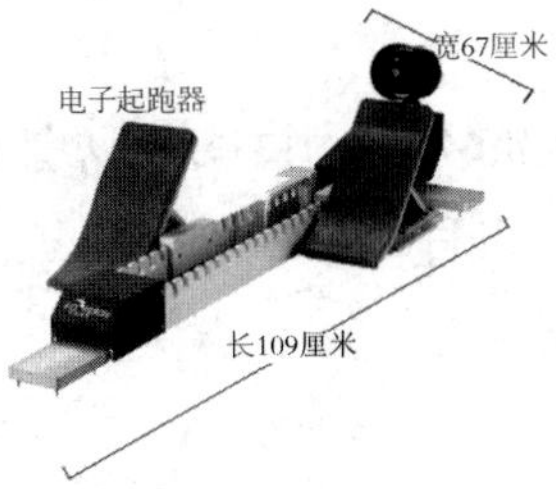

图6-1 起跑器

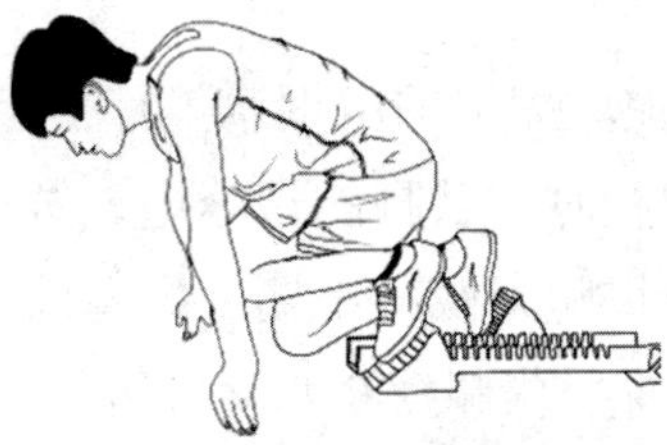

图6-2 各就位姿势

2. 预备

听到“预备”口令后，将臀部抬起至与肩同高或比肩稍高，将身体重心前移，使身体重量落在两臂和前腿之间，两肩超过起跑线，两脚紧贴抵足板，保持整体动作的稳定性，注意力集中，准备听枪声，如图 6-3 所示。

3. 鸣枪

听到枪声后，两腿迅速蹬离起跑器，两臂屈肘用力做前后摆动，使身体向前上方运动，躯干尽量前倾，如图 6-4 所示。

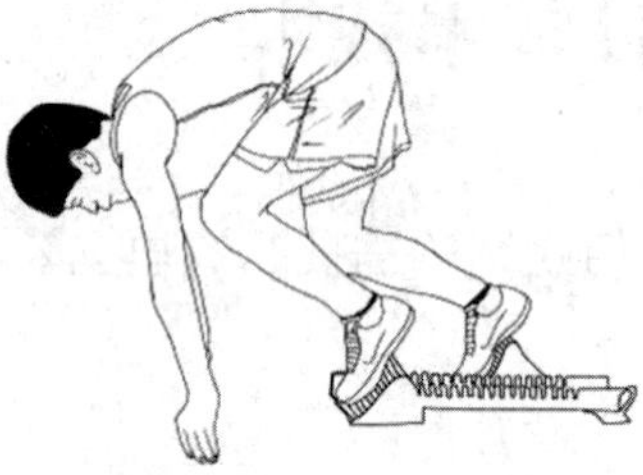

图 6-3　预备姿势

图 6-4　鸣枪姿势

视野拓展

最早有记载的短跑比赛始于公元前 776 年的古希腊奥运会。最初几届比赛的唯一一个项目是从体育场的一端跑向另一端，其距离在 160 米至 210 米之间，目前普遍认为古希腊奥运会短跑比赛的距离是 192 米。

（二）加速跑

加速跑是从蹬离起跑器到途中跑之间使身体达到最高速度的阶段。加速跑的目的是充分利用重力和向心力的合力，在最短时间内使身体获得最高速度。

起跑后，躯干尽量保持前倾，使身体获得更多的加速力量，还须加快手臂的摆动和脚的蹬地动作。身体的前倾角度随步长和跑速的增加逐渐减小，最后接近途中跑的动作姿势。起跑后的加速跑，前面几步步长不宜过大，第一步为 2 ～ 2.5 脚长，第二步为 4 ～ 4.5 脚长，之后逐渐加大步长。

（三）途中跑

途中跑是短跑过程中跑动距离较长、跑速最快的阶段，目的是使身体继续发挥和保持高速度。途中跑时，以脚前掌落地，做出向下、向后的扒地动作，在支撑腿的膝关节缓冲过程中，支撑腿只做最小幅度的弯曲，支撑腿的髋、膝、踝关节在蹬离地面时充分伸展，摆动腿迅速将大腿摆至水平位置。

腾空阶段可分为前摆阶段和回收阶段。在前摆阶段，摆动腿的膝向前、向上摆动；

在回收阶段，支撑腿的膝关节明显弯曲，以形成小的摆动半径，摆臂积极放松。支撑腿在即将落地时主动向后用力，尽最大可能避免落地时发生的减速动作。

（四）终点跑

终点跑是短跑的最后阶段，其目的是尽力以途中跑的高速度跑过终点线。终点跑要求在身体已疲劳的情况下，保持途中跑的正确技术，以最快速度冲过终点。终点跑在技术上要求上体稍微前倾，并注意加强后蹬和两臂的用力摆动，到离终点 1 ～ 2 步时，上体前倾，用躯干撞击终点线。需要注意的是，跑过终点后要逐渐减速，不要突然停止，以免跌倒受伤。

二、中长跑

与短跑的极限爆发力不同，中长跑属于耐力型运动项目，要求运动员在跑的过程中既能尽量减少能量的消耗、维持一定的跑速，又能跑得持久。因此，在中长跑项目中，正确地掌握技术和合理地分配体力非常重要。中长跑项目的完整技术可分为起跑、起跑后的加速跑、途中跑和终点跑四个环节。

1. 起跑

中长跑采用半蹲式或站立式姿势起跑。当听到“各就位”口令后，运动员两脚前后开立，用力脚在前且紧靠起跑线后沿，前脚跟和后脚尖之间的距离约为一脚长，两脚左右间隔约半脚长，身体重心落在前脚上，后脚用前脚掌支撑站立。眼睛看前下方，身体保持稳定，集中注意力听枪声或“跑”的口令。听到枪声或“跑”的口令后，两腿用力蹬地。后腿蹬地后迅速前摆，前腿迅速蹬直，两臂配合两腿动作做快而有力的摆动，使身体快速向前冲出，在短时间内获得较快的跑速。

2. 起跑后的加速跑

加速跑时，两腿迅速用力蹬地，配合两臂积极摆动，力争在较短时间内达到预定速度。一般中距离跑的加速距离稍长。无论是在直道上起跑还是在弯道上起跑，都应尽量沿跑道内侧切线方向跑进，以抢占有利位置。

3. 途中跑

途中跑是中长跑的关键环节，直接影响最终成绩，且其距离较长，因此要调整好途中跑节奏，使动作轻松合理。上体正直或稍前倾，两臂稍微离开躯干，肘关节自然弯曲，以肩为轴前后自然摆动，摆幅适当。当摆动腿通过身体垂直部位向前摆动时，支撑腿的各关节要迅速蹬伸，首先伸展髋关节，然后迅速伸展膝关节和踝关节，后蹬结束时腿几乎伸直。后蹬腿蹬离地面后，身体进入腾空阶段。当后蹬腿的大腿开始向前摆动时，小腿顺惯性自然摆起，膝关节弯曲，形成大小腿折叠的姿势。当摆动腿的大腿开始下落时，膝关节亦随之自然伸直，并用前脚掌着地。

4. 终点跑

终点跑是临近终点的一段加速跑，进入最后直道时要尽全力进行冲刺跑。其在技术上的要求类似于短跑的终点跑。

中长跑途中要加深呼吸，调整跑速，发扬拼搏精神，坚持到底。全程跑时注意力要集中，还应合理调节跑速，有计划地分配体力以充分发挥身体潜能。

三、跨栏跑

跨栏跑（图 6–5）是由跨越障碍物的基本技能发展演变而来的。跨栏跑是途中设有固定数量、固定距离、固定高度栏架的短跑项目，也是田径运动中技术比较复杂、节奏性比较强、锻炼价值比较高的项目，其基本技术可分为起跑至第一栏、过栏、栏间跑和终点跑。

图 6–5　跨栏跑连续动作

1. 起跑至第一栏

起跑的过程与短跑基本相同，一般采用 8 步起跨，起跑时应把起跨脚放在前起跑器上，起跑后上体抬起要比短跑时来得快。起跑后加速时，两臂应协调一致，两腿用力蹬摆，后蹬角度要略大，身体重心也较高。

2. 过栏

过栏是跨栏技术的关键部分，它由起跨、腾空过栏和下栏着地等动作组成。

（1）起跨。起跨前应保持较高跑速，最后一步步长比前一步小，当起跨腿脚掌着地时，摆动腿由体后向前摆动，大小腿在体后开始折叠，膝关节摆至超过腰部高度。在两腿蹬摆配合完成起跨运动过程中，上体随之加大前倾幅度，摆动腿异侧臂往前上方摆出，另一臂屈肘摆至体侧，形成攻栏姿势。

（2）腾空过栏。腾空后，身体重心沿起跨形成的腾空轨迹向前运行。起跨腿蹬离地面后，摆动腿的大腿继续向前上方摆至膝关节超过栏架高度，小腿迅速前摆，当脚掌接近栏架时，摆动腿几乎伸直，脚尖稍微上翘。摆动腿的异侧肩臂一起伸向栏架上方。上体加大前倾幅度，使头部接近摆动腿的膝略高于踝。

（3）下栏着地。摆动腿积极下压，起跨腿加速向前提拉，以髋为轴完成两腿剪绞动作，在摆动腿脚掌移过栏架的同时，起跨腿屈膝外展，小腿收紧抬平，脚尖勾起，脚跟靠臀，以膝领先经腋下加速前拉，当脚掌过栏后，膝继续收紧向身体中线高抬，脚掌沿最短路线向前摆出，身体呈高抬腿跑的姿势，当伸直下压的摆动腿接触地面时，前脚掌积极扒地。

3. 栏间跑

栏间跑第一步的水平速度因过栏有所降低，蹬地起步时膝关节始终伸直，因而第一步短于后面两步。第二步的动作结构和支撑及腾空时间关系大致与短跑的途中跑相同。第三步因准备起跨形成一个快速短步，动作特点与跨第一栏的最后一步相同。

4. 终点跑

终点跑是指运动员跨过所有栏架后跑向终点的阶段，这一阶段运动员要顺利完成跨跑衔接。下最后一个栏架时，要保持身体重心平稳，起跨腿不要过度提拉，要用力蹬地，积极摆动双臂，以最快的速度冲向终点。离终点最后一步时，上体急速前倾，准确及时地用胸部接触终点线垂直面。

四、接力跑

接力跑是一种需要队员之间相互配合的集体径赛项目。练习接力跑能培养团结协作的集体主义精神和发展快速奔跑的能力。接力跑的技术基本同短跑，只是要在跑的过程中传递接力棒，要求队员之间协调配合，保证在快速跑中完成传棒、接棒动作。

1. 起跑

（1）持棒起跑。第一棒采用蹲踞式起跑，右手持棒，用右手的中指、无名指和小指握住棒的下端，拇指和食指分开，虎口朝前呈“人”字形撑地，起跑的基本技术与短跑相同。

（2）接棒起跑。接棒起跑一般采用半蹲踞式或站立式起跑姿势进行起跑。第二棒、第四棒选手站于跑道外侧，第三棒选手站于跑道内侧。起跑时，接棒人眼看传棒人并进入加速跑状态。

2. 传棒、接棒的方法

（1）上挑式（图 6-6）。接棒人手臂自然后伸，手臂和躯干成 40° ～ 45°，掌心向后，虎口朝下。传棒人将棒由下向前上方挑送到接棒人手中。

（2）下压式（图 6-7）。接棒人手臂后伸，与躯干成 50° ～ 60°，掌心向上，虎口向后，拇指向内。传棒人将棒的前端由上向下压送到接棒人手中。

图 6-6　上挑式

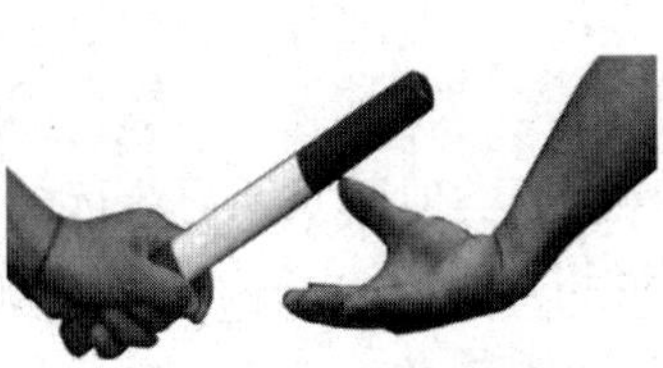

图 6-7　下压式

3. 传棒、接棒的时机

传接棒的时机是在 20 米接力区和 10 米预跑区的 30 米内，传接双方都发挥自己最高跑速时，为传接棒的最佳时机。一般当传棒人距离接棒人 1.5 ～ 2 米时，传接双方在高速情况下顺利完成传接动作的瞬间，身体重心相隔的最大水平距离为获益距离。应当注意的是，当传棒人发出“接”的口令时，不能急着将棒送出去，而应看清楚接棒人的手臂后伸位置后，再快速交到接棒人的手中。

4. 传棒、接棒人员的配合

4×100 米接力跑成绩主要取决于各队员的短跑速度和传接棒技术。在棒次安排上，一般第一棒选择善于起跑和弯道跑的选手；第二棒则是传接棒技术熟练且速度耐力较好的选手；第三棒除具备与第二棒相同的长处外，还应善于跑弯道；第四棒应选用短跑成绩最好、冲刺能力最强的选手。

4×400 米接力跑传接棒技术相对简单。接棒运动员背向传棒运动员，左手后伸等待传棒运动员；接棒运动员根据传棒运动员的跑进速度进行加速跑；传棒运动员右手持棒将接力棒传给接棒运动员；接棒运动员接棒以后迅速将接力棒交换至右手。棒次安排上，一般将实力较强的选手放在第一棒，以便在第一棒过后成为领先者。第四棒选择实力最强的选手。第二、第三棒选手实力大致相同。

课堂互动

将学生分为实力均等的 4 组，运动场 1 ～ 4 跑道每道分别放置 75 厘米高的橡皮筋 10 条，4 组学生分列 4 列横队站在 4 条跑道的起点处，第一名学生听到老师的口令后开始运用起跨腿栏侧过栏技术完成 10 个栏的跑动，第一名学生跑出 10 米后第二个人开始，直至所有学生完成比赛，最先到达终点的组获胜。

第三节　田赛项目基本技术

田赛项目种类也不少，可概括为跳跃类和投掷类。根据大学生体育锻炼与比赛的需要，这里主要介绍跳跃类中的跳远、跳高及投掷类中的铅球、标枪。

一、跳远

跳远是一个速度力量类项目，练习跳远能够有效地发展速度、灵敏性、力量等素质。跳远运动员沿直线助跑，在起跳板前沿线后用单足起跳，经腾空阶段，然后用双足在沙坑落下，比赛时以跳的远度决定名次。跳远的完整技术可分为助跑、起跳、腾空和落地四个环节，如图 6-8 所示。

视频：《国家学生体质健康标准》测试方法立定跳远

图 6-8 跳远连续动作

1. 助跑

跳远助跑是站立式起跑逐渐加速的过程，理想而稳定的助跑方式是由逐渐、持续加速跑实现的。一般助跑距离为 30 ～ 50 米，从助跑至起跳前，跑的步幅和步频不断增加，上体逐渐直立；在最后 3 ～ 5 步的助跑中，将由水平速度转换为垂直速度，因此需尽可能保持已获得的最大速度。尤其是下肢膝关节应比短跑摆腿时摆得更高，以确保上体呈正直姿势；在最后 3 步助跑中，步幅和节奏应调整为短—长—短形式，倒数第二步的步幅稍长，适当降低身体重心，以利于在起跳时增大垂直分力的加速度距离。

2. 起跳

起跳由踏板、缓冲和蹬伸三个阶段完成。在踏板阶段，需全脚掌快速着地，同时起跳腿充分伸直，起跳脚快速向下、向后扒地；在缓冲阶段，起跳腿应适当弯曲约 165°，摆动腿快速前摆；在蹬伸阶段，起跳离地时，运动员将摆动腿前摆至大腿几乎呈水平姿势，小腿自然下垂，上体保持正直。其中，在最后一步时，摆动腿蹬地送髋要积极，起跳腿迈步放脚要迅速。起跳时，抬头挺胸，上体正直，髋、膝、踝三个关节充分蹬直伸展；蹬摆配合要协调，摆动动作要积极快速，幅度要大。

3. 腾空

跳远有三种腾空式技术类型，本书主要介绍常见的蹲踞式。起跳腾空后，摆动腿充分前摆，尽可能保持长时间的腾空步姿势。在腾空初期，躯干要保持正直，手臂完成由前上向下绕至身体后方的半圆动作；准备落地时，起跳腿向前摆动，摆动腿的膝关节充分伸直，躯干向前倾；在着地瞬间，身后的手臂快速前摆。

4. 落地

在脚跟触及沙面后迅速屈膝缓冲，将臀部顺势前移，两臂由后向前摆动，双脚自然、协调、平稳地落在沙坑里。

二、跳高

跳高是一种由有节奏的助跑、单脚起跳、越过横杆、落地等动作组成，以越过横杆上缘的高度来计算成绩的比赛项目，经常参加跳高运动，不仅能增强人的腿部力量，提高弹跳能力，发展协调性，还能培养勇敢、坚定、沉着、果断的意志品质，是一种很好的身体锻炼项目。由于过杆的动作不一，跳高主要分为跨越式跳高、俯卧式跳高和背越式跳高等形式。这里主要介绍跨越式跳高和背越式跳高。

1. 跨越式跳高

（1）助跑。跨越式跳高助跑线路是从横杆的侧面与横杆成 30° ～ 60° 夹角的方向直线助跑，一般助跑 6 ～ 8 步，逐步加快助跑的节奏，远离横杆的腿做起跳腿。其中，助跑线路的角度和步数，根据运动员的实际情况可以自行调整。

（2）起跳。助跑的最后一步起跳脚快速有力地蹬地，以髋带动摆动腿积极朝助跑方向摆动，当摆动腿靠近起跳腿时，勾脚尖直腿向前上方高摆，手臂充分向上摆动，顺势完成起跳动作。其中，起跳脚先用脚跟着地，迅速地滚动到全脚掌；起跳点位置一般在距离横杆垂直面的 60 ～ 80 厘米，靠近侧跳高架立柱约 1 米的地方。

（3）过杆。过杆时摆动腿伸直并向内转下压过杆，同时起跳脚向外旋迅速向上抬，上体适当前倾稍向起跳腿一侧扭转，帮助臀部顺利摆脱横杆，从而完成过杆动作。

（4）落地。过杆后身体侧对横杆，摆动腿先落入沙坑中，屈膝缓冲。

2. 背越式跳高

（1）助跑。助跑步数通常是 8 ～ 12 步，助跑时采取先直线后弧线的助跑路线。在助跑的后 3 步，身体向助跑弧线圆心的倾斜度逐渐增加。在倒数第二步，用前倾的身体适度后倾来降低身体重心，延长身体重心的加速路线。在最后一步，起跳脚着地时，身体内侧抬高，身体转为直立姿势，身体重心顺势提高，产生在腾空阶段身体转动所需的角动量。

（2）起跳。在起跳脚着地时身体稍后倾，起跳脚沿助跑弧线的切线方向，距横杆近 1 米处以全脚掌着地，且积极有力和伸展性地着地，产生强大的反应弹应力。起跳动作特点是身体直立、起跳腿用力蹬伸、弯曲摆动腿向上摆动和提起手臂。

（3）过杆和落地。起跳结束时，充分伸展身体，向上腾空，利用摆动腿的力量尽量抬高髋部位置，然后以摆动腿同侧的臂、肩先过杆，顺势仰头、倒肩、挺髋，围绕横杆旋转；在横杆上，髋部超过两膝时形成背弓的拱形结构，使头、肩、背、腰、髋、腿依次越过横杆。当髋和大腿越过横杆后，屈髋，小腿积极上举，收下颌靠近胸部。落地时保持一定的肌紧张，以背部落垫，顺势缓冲。背越式跳高连续动作如图 6-9 所示。

图 6-9　背越式跳高连续动作

三、铅球

作为一个技术力量类项目，铅球对增强体质，特别是发展躯干和上下肢力量有显著作用。运动员投掷铅球时，需要单手持铅球，将球放在肩上锁骨窝的位置，站在设定的圆圈内靠近后边沿的地方，经过滑步或旋转后，单手将铅球推出，使铅球落在规定的区域内。

铅球项目可分为侧向原地推铅球、背向滑步推铅球、旋转式推铅球等。其中，侧向原地推铅球多用于普通体育考试中，而背向滑步推铅球、旋转式推铅球常用于比赛和竞技体育中。这里主要介绍一下背向滑步推铅球（图 6-10）的技术，主要包括握持铅球、预备姿势、滑步、最后用力和维持平衡五个环节。

图 6-10　背向滑步推铅球连续动作

1. 握持铅球

以右手投掷为例，五指自然分开，将球放在食指、中指、无名指指根处，拇指和小指夹在球的两侧，手腕背屈，握好球后，将铅球放在肩上锁骨窝处并贴着颈部，右臂屈肘，掌心向前，握持臂的大臂和身体夹角保持约 45°（图 6-11）。

图 6-11　握持铅球姿势

2. 预备姿势

双脚平行站立在投掷圈的后沿内，上体前倾呈水平，左腿轻轻弯曲，靠近支撑腿，在动作无停顿的情况下滑步（低姿势）或摆动腿向后上方抬起约与地面呈水平，当支撑腿弯曲大约成 100° 时，摆动腿弯曲并靠近支撑腿（高姿势）。

3. 滑步

滑步（以背向滑步为例）由摆动腿向投掷方向的摆动开始，右脚蹬离地面，身体重心向投掷方向移动。左腿向斜下方摆动，使身体向投掷方向运动。当身体重心移过支撑腿时，右腿开始向投掷方向用力。右腿积极回收，右脚以前脚掌着地，并逐渐转向投掷方向，此时，下肢动作领先于身体，上体和铅球留在后面，头和左臂转向投掷方向，髋与肩约成 90°。

4. 最后用力

由右腿开始用力，遵循右腿—右髋—躯干的用力顺序。右髋积极转向投掷方向，形成肩与髋的扭紧姿势，上体逐渐抬起并移向推球方向，在身体左侧移至与地面垂直的瞬间，固定左肩，右腿快速蹬直，形成以身体左侧为支撑的支撑轴。上体、头转向推球方向，右肩前送，抬头挺胸，以胸带肩，右臂迅速、积极地将球推出，当球要离手时，右手屈腕，手指有弹性地拨球，加快球出手的速度，将球从右肩上方沿 35° ～ 40° 的角度推出。

5. 维持平衡

在铅球出手后，紧接一个换步，右腿的支撑可缓冲身体向前的动作，左腿后摆，同时降低身体重心以维持身体的平衡。

四、标枪

掷标枪是一个比较复杂的多轴性旋转项目，其完整技术由握持枪、助跑、最后用力和维持平衡构成（图 6-12）。

图 6-12　掷标枪连续动作

1. 握持枪

以右手持标枪为例，将标枪斜放在右手掌心，拇指和中指握在标枪把手末端上沿，食指自然弯曲斜握在标枪上，无名指和小指握在把手上。握好标枪后，右手持标枪于右肩上，持标枪在头侧，枪尖稍低于枪尾。

2. 助跑

助跑的距离应根据投掷者发挥速度的快慢而定，一般为 25 ～ 35 米，可分为两个阶段，即预跑阶段和投掷步阶段。

（1）预跑阶段。预跑阶段主要是加速，持标枪于头部高度，枪尖稍低，手背朝外。跑进中上体需稍微前倾，以前脚掌着地，将大腿稍抬高，加强后蹬力量，动作轻快而富有弹性，持枪臂随着跑步节奏与左臂配合，前后自然摆动，并与下肢动作协调一致，在加速中进入投掷步。预跑路线呈直线，步数可根据自身的运动能力选择 8 ～ 12 步不同的步数。

（2）投掷步阶段。第一步，左脚踏上第二标志线，右脚积极前迈，同时右肩后撤并开始向后引枪，左肩逐渐向标枪靠近，左臂自然摆至胸前，眼向前看，髋部正对投掷方向，持枪臂尚未完全伸直。第二步，当右脚落地后，左脚离地前迈。左脚前迈时，髋稍向右转，右肩继续后撤并完成引枪动作，右手接近肩的高度，枪身与前臂夹角较小，枪尖靠近右肩，保证标枪纵轴和投掷方向一致。第三步，由左脚落地开始。左脚一落地，右腿膝关节自然弯曲，大腿带动小腿积极有力地向前摆出，当右腿靠近左腿时，左腿快速有力地蹬伸，促使右腿加快前迈。此时，髋轴转向投掷方向，并与肩轴形成交叉姿势。左臂自然摆至胸前，有助于左肩继续向右转动，加大躯干向右扭转的幅度。右脚脚尖外转，脚跟外侧先落地，然后过渡到全脚掌着地，与投掷方向约成 45°。躯干和右腿成一条直线，整个身体向后倾斜与地面形成一定的夹角。第四步，在交叉步右脚尚未落地时，左腿积极前迈。右腿落地，将身体重心落在弯曲的右腿上，右腿继续积极蹬地，加快髋部水平方向移动，同时加快左腿的前迈。左腿前迈时，大腿不宜抬得过高，左脚用内侧或脚跟先着地，做出强有力的制动和支撑，左脚落地的位置应在右脚落地前投掷方向线的左侧 20 ～ 30 厘米处。

3. 最后用力

在投掷步的第四步，右脚着地后，由于惯性，髋部迅速向前运动，在超越右腿支撑点之后，右脚开始最后用力。第五步时，左脚着地，便形成了以左脚到左肩的左侧支撑，为右腿继续蹬地转髋创造条件。右腿继续蹬地，推动右髋加速向投掷方向运动，使髋轴超过肩轴，同时髋部牵引肩轴向投掷方向转动，在肩轴向投掷方向转动的同时，投掷臂向上转动，带动前臂、手腕向上翻转，在上体转为正对投掷方向时形成“满弓”姿势。此时，投掷臂处于身后，约与肩高，与躯干几乎成直角。弯曲的左腿做迅速有弹性的蹬伸，同时胸部尽量前送，并带动小臂向前做“鞭打”动作，使全身的力量通过手臂和手指作用于标枪纵轴。

4. 维持平衡

标枪出手后应及时制动，向前迈出 1 ～ 2 步，身体做出左转动作，降低身体重心以维持身体平衡。

第四节　田径比赛的主要规则

一、径赛项目的主要规则

所有 400 米及以下距离（包括 4×100 米接力项目的第一棒）的起跑必须使用大会规定的起跑器，采用蹲踞式起跑。其余情况则不适用起跑器，采取站立式起跑。

在“各就位”“预备”等口令发出后，所有参赛运动员应立即做好相应姿势，若不能在规定时间内完成相关动作，则属于起跑犯规。

若参赛运动员中出现在发令枪发出信号前抢跑，在“各就位”“预备”口令下达后，通过声音或动作扰乱他人比赛等情况时，该参赛运动员属于起跑犯规，发令员有权终止起跑。

在分道跑项目中，400 米及以下距离的各项竞赛，每位参赛运动员应只占 1 条跑道，不得越出其指定的跑道，否则将被取消参赛资格。400 米以上距离的跑类项目不分跑道（除了 800 米的前 100 米距离）。

不分跑道的项目比赛中，参赛运动员到达弯道外侧跑道或障碍跑变更道上时，不能踩踏实际分道线及内侧。

若运动员在参赛过程中跑出了自己的分道线，但并未因此获得利益，也未曾阻挡、妨碍他人比赛，一般不应被取消比赛资格。中长跑时，运动员擅自离开跑道后不得继续比赛，将其记为中途退出。

跨栏跑时，参赛运动员必须在自己的跑道内完成比赛。若参赛运动员跨越栏架时出现手脚低于栏顶面、跨越他人栏架、有意用手或脚碰倒栏架等行为，均属犯规，应被取消参赛资格。

接力跑是分道进行的，接棒者应该在 30 米接力区内起跑并接棒。若发生掉棒情况，必须由掉棒参赛运动员捡起，掉棒运动员可以离开自己的分道捡棒，但不得缩短比赛距离。参赛运动员捡棒后回到规定位置后才能继续比赛。在接力区外完成接棒、捡棒时阻挡他人或空手跑过终点，均属犯规。

二、田赛项目的主要规则

1. 跳高类项目比赛主要规则

跳高比赛时，抽签排定试跳顺序，比赛必须用单脚起跳。在比赛开始前，主裁判应向运动员宣布起跳高度和每轮结束后横杆的提升高度。每轮比赛之后，横杆升高不少于2厘米，且横杆升高幅度不得增大。一旦比赛开始，运动员就不得使用助跑道或起跳区进行练习。出现下列情况之一者，判为试跳失败。

（1）试跳后，运动员的试跳动作致使横杆未能留在横杆托上。

（2）在越过横杆之前，运动员身体的任何部位触及立柱以外的地面或落地区。

在任何高度，只要运动员连续3次试跳失败，即失去继续比赛的资格。运动员在某一高度请求免跳后，不准在该高度恢复试跳，除非出现与第一名成绩相等的情况。每名运动员应以其最好的一次试跳成绩，包括因与第一名成绩相等而进行的决名次赛的试跳成绩，作为其最后的决定成绩。

2. 跳远类项目比赛主要规则

田赛跳远类项目比赛时，一旦比赛开始，运动员就不得使用比赛助跑道进行练习。如果有下列情况之一，就判为试跳失败。

（1）在未做起跳的助跑中或在跳跃中，运动员以身体任何部位触及起跳线以外地面。

（2）从起跳板两端之外的起跳线的延长线前面或后面起跳。

（3）在落地过程中触及落地区以外地面，而落地区外触地点较区内最近触地点更靠近起跳线。

（4）完成试跳后，向后走出落地区。

（5）采用任何空翻姿势。

测量成绩时，应从运动员身体任何部位触地的最近点量至起跳线或起跳线的延长线，测量线应与起跳线或其延长线垂直。应以每名运动员最好的一次试跳成绩，包括因第一名成绩相等而进行的决名次赛的试跳成绩，作为其最后的决定成绩。

3. 投掷类项目比赛主要规则

投掷类项目比赛应抽签决定试掷（投）顺序。赛前，运动员可在比赛场地练习试掷，练习组应在裁判员监督下按抽签顺序进行。一旦比赛开始，运动员就不得持器械练习，无论持器械与否，均不得在投掷或落地区以内地面试掷。

以铅球为例，投掷铅球前，应从投掷圈内将铅球推出。须从静止姿势开始试掷，用单手从肩部将铅球推出，允许触及铁圈和抵趾板内侧。运动员进入圈内开始试掷时，应让铅球抵住或靠近颈部或下颌，在推球过程中持球手不得降到此部位以下。不得将铅球置于肩轴线后方。不允许使用任何装置对投掷时的运动员进行任何帮助。

运动员进入圈内开始投掷后，如果身体的任何部位触及圈外地面，或触及铁圈和抵趾板上面，或以不符合规定的方式将铅球推出，均判为一次投掷失败。

铅球必须完全落在落地区角度线内沿以内，试掷认定有效。每次有效试掷后，应立即测量成绩，从铅球落地痕迹的最近点取直线量至投掷圈内沿。最终成绩确定应以最好一次的投掷成绩，包括因与第一名成绩相等而进行的决名次赛的试掷成绩，作为最后的决定成绩。其他投掷项目，除场地、器械和投掷方法与铅球有差异外，比赛规则与铅球基本相同。

课后思考与练习

1. 田径比赛的五大类别是什么？各自包含哪些具体项目？

2. 请选择两种自己喜欢的田径项目，完整阐述其技术动作。

第七章 篮球运动

学习目标与任务

- 了解篮球运动的发展情况。
- 熟悉篮球运动的特点与主要赛事。
- 掌握篮球运动的基本技术与比赛规则。
- 积极主动参与篮球训练。
- 培养团结协作、公平竞争的体育精神。

素质讲堂与点拨

2021 年 7 月 30 日，东京奥运会篮球女子组小组赛第二轮中，中国女篮凭借李月汝最后 0.6 秒的罚球绝杀，以 76∶74 险胜澳大利亚女篮，小组赛两连胜提前出线。第一节比赛，中国女篮早早进入状态，以 27∶19 取得领先；第二节比赛，澳大利亚加强防守，中国女篮失误不断，澳大利亚抓住机会送出 13∶2 的攻势一举反超比分，半场结束，双方战成 38 平；第三节比赛，女篮打出完美攻防，开局打出一波 9∶0 的攻击波再度拉开比分，三节结束后，中国队以 55∶47 领先；末节澳大利亚外线手感突然回暖，奥赫最后时刻连着两记神奇三分扳平比分，最后时刻中国女篮李月汝篮下造成对手犯规，随后她两罚全中上演绝杀。这是一场惊心动魄、分秒必争的比赛，整个团队表现出一种很强的拼抢和斗争意识，那是一种“不到最后一刻绝不放弃”的信念。

思考：篮球运动是一项创造性的活动，所有的技巧和战术都有它自己的原理，但同时又包含着个人不同的表现风格。结合你的理解，谈一谈篮球的魅力主要表现在哪些方面。

第一节　篮球运动概述

篮球运动是一项由两队参与的同场对抗的集体运动项目，其运用多种技术与战术（简称技战术）手段力求将球投进对方篮筐，并极力阻止对方投篮。篮球运动能够有效地促进学生身体素质的全面发展，培养学生勇敢、顽强、竞争、拼搏进取的精神。

图文：中国大学生篮球联赛

一、篮球运动的起源与发展

美国人詹姆斯·奈史密斯于 1891 年发明了篮球运动。他起初用足球做比赛工具，向篮投掷，篮是竹篮，后改为活底的铁篮，再改为铁圈下面挂网，经过长时间的斟酌，奈史密斯和他的同事们才将这种游戏定名为“篮球”。

1892 年，奈史密斯制定了篮球的 13 条比赛规则，同时对场地大小也做了规定。

1908 年，美国制定了全国统一的篮球规则，并有多种文字版本，发行于全世界，篮球逐渐成为一项世界性的运动项目。

1936 年，篮球运动在柏林奥运会上被列为正式比赛项目。

1976 年，第 21 届奥运会将女子篮球列为正式比赛项目。

目前，国际上的重大篮球竞赛活动主要有奥运会篮球赛、国际篮联篮球世界杯、各大洲（欧洲、亚洲、非洲、南美洲等）篮球赛、世界大学生和中学生运动会篮球赛等。

二、篮球运动的特点与作用

1. 篮球运动的特点

（1）游戏娱乐性。篮球运动最初是为解决冬季室内体育锻炼问题而作为一项游戏开展的，伴随篮球运动的不断发展，其日益呈现出职业化、社会化、生活化和娱乐化的多元特色。

（2）集体协同性。篮球运动是一项 5 人制集体活动，整个活动需要前锋、中锋、后卫集体协同作战，只有共同发挥篮球运动的传、接、运、投、移动、防守等基本技战术，才能呈现一场精彩的比赛。

（3）激烈对抗性。篮球运动是一项对抗性很强的集体项目，在篮球场上很容易为了争夺控制权、抢占有利位置、有效控制时间形成激烈的时间和空间立体对抗的格局，比赛过程中也包含着集智慧、谋略、技战术、体能、心理素质等于一体的综合性攻防对抗，其魅力恰恰表现为在特殊的时空内双方“短兵相接”的激战场景。

（4）技战术灵活多元性。篮球运动以手控球，围绕投篮双方展开激烈的应战，因此，对战过程对双方的技战术要求非常严格。赛场上的情况瞬息万变，机会稍纵即逝，双方需要围绕时空的万千变化开展空间与地面、单兵与集体、攻守与突防、内线与外围、点与面之间的立体、综合、协调对抗。

2. 篮球运动的作用

经常参加篮球运动不仅可使人的身体素质平衡发展，还能提高人体感受器官的功能，中枢神经的灵活性及协调、支配各器官的能力。篮球运动能为参与者提供良好的心理体验，培养人的意志力与团队精神，促进个体社会化的发展。

视野拓展

中国男子篮球职业联赛

中国男子篮球职业联赛（China Basketball Association，CBA）是由中国篮球协会所主办的跨年度主客场制篮球联赛，中国最高等级的篮球联赛，诞生了姚明、王治郅、易建联、朱芳雨等球星。

比赛分常规赛和季后赛两个阶段进行，采用主客场赛制，三周八赛。常规赛中，所有参赛球队根据上赛季球队最终排名，20 支参赛球队蛇形排列分成 2 组，同一小组之间四循环，不同组双循环，共 56 轮，按比赛胜场数 / 负场数比率确定常规赛总排名，胜场率高者名次列前。季后赛中，常规赛排名前四的球队直接晋级八强，排名第五至第十二位的球队则进入 12 进 8 轮的比赛，争夺另外 4 个八强席位。

第二节　篮球运动的基本技术

篮球运动的基本技术可分为无球技术和有球技术，根据大学生的运动和学习需要，这里主要介绍有球技术，包括移动、传球与接球、运球、投篮、持球突破、防守。

一、移动

移动是在比赛中队员通过方向、速度、高度及位置的变化而运用的各种脚步动作的统称。移动无论在进攻还是在防守中都非常重要，是篮球技术的基本功之一。

1. 基本站姿

站立时，两脚自然开立，脚跟稍虚，屈膝降低重心，上体稍微前倾，手臂自然放于体侧，手肘微微弯曲，两眼平视，随时准备向各个方向启动。如果原地持球，则在准备姿势基础上持球于胸腹之间，做好传、运、投等准备。

2. 起动

起动是队员在球场上由静止状态变为运动状态的一种脚步动作。在进攻中突然快速地起动是摆脱防守的有效手段；防守时，迅速地起动是保持或抢占有利位置、防住对手的首要环节。起动时，上体迅速前倾或侧转，向目标方位移动重心，同时用脚有力蹬地，迅速向目标方位迈步。

3. 跑

篮球比赛中的跑不仅要求跑的速度快，而且要求经常变换速度和改变方向，做出急停、转身、起跳和在跑的过程中完成控制球的动作。在篮球比赛中，使用频率最高的跑有变速跑、变向跑、侧身跑和后退跑。

（1）变速跑。加速时，蹬地突然短促有力，上体前倾。减速时，上体直立，步幅放大并缓冲抵地。

（2）变向跑。右脚蹬地，屈膝内扣，转移身体重心，左脚快迈，上体前倾，加速跑动。

（3）侧身跑。上体侧身转肩，脚尖向前，看球跑动。

（4）后退跑。用两脚的前脚掌交替蹬地，小腿积极后收，向后跑动，同时提踵，两臂屈肘相应摆动，保持身体平衡，并抬头注意场上情况，慢跑时稍向后倾，随着速度的加快而加大后倾幅度。

视频：篮球轴心脚确立

4. 转身

转身是篮球比赛中运用较广泛，经常与其他技术动作组合运用的改变身体方向的一种动作方法，包括前转身和后转身。前转身是移动脚向中枢脚前方跨出以改变身体位置与方向。后转身是移动脚向中枢脚后方撤步以改变身体位置与方向。

5. 滑步

滑步可分为侧滑步、前滑步和后滑步三种，它属于防守的基本步法。

（1）侧滑步。两脚平行站立，向左侧滑步时，左脚向左（移动方向）迈出的同时，右脚蹬地滑动，跟随左脚移动，并保持屈膝降低重心的姿势，上体微向前倾，两臂张开（根据进攻者的情况），抬头注视对手。注意身体不要上下起伏，两脚不要交叉，重心要保持在两脚之间。

（2）前滑步。由前后站立姿势开始，向前滑步时，前脚向前迈出一步，着地的同时，后脚紧随着向前滑动，保持开立姿势，注意屈膝以降低身体重心。

（3）后滑步。后滑步动作方法与侧滑步相同，只是向后滑动。在滑步练习时应谨记脚的蹬跨要协同有力，滑动时身体要平稳，两臂尽量伸展。

6. 急停

急停是队员在跑动中突然制动速度的一种动作方法，也是各种脚步动作衔接和变化的过渡动作。急停包括跨步急停和跳步急停。

（1）跨步急停，又称两步急停。在快速跑动中采用急停时，先向前跨出一大步，用全脚掌抵住地面，迅速屈膝，同时身体稍后倾，转移重心，减缓向前冲力，然后连贯地跨出第二步。脚着地时，脚尖稍向内转，用前脚掌内侧蹬地，两膝弯曲，身体侧转（右脚跨出第一步，身体右转），微向前倾，重心落在两脚之间，两臂自然张开，协助维持身体平衡。

视频：跨步急停

（2）跳步急停，又称一步急停。在跑动中，用单脚或双脚起跳（离地不高），上体稍后仰，两臂自然摆动，两脚同时平行（略比肩宽）落地。落地时用全脚掌着地（或先用脚跟着地，然后迅速过渡到全脚掌着地），两膝弯曲，两臂屈肘微张，保持身体平衡。

二、传球与接球

传球与接球是实现战术组织配合的纽带，能把队员联成一个整体，充分发挥集体力量。

1. 双手胸前传球

视频：双手胸前传球

双手持球，五指自然分开，两拇指位于球后侧呈“八”字形，其余四指分开放在球侧，用指根以上部位握球的侧后方，掌心不要接触球体。两肘自然弯曲于体侧，将球置于胸前。肩、臂、腕肌肉放松，两眼注视传球目标，身体呈基本姿势。传球时，后脚蹬地，身体重心前移，同时两臂前伸，手腕由下向上翻转，同时拇指用力下压，食指、中指用力弹拨，将球传出，出球后，手心和拇指向下（图 7-1）。以上动作要领可概括为：蹬（地）、伸（臂）、翻（腕）、抖（腕）和拨（指）。

(a) (b) (c)

图 7-1 双手胸前传球动作

2. 单手肩上传球

以右手持球为例，传球时，左脚向传球方向跨出半步，同时右转体将球引至右肩侧上方，手腕后屈，身体重心落在右脚尖上，出球时，右脚蹬地的同时转体带动上臂，前臂迅速前甩，手腕前扣，最后通过食指、中指、无名指的弹拨下压动作将球传出（图 7-2）。

(a)　(b)　(c)　(d)

图 7-2　单手肩上传球动作

3. 双手头上传球

在篮球比赛中，双手头上传球常用于快攻或攻内线传球时。这种传球方式可以将球传得很远，可越过对方防守队员。传球时，队员双手持球于头上，两肘关节向前。当传球距离较近时，小臂前摆，手腕前扣并外翻，同时拇指、食指和中指用力向前拨球，手指指向传球方向。当传球距离较远时，队员要用力蹬地，结合腰、腹的力量来带动上臂前摆，腕、指用力前扣，将球传出。

4. 单手体侧传球

单手体侧传球在篮球比赛中是一种隐蔽的短距离传球方式。外围队员传球给内线队员时常用这种技术。单手体侧传球与跨步、突破等假动作结合运用时效果较好。传球时，队员持球引至体侧后，前臂小幅度快速摆动，腕指急促用力抖动将球传出，食指、中指指向传球方向。

5. 接球

好的接球质量是传球成功的保证，接球时，手指自然分开，手心空出，双臂向前伸出。当手指触球后，两臂顺势屈肘随球后引，缓冲来球力量，两手握球于胸腹间，呈基本站立姿势。

三、运球

运球是篮球运动员在场上自由行走的重要手段，好的运球技术能够创造更多投篮空间，躲避防守，主要包括高运球、低运球、运球转身、体前变向换手运球、背后运球等技术。

视频：运球的基本姿势

1. 高运球

高运球时，篮球运动员要做到抬头，目视前方，上体稍前倾，以肘关节为轴，手用力推按球的后上方，把球运在身体侧前方，球反弹高度在腰、腹之间，当原地运球时，手要控制篮球的正上方，一般拍一次球跑两步（图 7-3）。

2. 低运球

低运球时，篮球运动员要做到抬头，目视前方，两膝深屈，降低身体重心，用上体和腰部保护球。同时，用手短促地按拍球，控制球从地面反弹的高度在膝部以下，以便摆脱防守继续前进（图 7-4）。

图 7-3　高运球动作

图 7-4　低运球动作

3. 运球转身

以右手运球为例，当对手堵截运球路线时，运球队员将球控制在身体右侧，左脚向前跨出一步为中枢脚，置于对手两脚之间，然后右脚用力蹬地后撤，顺势做后转身动作；在转身的同时，右手按拍球的右前方，将球拉引至身体的侧后方落地，转身后换用左手推拍球，从对手的身体右侧突破。为减小球的转动半径，须使上臂紧贴躯干，同时使运球手臂提拉球的动作和脚的蹬地、跨步、转身动作紧密结合。转身时应加力运球，以加大球的反作用力，延长手触球的时间，有利于拉引球动作的顺利完成。

4. 体前变向换手运球

体前变向换手运球是运球队员在接近对手时突然改变运球方向而过人的一种运球方式。运球队员要从对手右侧突破时，先向对手左侧快速运球，当对手向左侧转移身体重心准备堵截时，运球队员突然变换运球的方向，用右手按拍球的右侧上方，并靠近身体向左侧送拍球，使球的落点靠近左脚，向身体左侧反弹，同时，右脚向左前方跨步，上体左转侧肩，以臂、腿、上体保护球，换左手按拍于左侧上方，从对手右侧运球突破。若要从对手左侧突破，则方向相反。

5. 背后运球

背后运球是进攻队员在运球过程中遇到对手堵截时采用的隐蔽性较强的一种运球方式。以右手运球为例，队员右脚在前，右手将球拉至右侧身后，迅速转腕按拍球的右后方，将球从身后拍按至身体的左侧前方，然后左手运球。

视频：背后运球

课堂互动

学生分成实力均等的几个小队，每队一个篮球，各自站好位置，按照表 7-1 的要求进行接力。

每名队员要跑到对面边线，绕过标志物再返回。返回后要跳步停球，转身，将球举过头顶递交给下一名队员。每名队员都要完成两次接力方可结束。每名队员完成两次接力后回到队伍中坐下。

表 7-1　接力要求

次　数	要　求
第一轮	所有队员只能用右手运球
第二轮	所有队员只能用左手运球
第三轮	所有队员右手运球过去，左手运球回来
第四轮	所有队员任一只手运球过去，返回时要倒退运球
第五轮	所有队员换手运球往返

四、投篮

投篮得分是决定篮球比赛胜负的唯一标准，也是评价优秀篮球运动员的重要指标之一。在篮球运动中，投篮是最主要的进攻技术，包括原地双手胸前投篮、原地单手肩上投篮、行进间单手肩上投篮、跳起单手肩上投篮等技术。

视频：投篮技术

1. 原地双手胸前投篮

将球置于胸前，两肘自然下垂，两脚前后或左右开立，两膝微屈，重心落在两脚掌上；投篮时，两脚蹬地，腰腹伸展，两臂向前上方伸出，两手腕同时外翻，拇指稍用力压球，使球通过拇指、食指、中指指端投出，球出手后，脚跟提起，腿、腰、臂随出球方向自然伸展（图 7-5）。

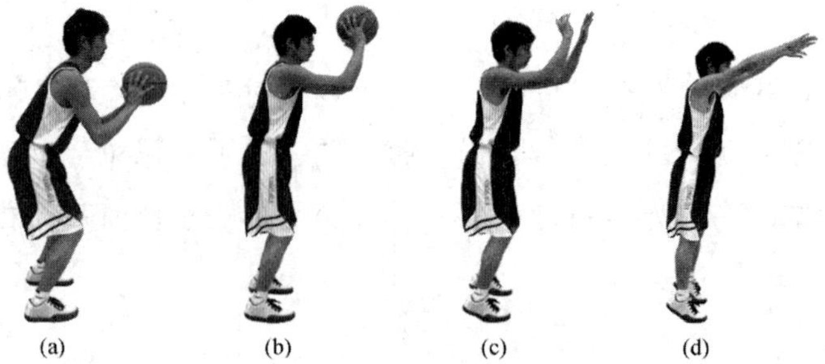

图 7-5　原地双手胸前投篮动作

2. 原地单手肩上投篮

以右手持球为例，两脚左右开立，两膝微屈，重心落在两脚掌上；右手五指自然分开，翻腕持球的后部稍下部位，左手扶在球的侧下面，将球举到头部右侧上方位置，目视球篮，大臂与肩关节平行，肘关节内收。投篮时，由下肢蹬腿发力，身体随之向前上方伸展，同时抬肘向投篮方向伸臂，用手腕前屈和手指拨球动作，使球柔和地从食指、中指端投出。球离手时，手臂要随球自然跟送，脚跟提起。原地单手肩上投篮动作如图 7–6 所示。

(a)　(b)　(c)　(d)

图 7–6　原地单手肩上投篮动作

3. 行进间单手肩上投篮

以右手持球为例，当球在空中运行时，右脚向前跨出时接球，接着迅速上左脚起跳，右腿屈膝上抬，同时举球至头右侧，腾空后，上体稍后仰，当身体跳到最高点时，右手臂伸直，用手腕前屈和手指力量将球投出，如图 7–7 所示。

(a)　(b)　(c)　(d)

图 7–7　行进间单手肩上投篮动作

4. 跳起单手肩上投篮

以右手持球为例，双手持球于胸腹之间，两脚左右（或前后）开立，两膝微屈，身体重心落在两脚间；起跳时两膝适当弯曲，接着脚掌蹬地发力，提腹伸腰，向上迅速摆臂举球并起跳，球高度为肩上或头上；当身体升至最高点或接近最高点时，用爆发性力量屈腕、压指，将球投出，球离手后身体自然落地，屈膝缓冲。跳起单手肩上投篮动作，如图 7–8 所示。

图 7-8 跳起单手肩上投篮动作

五、持球突破

突破是篮球比赛中一项重要的技术，是篮球运动员利用脚步动作的运球技术迅速超越对手的一项攻击性极强的进攻技术。突破还可以分为运球突破和持球突破，这里主要介绍持球突破。持球突破包括交叉步突破、顺步突破、前转身突破和后转身突破等技术。

1. 交叉步突破

以右脚做中枢脚为例，两脚左右开立，两膝微屈，身体重心压低。突破时，左脚前脚掌内侧用力蹬地，上体稍右转，左肩向前下压，左脚向右侧前方跨出，同时右手迅速推放球于左脚侧前方，接着右脚蹬地上步运球超越对手。

2. 顺步突破

比赛中接球的运动员拿到球后，可以先进行试探确定中枢脚。若以左脚为中枢脚，突破时，左脚内侧用力蹬地，右脚迅速向右前方跨出，同时上体右转探肩用右手向前推放球。左脚蹬离地面后迅速向右前方跨出，继续运球前进，超越对手。

3. 前转身突破

以左脚为中枢脚进行突破时，以左脚为轴做前转身，右脚随着转身向球篮方向跨出，左肩向防守者的一侧空当下压，右手推放球后左脚蹬离地面向前跨出，超越对手。

4. 后转身突破

以左脚为中枢脚进行突破时，以左脚为轴做后转身，右脚随着转身向右后方的球篮方向跨出，脚尖指向侧后方，右肩向防守者的一侧空当下压，左手向右脚前方推放球后，左脚蹬离地面向前跨出，超越对手。

六、防守

防守技术是篮球技术重要体系之一，是为了阻挠和破坏对方进攻、实现夺球反攻目的所采取的专门动作方法的总称。

1. 基本防守姿势

两脚平行或前后开立，与肩同宽或略宽于肩，两膝微屈，脚尖朝前，身体重心位于两脚之间，上身向前微倾，保持身体平衡。后背挺直并抬头，手臂张开并侧伸。

2. 防守队员

篮球运动的防守技术主要包括防守无球队员和防守持球队员两个方面。

（1）防守无球队员。防守无球队员时，防守者经常采用面对对手、侧向球的斜前站立姿势，要尽可能不让对方在有效攻击区中接球，尽可能使对方接球后不能流畅衔接下一动作。防守者应抢占“人球兼顾”的有利位置，尽可能封锁对方的传球路线，及时果断地进行协防。

（2）防守持球队员。防守持球队员时，防守者应抢占球篮与对方队员之间的有利位置，双脚不能朝向同一侧，一只手置于上方，一只手置于下方，根据对方持球队员的特点和意图及时调整位置。

3. 抢球

抢球是指篮球在对方的控制下，防守者从持球者手中夺取篮球。这种夺取要靠运动员借助身体卡住对方，采用前臂、手腕或上身扭动的力量将球抢走。

4. 打球

打球是指在篮球运动过程中将对方手中的球击落的方法。在一方接到球的瞬间或在运球过程中，另一方可突然上步打球。打球分为自上而下打球和自下而上打球两种方法。若一方持球较高，另一方可采用自下而上的打球方法。以左手打球为例，左脚稍向前移，同时左手前臂前伸，掌心向上，接近篮球时，依靠手指、指跟的力量击球的下部；若一方持球部位较低，另一方可采用自上而下的打球方法。以右手打球为例，右脚稍上步，同时右手迅速前伸，接近篮球时，手腕向下挥动，依靠手指、手掌外侧的力量击球的上部。

5. 断球

断球是指在篮球运动中截获对方传球、接球的方法。断球可分为横断球、纵断球和封断球。

（1）横断球。横断球是指从接球队员侧面跃出将球截获。这种断球要求运动员屈膝降低重心，在对方传球瞬间突然启动、快速助跑，单脚或双脚蹬地跳起，充分伸展双臂及身体，用单手或双手将球截获。

（2）纵断球。纵断球是指从接球队员身后或侧后方跃出将球截获。这种断球要求运动员先向前跨出半步，侧身绕到对方身前，同时重心前移，单脚或双脚用力蹬地向前跃出，身体伸展，两臂前伸将球截获。

（3）封断球。封断球是指持球队员暴露了传球意图后，防守队员在对方球出手的一刹那，突然启动将球截获。

第三节　篮球运动比赛规则

篮球规则是指在篮球比赛中应用的各种规则，篮球规则基于适用范围分为 FIBA（国际篮球联合会）规则、NBA（美国职业篮球联赛）规则、NCAA（全国大学体育协会）规则等，世界上通用的篮球规则是国际篮球联合会指定的 FIBA 官方篮球规则。

一、场地和器材

1. 标准篮球场规格

国际篮球联合会规定正式比赛的篮球场应为一块平坦、无障碍物的硬质地面（图 7–9）。其尺寸为长 28 米，宽 15 米，天花板或最低障碍物离地高度至少 7 米。球场照明应均匀，光线充足。

场地内所有线条宽度为 0.05 米；中线应从两条边线的中点画出，且平行于两条端线。它向每条边线外延伸 0.15 米；罚球线应与端线平行，长为 3.6 米，其外沿距端线内沿 5.8 米，中点须落于连接两条端线中点的假想线上。限制区是画在比赛场地上的一个长方形区域，由端线、延长的罚球线和起自端线（外沿距离端线中点 2.45 米）终于延长的罚球线外沿的线所限定。中圈画于球场中央，半径为 1.8 米，从圆周外沿丈量。

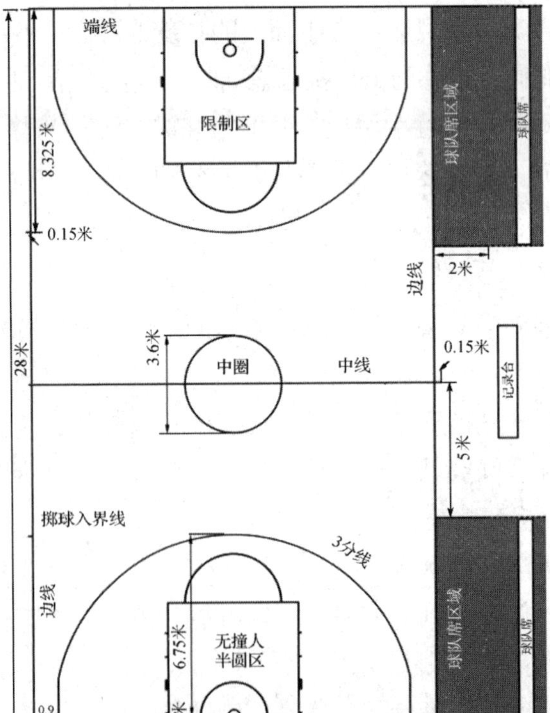

图 7–9　篮球比赛场地尺寸

2. 篮球的规格

篮球是圆球形的，球的外壳为皮革、橡胶或合成物质。球的圆周为 0.749 ～ 0.780 米，质量为 567 ～ 650 克。充气后，使球从 1.8 米高度（从球的底部量起）落到球场的地面上，反弹起来的高度为 1.2 ～ 1.4 米（从球的顶部量起）。

二、球员着装规格

1. 球队成员的服装

（1）背心前后的主要颜色相同，所有队员必须把背心塞进短裤内，允许穿一体的服装。

（2）短裤前后的主要颜色相同，但没必要与背心的颜色相同。

（3）允许穿长于短裤的紧身内裤，只要与短裤的颜色相同。

2. 主客队的背心颜色

每名队员必须至少有两件背心，并且秩序册中命名的第一队（主队）队员应穿浅色背心（最好是白色），秩序册中命名的第二队（客队）队员应穿深色背心。如果参加比赛的两队同意，他们可以互换背心的颜色。

三、比赛时间、比分相等与决胜期

1. 比赛时间

比赛应由 4 节组成，每节 10 分钟。在比赛开始之前，应有 20 分钟的比赛休息期。在第一节和第二节（第一半时）之间、第三节和第四节（第二半时）之间及每个决胜期之前应有 2 分钟的比赛休息期。而中场休息时间应为 15 分钟。

2. 比分相等与决胜期

如果在第四节比赛时间结束时比分相等，为打破平局，需要一个或多个 5 分钟的决胜期（加时节）来继续比赛。如果结束比赛时间的比赛计时钟信号响时或恰好之前发生了犯规，在比赛时间结束之前应执行最后的罚球。如果作为此罚球的结果需要一个决胜期，那么，在比赛时间结束后发生的所有犯规被视为在比赛休息期间发生的，在决胜期开始之前应执行罚球。

四、技术规范

在比赛中，只能用手打球，并且可将球向任何方向传、投、拍、滚或运，但受 FIBA 篮球规则的限制，队员不能带球走，也不能故意踢或用腿的任何部分阻挡或用拳击球。若球意外地接触到腿的任何部分，或腿的任何部分意外地触及球，不是违例。

五、得分

（1）当活球从上方进入球篮并停留在篮圈内或穿过篮圈是球中篮。

（2）球已进入篮圈，投篮的队按此规则计得分：一次罚球中篮计 1 分；从 2 分投篮区域中篮计 2 分；从 3 分投篮区域中篮计 3 分；在最后一次或仅有一次的罚球中，在球已触及篮圈后进入篮圈前被一名进攻队员或防守队员合法触及，中篮计 2 分。

（3）如果队员意外地将球投入本方篮圈，中篮计 2 分，记入对方球队得分。如果队员故意将球投入本方篮圈，这是违例，中篮不计得分。如果队员使整个球从下方穿过篮圈，也是违例。

六、暂停

（1）教练员或助理教练员请求中断比赛时是暂停。

（2）每次暂停持续时间为 1 分钟。一次暂停可在一次暂停机会期间被准许。在第一半时的任何时间，每队可准许 2 次暂停；在第二半时的任何时间，每队可准许 3 次暂停；以及每个决胜期的任何时间，每队可准许 1 次暂停。未用过的暂停不得遗留给下一个半时或决胜期。在第四节的最后 2 分钟或每个决胜期的最后 2 分钟内，在一次成功的投篮后比赛计时钟停止时，不允许得分队叫暂停，除非裁判员已停止了比赛。

七、违例

违例是指违反规则。违例时，将球判给对方队员，让其在最靠近发生违例的地点掷球入界，正好在篮板后面的地点除外，除非规则另有规定。篮球比赛中常见的违例有球出界、两次运球、带球走、3 秒违例、8 秒违例、24 秒违例和球回后场等。

视野拓展

当某队在前场控制活球并且比赛计时钟正在运行时，该队的队员不得停留在对方队员的限制区内超过持续的 3 秒钟。

当一名队员在他的后场获得控制活球时，在掷球入界中，球触及后场的任何队员或被后场的任何队员合法触及，掷球入界队员所在队仍拥有在后场的球权，该队必须在 8 秒钟内使球进入该队的前场。

当一名队员在场上控制一个活球时，在一次掷球入界中，球触及任何一名场上队员或被他合法触及，掷球入界队员所在的球队仍然控制着球时，该队必须在 24 秒钟内尝试投篮。

八、犯规

犯规是对规则的违犯，含有与对方队员的非法身体接触和违反体育道德的举止。篮球比赛中常见的犯规有撞人、阻挡、拉人、推人等侵人犯规。

1. 技术犯规

技术犯规是包含（但不限于）行为性质的队员非接触犯规。技术犯规主要指队员不礼貌地触犯裁判员、技术代表、记录台人员或球队席人员，或者使用很可能冒犯、煽动观众的语言和举止，等等。

2. 队员犯规和全队犯规

（1）一名队员已发生侵人犯规或技术犯规累计达到 5 次，主裁判员应通知本人，并要求其立即离开比赛。犯规队员必须在 30 秒内被替换。

（2）在一节中某队已发生了 4 次全队犯规时，该队处于全队犯规处罚状态。当某队处于全队犯规处罚状态时，所有随后发生的对未做投篮动作的队员的侵人犯规应被判 2 次罚球，代替掷球入界。如果控制活球队的队员或拥有球权队的队员发生了侵人犯规，应判对方队员掷球入界。

课后思考与练习

1. 篮球运动有哪些特点？
2. 篮球运动的基本技术是什么？
3. 篮球运动如何计分？
4. 篮球运动有哪些常见的犯规情况？

第八章

排球运动

学习目标与任务

- 了解排球运动的起源与发展情况。
- 熟悉排球运动的主要特点。
- 掌握排球运动的准备姿势、移动、发球、垫球、传球等基本技术。
- 初步体验排球运动的乐趣。

素质讲堂与点拨

有一种精神叫女排精神。1981年，袁伟民率领女排开启了“五连冠”的辉煌历程。那时，中国的改革开放刚刚拉开帷幕，封闭已久的中国大门向世界缓缓打开。中国女排以一场场酣畅淋漓的胜利提振了亿万国人的信心，也为改革开放事业注入了强大的精神动力。进入21世纪以来，中国女排又夺取2003年世界杯冠军、2004年雅典奥运会金牌，并在2015年世界杯、2016年里约热内卢奥运会和2019年世界杯赛中问鼎。尤其是2019年世界杯比赛中，在中华人民共和国成立70年之际，中国女排以十一全胜的战绩获得冠军，兑现了她们“升国旗、奏国歌”的誓言，向祖国献上了一份厚礼。40多年来，中国女排10次荣膺世界排球“三大赛”冠军，影响力早已超越体育本身的意义。

思考：2019年，习近平总书记在会见中国女排代表时强调，实现体育强国目标，要大力弘扬新时代的女排精神，把体育健身同人民健康结合起来，把弘扬中华体育精神同坚定文化自信结合起来，坚持举国体制和市场机制相结合，不忘初心，持之以恒，努力开创新时代我国体育事业新局面。请结合自己的理解，说一说什么是女排精神。

第一节 排球运动概述

排球运动是一项由两支相等人数构成的球队，在被球网（男子网高 2.43 米，女子网高 2.24 米）隔开的两个均等的场地内（长 18 米，宽 9 米）进行集体性攻防对抗的体育项目。随着现代排球运动的内涵和外延不断拓展，排球比赛的技术性与观赏性不断提高，排球赛事不断向社会化、职业化和商业化的方向发展。

一、排球运动的起源与发展

排球运动始于 1895 年。在美国马萨诸塞州霍利约克城，一位名叫威廉·G. 摩根的体育教育督导在辅导人们进行各种体育锻炼的实践中感到当时流行起来的篮球运动固然很好，但运动剧烈，不太适合年纪大的人，因此，在经过一段时间的摸索之后，他创造了一种新游戏：在网球场上用篮球内胆进行比赛，双方人数不限但要相等，各据一方。将球胆在球网两边来回传托，使其在空中飞来飞去，这就是排球的雏形。为了推广这项运动，后来被改名为“空中飞球”，英语为 volleyball。1900 年，排球传入加拿大。1912 年，场上队员固定站位有了相关规定。1917 年，15 分为一盘的制度被制定。

1905 年，排球运动传入中国。中国自 20 世纪 50 年代初开始学习、推广排球运动。1954 年，中国加入国际排球联合会后，技战术水平得到迅猛发展，不断向着全面、快速、球队高深、立体方向发展。

排球运动易于为人们所接受，且深受社会各阶层人士的喜爱，因而其在发展的过程中又不断分化、衍化，出现了多种多样的形式。例如，沙滩排球、九人制排球、小排球、软式排球、坐式排球及公园排球等。

21 世纪，世界排球运动不断创新发展，并向着快速度、高空优势、高超技巧、技术全面、激烈对抗的方向发展。而高、智、快、准、全、变、巧，积极主动拼搏，攻守兼备，高度和速度齐备，个体与群体统一，智力、意志与技战术的统一也是其发展的主要趋势和特点。

视野拓展

世界排球赛类型

世界排球公认的三大赛事有世界排球锦标赛、奥运会排球赛和世界杯排球赛。这三大比赛对排球运动的开展、普及和推广都起到了良好的宣传与引导作用。此外，对排球事业发展影响较大的还有世界青年排球锦标赛、世界男排联赛、世界女排大奖赛、国际排联四强对抗赛、国际排联世界冠军杯赛及世界沙滩排球锦标赛等。

二、排球运动的主要特点

排球运动集技术性、对抗性、集体性于一体，具有深厚的群众基础。

1. 形式多样

排球运动的场地设备比较简单，可设在室内，亦可设在室外，如沙地上、草地上、雪地上，甚至水中都可以进行排球活动，其形式多种多样，比赛规则容易被掌握且可以变通。

2. 群众性强

参加排球运动的人数可多可少，运动负荷能大能小，适合不同年龄、性别、体质和训练程度的人在不同环境条件下进行活动，因此具有广泛的群众性。

3. 技术全面

在排球比赛中，任何位置上的队员都要参与防守和进攻。在大多数形式的比赛中，比赛规则还会要求队员轮换位置。因此，每个队员都必须全面掌握各项攻、防技术。

4. 对抗性强

排球比赛中双方的攻防转换始终是在激烈的对抗中进行的，其对抗焦点主要集中在网上的扣与拦之间，一分球的争夺往往要经过七八个回合。水平越高的比赛，双方的对抗争夺越激烈。

5. 集体性强

排球比赛的双方都利用规则允许的三次击球机会，通过精心设计和巧妙配合，在瞬时间完成激烈的攻防转换和完美的战术组合，体现了其严密的集体性。

三、排球比赛的基本方法

排球比赛时，两队各有 6 名参赛队员，参赛队员身体的各个部位均可以触球。场上的 6 名队员分前后排站位，前排 3 人，后排 3 人。后排右边的队员在发球区内用手将球击过球网开始，每方最多击三次。接发球队胜一球后，6 名队员必须按顺时针方向旋转一个位置。

排球运动采用每球得分制，胜 1 球即胜 1 分。正式比赛采用 5 局 3 胜制。比赛的前 4 局以先得 25 分，并同时超出对方 2 分的队为胜一局。决胜局以先得 15 分，并同时超出对方 2 分的队获胜，当比分为 14 : 14 时，比赛继续进行至某队领先 2 分为止，无最高分限制。

四、排球运动的队员配置

（1）主攻手（WS）。通常在进攻中采取助跑、强力扣杀得分。

（2）副攻手（MB）。在二、三号位进行战术性跑动扣球，专职拦网和进攻。

（3）二传手（S）。场上组织进攻、实施战术的组织者。

（4）自由人（L）。专职防守的球员，与队中后排的任意选手交替防守。自由人不能发球、扣球、拦网或试图拦网。

第二节 排球运动的基本技术

排球运动的基本技术主要有准备姿势、移动步法、发球、垫球、传球、扣球和拦网等。

一、准备姿势

准备姿势按身体重心高低分为稍蹲准备姿势、半蹲准备姿势和低蹲准备姿势。以半蹲准备姿势（图 8-1）为例，队员两脚左右开立，略比肩宽，一脚在前、一脚在后，两脚尖向前微内收，膝关节保持一定的弯曲，上体前倾，重心在两脚之间略靠前，两臂自然弯曲，全身肌肉适当放松，双手置于腹前，两眼注视来球，两腿始终保持微动状态。

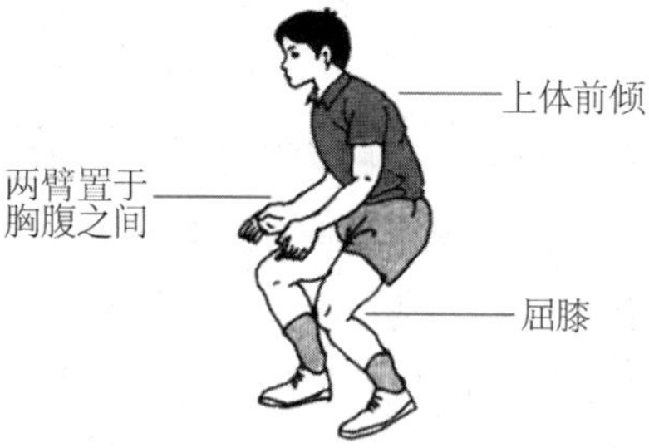

图 8-1 半蹲准备姿势

二、移动步法

排球运动中常用的移动步法主要有并步与滑步、交叉步、跨步等。

视频：移动步法

1. 并步与滑步

先做好准备姿势，当来球距离身体一步左右时可采用并步移动。近球一侧的脚向来球方向跨出一步，另一侧脚迅速有力地蹬地，并迅速跟上做好接球的准备姿势。当来球与身体的距离较远，用并步无法接近来球时，可采用连续并步即滑步。并步与滑步主要用于垫球、传球、拦网。

2. 交叉步

以向右移动为例，起动时身体应稍向右转，同时右脚自然地向右先移动一小步（起动步），使脚尖指向右前方。左脚从右脚前面向右交叉迈出一步。然后右脚再向右跨出一步，落在左脚的右侧，同时身体转动对准来球方向，保持击球前的准备姿势。

3. 跨步

当来球较低，离身体一米左右距离时，可采用跨步移动。移动时，一只脚用力蹬地，另一只脚向来球方向跨出一大步，跨出腿膝部弯曲，上体前倾，臀部下降，身体重心移至跨出腿上，后腿在蹬地后膝部也要微屈。跨步可向前、后、侧前等各方向。

三、发球

发球是排球比赛中主要的得分技术之一，是不受对手影响的技术，也是先发制人的进攻性技术。发球最基础的技术动作有正面上手发球、正面下手发球和侧面下手发球。

1. 正面上手发球

以右手发球为例，面对球网站立，左手托球于胸前，右手扶球，注意观察对方的站位和布局，选定自己的攻击目标；左手或双手将球平稳地向右肩前上方抛起，抛球的同时，右臂抬起屈肘后振，肘部弯曲与肩平，五指自然张开，上体稍向右转动，抬头挺胸、展腹、身体重心移动至右脚上；击球时利用蹬地转体和迅速收胸收腹的动作使手臂迅速猛烈地向上方挥动，重心随之移至左脚，手臂伸至右肩上方，以全掌击球的后中下部，手触球时手腕应有向前推压的动作，使球向前旋转飞出，具体动作如图 8-2 所示。

2. 正面下手发球

以右手发球为例，面对球网两脚前后开立，左脚在前，右脚在后，两膝弯曲，上体前倾，左手持球于腹前；左手将球垂直上抛在右肩的前下方，离手 20 ～ 30 厘米高度即可，在抛球的同时，右臂伸直后摆，身体重心适当后移；以肩为轴，手臂由后经下方向前摆动，身体重心亦随之前移，在右肩的前下方腹前高度用全掌、掌根或虎口击球后下方，具体动作如图 8-3 所示。

图 8-2 正面上手发球动作

图 8-3 正面下手发球动作

3. 侧面下手发球

以右手发球为例，两脚左右开立，两膝微屈，重心落在两脚之间，左手持球置于腹前。左手将球平稳抛至胸前，不要太高，距身体约一臂远。抛球同时，右手握拳，右臂右摆。以右脚蹬地向左转体的力量带动右臂向体前左上方摆动，在腹前以掌根或拳心击球后下方。

四、垫球

视频：垫球技术练习方法

垫球技术是防守的主要手段，是组织进攻的基础，在排球比赛中占有十分重要的地位。垫球最基础的技术动作包括正面双手垫球、体侧垫球、背向垫球、跨步垫球等。

1. 正面双手垫球

正面双手垫球的基本手形有抱拳式（图 8-4）、叠掌式（图 8-5）两种。双手正面垫球时，两脚开立，一前一后，两膝弯曲，肘关节自然弯曲，两手置于腰腹之间，当判断来球须用垫球回击时，及时移动到位，降低重心，两臂前伸插至球下，手肘夹紧，提肩，压腕，垫球时蹬地伸膝，用手腕以上 10 厘米位置去垫球，身体重心应随球前移，全身协调用力将球送出，具体动作如图 8-6 所示。

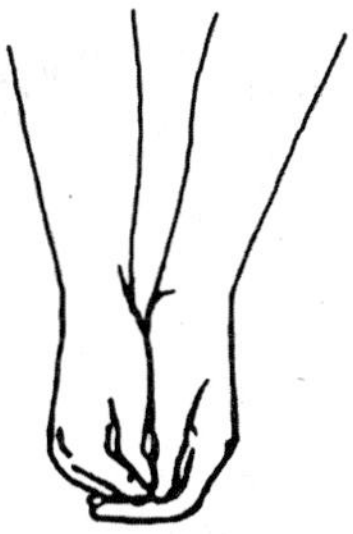

图 8-4 抱拳

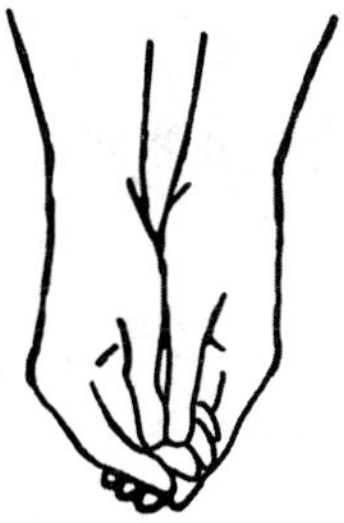

图 8-5 叠掌式

图 8-6 正面双手垫球

2. 体侧垫球

以右侧垫球为例，采取半蹲准备姿势迎球。垫球时，左脚前掌内侧蹬地，右脚向右跨出，右膝弯曲，重心移到右脚。两臂夹紧向右伸出，同时向左转腰、提右肩，带动手臂截击来球，垫击球的后下部。

3. 背向垫球

背对出球方向的垫球称为背向垫球。背向垫球时，要判断好球的飞行方向，迅速移动到球的落点上，背向垫出球的方向。垫球时，两臂夹紧伸直，利用蹬地、抬头后仰、挺胸、展腹的动作带动两臂向后上方迎击球。击球时要抬臂压腕触球的前下方，将球向后上方击出。击球点要适当，一般击球点高，垫出的球弧度平；击球点低，则垫出球弧度较高，需要利用背部的力量将球送出。

4. 跨步垫球

判断来球落点，及时向前或侧方跨出一步，屈膝制动，将身体重心落在跨出腿上，上体前倾，臀部下降，两臂夹紧前插至球下，用前臂击球的后下部，如图 8-7 所示。

图 8-7 跨步垫球动作

课堂互动

（1）垫固定球。两人一组，一人持球于腹前，另一人用垫球动作击球，体会垫球部位和用力动作。要求蹬腿抬臂协调用力。

（2）抛垫球。两人一球相距 4 ～ 5 米，一人将球抛至同伴的腹前，同伴将球垫回。

（3）移动垫球。两人一组，一人抛出不同距离、方向、速度和高度的球，另一人在移动中采取正面、侧面、跨步、低姿或背向等法将球垫回。

（4）转换方向垫球。三人一组，三角连续垫球。可任意按顺时针或逆时针的方向依次垫球。先不结合球网，逐渐结合球网三角垫球。

（5）二人一组，相距 7 ～ 8 米，一人发球，一人垫球。

五、传球

传球是指用手指、手腕的动作完成击球，是串联各项基本技术的媒介，便于准确控制球，是组织比赛与组织进攻战术的基础。传球的基本技术包括正面双手传球、背传、跳传等。

1. 正面双手传球

判断来球点，迅速移动身体正对落球点。当球飞至额前时，迅速蹬地、伸膝、手臂前迎，两拇指相对，两手自然张开呈半球形。触球时，手指、手腕紧张，以拇指、食指和中指承担来球的惯性力，于额前击球的后下方将球传出，如图 8-8 所示。

图 8-8 正面双手传球动作

2. 背传

背传是指向后上方传球。背传时，身体稍直立，重心放在两脚之间，不要前倾，双手自然抬起，放松置于脸前。当判断一传来球之后，迅速移动到球下，双手抬起，手触球时，手腕适当后仰，掌心向上，在额上方击球的下部。传球时，用蹬地、展腹、抬臂、向后翻腕及手指的弹力把球向后上方传出。

3. 跳传

双臂向上摆动帮助起跳后，顺势举在额前，身体在空中保持平衡，跳至最高点时迅速伸臂，利用手指和手腕的力量将球传出。

六、扣球

扣球是排球比赛中最积极有效的进攻手段之一。完整的扣球技术包括准备姿势、助跑、起跳、空中击球和落地等环节。以右手扣球为例，正面扣球动作如图 8-9 所示。

（1）准备姿势。在助跑前采用稍蹲姿势，两臂自然下垂，判断来球方向，为助跑起跳做准备。

（2）助跑。左脚向前跨出一步，右脚再迅速跨出一大步，左脚及时并上并踏在右脚前，脚尖稍向右转。

（3）起跳。在助跑跨出最后一步的同时，两臂绕体侧向后引，在左脚踏地制动过程中，随着双腿蹬地向上起跳，两臂积极向前摆动。

（4）空中击球。起跳后挺胸展腹，上体稍右转，右臂向右上方抬起，身体呈反弓形，依次带动肩、肘、腕各关节呈甩鞭打动作向前上方挥出。击球时，五指微张保持紧张，全手掌包满球，以掌心为击球中心，主动用力屈腕、屈指，击球的后中部。

（5）落地。由前脚掌落地过渡到全脚掌，顺势屈膝、收腹，缓冲下落力量。

图 8-9 正面扣球动作

七、拦网

拦网是排球运动基本技术之一，是防守的第一道防线。拦网技术要求队员将手伸向高于球网的位置以阻挡对方来球。常见的拦网技术有单人拦网、双人拦网、3 人拦网等。

1. 单人拦网

队员面对球网，两脚自然开立，与肩同宽，距离球网 30 ～ 40 厘米，两膝微屈，两臂在胸前自然屈肘，做好准备姿势。移动时，队员要控制身体重心，合理运用制动技术，以免触网犯规。起跳时，两脚用力蹬地，两臂在身体侧前方屈臂向上摆动，身体垂直上跳，腾空后收腹。身体腾空至最高点时，两臂伸直，两肩上提，手指自然张开，在手触球瞬间，手腕用力盖住球的前上方。身体自然下落，以前脚掌着地来缓冲屈膝下落力量。

2. 双人拦网

双人拦网是指前排两个队员相互靠近，同时起跳组成的拦网，主要在对方大力扣球时采用。双人拦网的技术动作同单人拦网相同。双人拦网时，一人为主拦人员，一人为配合队员，一般情况下，距离对方扣球地点近的队员为主拦队员。双人拦网起跳时，两人手臂应在体前画小弧线向上摆伸，尽量垂直向上起跳，手臂在空中的位置要把握好，要防止漏球。

3. 3 人拦网

3 人拦网的动作方法与双人拦网相同，关键在于移动要迅速，取位要恰当，配合要密切。3 人拦网对配合的要求较高，同时也会减弱防守、保护力量，因此只有在非常必要的情况下才会使用。

第三节　排球运动比赛规则

一、场地与器材

排球比赛场地是对称的长方形，分为赛场区和无障碍区。

球网为黑色，男子排球网高为 2.43 米，女子排球网高为 2.24 米，长 9.5 米，宽 1 米，架设在中心线的垂直面上。

排球运动的比赛用球可以是一色的浅色球或国际排球联合会（简称国际排联）批准的多色球，球圆周为 65 ～ 67 厘米，质量为 260 ～ 280 克，气压为 0.30 ～ 0.325 千克 / 平方厘米（约 30 000 帕）。

国际排联国际性比赛、各国排球锦标赛、各国排球联赛中所有的用球必须是国际排联批准的比赛用球。

二、场上位置与轮换次序

发球队员击球时，双方队员必须在本场区内按轮转次序站位。靠近球网的 3 名队员为前排队员，其位置为 4 号位（左）、3 号位（中）、2 号位（右），另外 3 名队员为后排队员，其位置为 5 号位（左）、6 号位（中）和 1 号位（右）。每名后排队员的位置必须比其相应的前排队员距离中线更远，每名前排队员至少有一只脚的部分比同列后排队员的双脚距中线更近，每名右（左）边队员至少有一只脚的部分比同排中间队员的双脚距右（左）边线更近。在发球击球后，队员可以在本场区和无障碍区的任何位置。轮换次序包括发球及其他队员的站位。接发球队获得发球权后，该队队员需按顺时针方向轮换一个位置。

三、暂停与替换

在比赛过程中，教练可以提出暂停和换人的请求。在每局比赛中，每队最多有两次普通暂停机会，暂停时间为 30 秒；在比赛成死球时，在裁判员鸣哨发球前可以请求暂停。在国际性比赛的第 1 局至第 4 局，每局另外有两次技术暂停，时间为 60 秒，在领先队达到 8 分和 16 分时可自动执行；第 5 局决胜局没有技术暂停，每队在该局可请求两次 30 秒的普通暂停。

在每局比赛中，每队最多可请求 6 人次换人，可同时替换 1 人或多人。每局开始上场阵容的队员在同一局中可换下和换上各 1 次，且只能回到原阵容位置上。替补队员每局只能上场比赛 1 次，替补开始上场阵容的队员。

四、比赛细则

1. 比赛状态

（1）比赛开始。裁判员鸣哨允许发球，发球队员击球表示比赛开始。

（2）比赛中断。裁判员鸣哨中断比赛。

（3）界内球。球触及比赛场区的地面包括界限，视为界内球。

（4）界外球。以下几种情况视为界外球：球的落点整体在场地界线以外，球触及场外物体、天花板或非场上比赛成员等，球触及标志杆、网绳、网柱或球网标志带以外部分，球的整体或部分从过网区以外过网，球的整体从网下穿过。

2. 比赛中击球

比赛球队必须在本场地及其空间内进行比赛，但允许队员跃出无障碍区进行救球。

（1）击球。每队最多击球 3 次（拦网除外），将球从球网上回击对方。1 名队员不得连续击球 2 次，2 ～ 3 名队员可同时触球，且同队的 2 ～ 3 名球员同时触到球时，被记为 2 ～ 3 次击球（拦网除外）。两名不同队的队员在网上同时触球，比赛继续进行，获得球的一方仍可击球 3 次。如果球落在某方场区外，则判对方击球出界；如果双方队员同时击球造成持球，则判双方犯规，该球重新开始。

（2）发球。发球队员必须在裁判员鸣哨后 8 秒内将球击出。鸣哨前发球无效，需重新发球。球被抛起或持球手撤离后，必须在球落地前，用一只手或手臂的任何部位将球击出。发球队员在击球或击球起跳时不得踏及场区或发球区以外的地面。

（3）进攻性击球。所有直接向对方的击球都是进攻性击球（发球和拦网除外）。在进攻性击球时，吊球是被允许的，但击球必须清晰并无接住或抛出动作。球的整体通过球网垂直平面或触及对方球员，被认为完成进攻性击球。

① 进攻性击球限制。前排队员可以对任何高度的球完成进攻性击球，但触球时必须在本方空间；后排队员可以在进攻线后对任何高度的球完成进攻性击球，但是起跳时脚不得踏及或越过进攻线，击球后可以落在前场区；后排队员也可以在前场区完成进攻性击球，但触球时球的一部分必须低于球网上沿；接发球队队员不能对处于前场区内高于球网上沿的对方发球完成进攻性击球。

② 进攻性击球犯规。下列五种情况中的任意一种均属于进攻性击球犯规：在对方空间击球；击球出界；后排队员在前场区完成进攻性击球，并且击球时球的整体高于球网上沿；接发球队队员对处于前场区内高于球网上沿的对方发球完成进攻性击球；队员在高于球网处对同队自由防守队员在前场区用上手传的球完成进攻性击球。

（4）拦网。拦网是队员靠近球网，将手伸向高于球网处阻挡对方来球的动作。只有前排队员可以完成拦网。没有触及球的拦网行动为试图拦网；触及球的拦网行动为完成拦网；2 名或 3 名队员彼此靠近进行拦网为集体拦网，其中一人触球则完成拦网。在一个动作中，球可以连续（迅速而连贯地）触及一名或更多名拦网队员。拦网时，队员可以将手或手臂伸过球网，但不得妨碍对方击球。过网拦网的触球必须在对方进攻性击球之后。拦网的触球不算作球队三次击球的一次；拦网后可以由任何一名队员进行第一次击球，包括拦网时已经触球的队员。拦对方的发球被禁止。

下列几种情况中的任意一种均属于拦网犯规：在对方进攻性击球前或击球的同时，在对方空间完成拦网；后排队员或自由防守队员试图拦网、完成拦网或参加集体拦网；拦对方的发球；拦网出界；从标志杆以外伸入对方空间拦网。

课后思考与练习

1. 排球运动的胜负评定方法是什么？
2. 排球运动的基本技术主要有哪些？
3. 排球运动的击球犯规有哪些？

第九章

足球运动

学习目标与任务

- 了解足球运动的起源与发展概况。
- 理解足球运动的特点。
- 掌握足球运动的基本技术。
- 了解足球竞赛的基本规则。

素质讲堂与点拨

2022 年 2 月 6 日，在印度孟买进行的 2022 女足亚洲杯决赛中，中国女足在落后两球的情况下，以 3∶2 逆转战胜韩国女足，这是中国女足时隔 16 年后，第 9 次捧起亚洲杯。

八强战中，中国女足在落后一球的情况下，以 3∶1 逆转战胜越南队，挺近四强。

半决赛中，中国女足对阵上届冠军日本队。中国女足苦战 120 分钟，两度落后，又两度扳平比分，点球大战 4∶3 获胜，以总比分 6∶5 淘汰日本队。

决赛中，中国女足对阵韩国队，中国女足再次以顽强的意志上演惊天大逆转，在上半场 0∶2 落后的不利局面下，连追两球，并在补时阶段进球绝杀，以 3∶2 的比分战胜韩国队。

论实力，中国女足或许不是最强；论排名，中国女足也不是最高，但是三场逆转赛事下来，每个观众都能看到她们闪闪发光的汗水和坚忍不拔的意志。

思考：观看中国女足世界杯比赛视频，谈一谈中国女足夺冠带给我们哪些启示。

第一节　足球运动概述

足球运动是目前世界上开展得最广泛、影响力最大的体育项目，被誉为“世界第一大运动”。经常参与足球运动，可以增进学生的身心健康，提高学生的协调、灵敏、力量等素质水平，培养学生勇敢顽强、团结合作的意识。

一、足球运动的起源与发展

足球运动是一项古老的体育活动，源远流长，最早起源于我国古代的一种球类游戏“蹴鞠”，后来经过阿拉伯人传到欧洲，发展成现代足球。我国在战国时期就有了“蹴鞠”这项运动，在唐宋时期最盛行，但是到了清朝，统治者多提倡摔跤、狩猎等体育活动，限制了蹴鞠运动的发展。

现代足球起源于 19 世纪的英国，并在全球广泛传播、蓬勃发展，呈现出多元化的发展格局，出现了欧洲派、南美派和欧洲拉丁派三大流派。1835 年，在英国谢菲尔德成立了世界上第一个足球俱乐部。1863 年，在英国又成立了第一个足球协会。从此，有组织的、有一定规则约束的足球运动开始从英国传遍欧洲，传遍世界。

二、足球运动的特点

足球运动拥有巨大的魅力，这一方面在于足球运动孕育了丰富的内涵，另一方面与足球运动的特点有关。

1. 易行普及性

足球运动是一项普及较广的球类运动，场地、道具简单，只要一块场地、一只足球，无论是在校园绿茵场还是乡村绿野，都可尽情疯狂地“玩转”足球，享受足球运动带来的魅力激情和狂欢盛宴。

2. 集体协同性

足球运动分两队，每队有 11 人参赛，整场活动需要前锋、中场、后卫及门将集体协同作战，形成默契的进攻与防守配合，才能取得整场比赛的主动权及比赛的最终胜利，足球运动是一项集体协同作战、互动配合、技战术要求非常高的运动。

3. 激烈对抗性

足球运动对抗性强，在球场上极易形成争夺控制权、抢占有利位置、有效控制时间的、激烈的时空立体对抗格局。赛场上短短的 90 分钟比赛是集球员、教练员、裁判员等所有人员的智慧、技战术、体能、心理素质等全方位于一体的综合性攻防对抗。

4. 技战术灵活多元性

足球运动以脚控球，双方围绕射球进门展开激烈对战，攻守队员在时间、空间的限制与反限制、控制与反控制之间形成综合的三维立体式的争夺拼抢格局。

三、重要足球赛事

1. 国际足联世界杯

国际足联世界杯是世界上拥有最高荣誉、最高规格、最高竞技水平、最高知名度的足球比赛，也是世界上观众最多的体育比赛，由国际足联主办。国际足联世界杯始于 1930 年，每 4 年进行一次，至今已进行过 21 届（1942 年和 1946 年的两届受第二次世界大战影响而取消）。每届比赛从预赛到决赛前后历时 3 年，参加预选赛的国家有近 100 个。

2. 世界杯女子足球赛

为了促进和肯定世界女子足球运动，1988 年，中国足球协会受国际足联的委托，在中国广州举办了国际女子足球锦标赛，共有五大洲 12 支女子足球队参赛，前国际足联主席阿维兰热亲临观战。这次锦标赛大获成功，展示了世界女子足球运动的发展前景。于是，国际足联决定于 1991 年在中国举办首届世界杯女子足球赛，以后为每 4 年一届，至今已举办了 8 届。

3. 奥运会足球赛

1896 年，在希腊举行的第一届奥运会上，足球是表演赛项目。从 1900 年第二届奥运会起，足球被列为正式比赛项目。国际奥林匹克委员会规定，只有业余的足球运动员才能参加奥运会的比赛；1979 年补充规定，欧洲和南美国家，凡参加过世界杯足球赛的运动员一律不能参加奥运会足球赛，其他国家的运动员不受此限制。1988 年，汉城（现名首尔）奥运会允许职业运动员参加足球比赛，但规定欧洲和南美国家的凡参加过世界杯赛的运动员一律不能参加奥运会足球赛。1989 年，国际足联在此基础上又做了如下规定：允许参加过世界杯足球赛的职业运动员参加奥运会足球赛，奥运会足球运动员的年龄应在 23 岁以下，每队允许有 3 名超龄球员。此外，根据规定，经过预选赛进入奥运会足球决赛阶段比赛的共有 16 支队伍，即欧洲 4 支队伍，亚洲和非洲各 3 支队伍，北美洲、南美洲各 2 支队伍，上届冠军队和本届举办国队。

四、校园足球

校园足球是指以小学为起跑线，将足球（包括足球文化、足球技能、足球训练等）引入教学，以培养青少年的足球兴趣为重点，让学生在快乐足球运动中强身健体，锻炼意志品质，在发挥个人天赋的同时培养团队合作意识和顽强拼搏的精神。

开展校园足球，不仅是培养年轻球员、丰富球员储备的一条重要路径，还是决定“全民足球”道路的发展成功的关键因素。如果足球运动在校园内发展得好，就会对我国足球整体水平的提高产生很大影响。

为进一步推进中小学校园足球运动发展，完善相关工作制度和政策措施，丰富体育课和课外锻炼内容，扩大校园足球人口，做好校园足球工作，大力提高学生体质健康水平和普及足球运动，2014 年教育部牵头开展校园足球建设工作。2019 年、2020 年、2021 年全国青少年校园足球工作年度总结活动在四川省内江市威远县举行。自教育部牵头校园足球工作以来，全国共遴选创建了 30 559 所全国青少年校园足球特色学校，设立全国青少年校园足球改革试验区 49 个，全国青少年校园足球试点县（区）201 个，布局建设全国青少年校园足球“满天星”训练营 110 个。同时还遴选认定了全国足球特色幼儿园 6 000 所。校园足球改革发展的“四梁八柱”已基本建成，形成了符合人才成长规律、青少年广泛参与、运动水平持续提升、体制机制充满活力、基础条件保障有力、文化氛围蓬勃向上的中国特色青少年校园足球发展体系。

视野拓展

《教育部办公厅关于公布全国青少年校园足球改革试验区名单的通知》（教体艺厅函〔2021〕25 号）指出，改革试验区要遵循教育规律、足球运动规律和足球人才成长规律，积极深化校园足球推广体系、教学体系、样板体系、竞赛体系、融合体系、荣誉体系、科研体系和宣传引导体系八大体系建设，着力提高校园足球工作科学化、制度化、专业化水平。此次全国青少年校园足球改革试验区包括湖北省、辽宁省沈阳市、黑龙江省牡丹江市、江苏省南京市、安徽省合肥市、福建省福州市、山东省烟台市、河南省开封市、广西壮族自治区柳州市、四川省达州市、甘肃省张掖市。

第二节　足球运动的基本技术

一、颠球

颠球是指运动员用身体的各个有效部位连续地触击球，并加以控制尽量使球不落地的技术动作，是足球运动最基本的技术之一。

1. 脚背颠球

脚向前上方摆动，用脚背击球，击球时踝关节固定，击球的下部。两脚可交替击球，也可一只脚支撑，另一只脚连续击球。注意击球时用力应均匀，使球始终控制在身体周围。

2. 脚内侧或外侧颠球

抬脚屈膝，用脚的内侧或外侧向上摆动，击球的下部，两脚内侧或外侧交替击球，注意事项同脚背颠球。

3. 大腿颠球

抬腿屈膝，用大腿的中前部位向上击球的下部，两腿可交替击球，也可一只脚做支撑，用另一侧的大腿连续击球，注意事项同脚背颠球。

4. 头部颠球

两脚开立，膝盖微屈，用前额部位连续顶球的下部。顶球时，两眼注视球，两臂自然张开以维持身体平衡。

二、踢球

踢球是运动员有目的地用脚把球击向预定目标的技术，主要用于传球和射门。踢球的动作结构均由助跑、支撑腿站位、踢球腿前摆、脚触球和踢球随球五个动作环节组成。

1. 脚背正面踢球

踢定位球时，直线助跑，支撑腿踏在与球平行且距球一脚距离的左右侧方，脚尖正对出球方向，膝稍屈；同时踢球腿向后摆起，膝弯曲。踢球腿前摆时，应用大腿带动小腿，当大腿前摆至垂直地面位置时，小腿加速前摆，在脚触球的刹那，脚背绷直，并稍收腹，以正脚背部位触球的后中部。踢球后，身体继续向前跨出一两步。脚背正面踢球动作如图 9-1 所示。

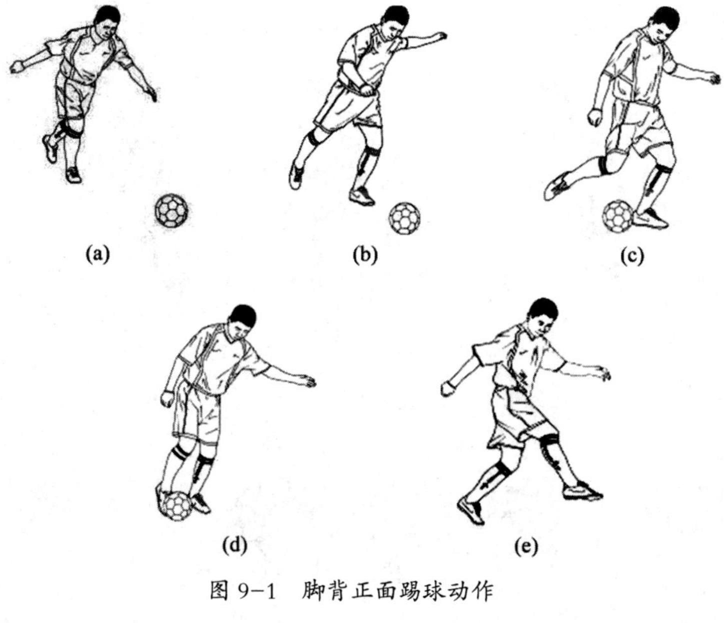

图 9-1 脚背正面踢球动作

2. 脚背内侧踢球

沿与球成 45° 的斜线助跑，支撑脚踏在球侧后方约 25 厘米处，屈膝，用脚掌外侧着地来支撑身体重心，上体稍向支撑脚侧倾斜，踢球脚自然后摆。踢球时，以大腿带动小腿呈弧形前摆，脚稍向外转，脚面绷直，脚尖斜指向前下方，用脚背内侧击球的后中部，踢球后踢球腿顺势前摆着地，如图 9–2 所示。

图 9–2　脚背内侧踢球动作

3. 脚背外侧踢球

脚背外侧踢球方法类似于脚背正面踢球，只是用脚背外侧触球，在击球的刹那绷直脚背，脚趾用力下扣，脚尖内转，踢球的后中部，如图 9–3 所示。

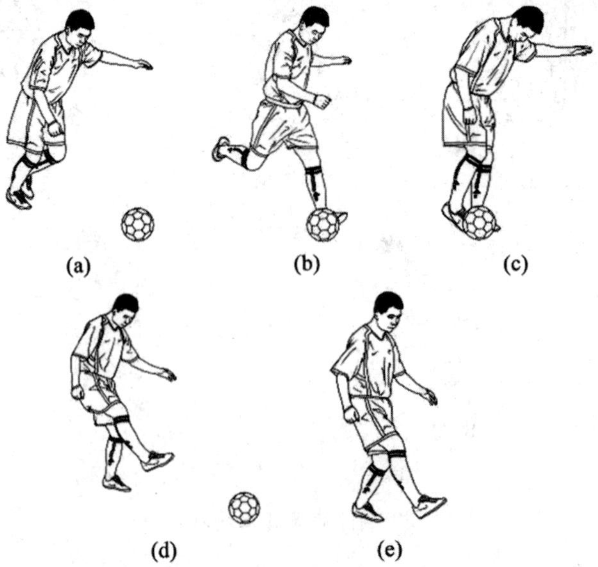

图 9–3　脚背外侧踢球动作

三、运球

运球是在跑动中为了将球控制在自身范围内而用脚剥离球的动作。在运球过程中，撑、蹬、摆、送动作是有序的统一体，整个动作的协调连贯是掌握运球技术的核心和关键。

1. 脚背正面运球

自然跑动，上体稍前倾，步幅较小，运球腿屈膝提起前摆，将髋关节前送，提踵，脚尖下指，用脚背正面触球的后中部，将球推进后自然落步，如图 9–4 所示。

2. 脚背内侧运球

脚背内侧运球时身体稍侧转并自然协调放松，步幅小，上体前倾，运球腿屈膝提起，脚尖外转并前摆，用脚背内侧向侧前方推拨球，如 9–5 所示。

3. 脚背外侧运球

运球时身体正常跑动，上体前倾，步幅偏小，运球腿屈膝提起前摆，髋关节前送，提踵，脚尖向内侧旋，脚背外侧正对运球方向，推拨球的后中部，身体重心随球跟进，如图 9–6 所示。

图 9–4 脚背正面运球动作

图 9–5 脚背内侧运球动作

图 9–6 脚背外侧运球动作

四、接球

接球也称停球，是运用身体的有效部位有意识地使球停下，从而将球控制在身体活动范围内，以便更好地处理球。一个完整的接球技术动作包括判断选位、支撑、触球和接球后跟进四个环节。

1. 胸部接球

（1）挺胸接球。挺胸接球用于停接有一定弧度的高球。接球时，身体正对来球，两脚自然开立，屈膝，两臂在体侧自然抬起，上体稍后仰与来球成一定角度，在接球瞬间，胸部主动挺送，使球触胸后向前上方弹起落于胸前，如图 9–7 所示。

（2）收胸接球。收胸接球用于接齐胸的平直球，准备姿势同挺胸接球，胸部接球瞬间，迅速收胸收腹以缓冲来球力量，将球直接落于体前。

2. 大腿接球

身体正对来球方向，支撑脚固定支撑，接球腿屈膝上提，以大腿前中部迎接来球，在击球瞬间，接球腿积极下放回收，肌肉保持紧张以缓冲来球力量，如图 9-8 所示。

3. 脚部接球

（1）脚背正面接球。身体正对来球，接球腿屈膝提起，以脚背对准来球，在球与脚接触瞬间，小腿和脚踝同步下撤，肌肉保持紧张以缓和来球力量，使球落在身前，如图 9-9 所示。

图 9-7　挺胸接球动作

图 9-8　大腿接球动作

图 9-9　脚背正面接球动作

（2）脚背内侧接球。在判断好来球的方向和速度后，将身体正对来球，支撑脚固定，屈膝，用脚内侧对准来球，在接球瞬间，接球部位做相应回收引撤动作，将球控制在身体范围内，如图 9-10 所示。

（3）脚背外侧接球。将身体重心先放在支撑腿上，支撑腿稍屈，同时接球脚提起，放在支撑脚的侧前方，以脚背外侧对准来球方向，在球与脚接触瞬间，接球脚轻轻下压，将球接于身前，如图 9-11 所示。

（4）脚掌接球。判断来球的路线和落点，选好支撑点，接球腿屈膝提起，脚掌与地面形成一定角度，在球落地一刹那，接球脚有控制地下放，用前脚掌触压球的后中部，将球控在脚下，如图 9-12 所示。

图 9-10　脚背内侧接球动作

图 9-11　脚背外侧接球动作

图 9-12　脚掌接球动作

五、抢断球

抢断球是有目的地运用身体的某一部位将对手控制或传递中的球抢夺过来并踢出去或破坏掉的技术方法，是主动获球、转守为攻的突破方法。抢断球的种类主要有正面抢断球和侧面抢断球。

1. 正面抢断球

两脚前后开立，两膝稍屈，上体前倾，身体重心下降。在对手触球的瞬间，自己的支撑脚前跨将球控住，触球后顺势向上提拉，使球从对方脚背滚过，身体迅速跟上控制住球。

2. 侧面抢断球

当与对方平行跑动争球时，身体重心略低，两臂贴紧身体。在对方靠近自己一侧的脚离地时，用肩和上臂做合理的冲撞动作，使对方身体失去平衡，趁机抢断球。

六、守门员技术

1. 守门员无球技术

（1）观察是守门员防守的第一步。守门员要了解攻防队员的位置关系和动态变化，在观察的基础上，通过思维加工进行判断；从球的发展判断对方的进攻指向；从对手跑位判断其进攻意图；从球的运行状态，判断其路线、性能、速度和落点等，从而为防守做好积极的心理准备。

（2）守门员要根据球的发展变化进行相应的移动和选位，主要有平移侧滑步和侧前交叉步。从站位角度考虑，守门员应选在球与球门线中点的连线上；从站位距离考虑，守门员向前应能最大限度地封堵射门角度，向后则能有效地防止对方的吊射。

（3）守门员在采取防守行动前应做好准备姿势。两脚平行开立，上体略前倾，两腿自然屈蹲，脚跟稍提，将身体重心落在前脚掌上，两臂在体前自然屈伸，掌心向下，手指张开，眼睛注视来球。

2. 守门员有球技术

（1）接球是守门员技术的重点。接球可分为上手接球和下手接球。上手接球要求守门员掌心向前稍内倾，手指向上，拇指靠拢。下手接球要求守门员手指张开，掌心向上，小指靠拢。

（2）扑球是守门员技术的难点。扑球可分为倒地侧扑和跃起侧扑两种。倒地侧扑时，守门员没有腾空动作，身体重心向侧下方移动，倒地速度快，双臂同时迎出接球，腕关节稍内扣，用手掌挡压控球。跃起侧扑时，守门员身体有明显腾空动作，身体重心轨迹呈抛物线，两手同时快速迎球，身体展开。

（3）托球和击球是守门员接扑球技术在应急情况下的应变运用。托球时，守门员的近球侧手臂伸出迎球。在触球刹那，手腕后仰，用掌跟部顶推发力，将球向侧或向上托出。击球时，可采用单拳或双拳击球。单拳击球时，守门员的击球手臂位于肩侧，屈肘握拳，体稍侧转，至最高点时，身体快速回转，以肘带肩挥拳，用拳面将球击出。双拳击球时，守门员的双臂于胸前屈肘握拳，两拳靠拢，拳心相对，至最高点时，双拳同时迎球冲出击球。

（4）发球是守门员组织发动进攻的技术手段，可分为踢发球和抛掷发球。踢发球的力量大，距离远。抛掷发球出球快，准确性高，但力量较小，适用于中短距离的快速发球。

第三节　足球运动比赛规则

一、场地与器材

国际足联规定世界杯足球赛场地长 105 米、宽 68 米。国内基层比赛的场地长度为 90 ～ 120 米、宽度为 45 ～ 90 米，但球场的边线长度必须大于球门线长度。国际比赛场地长度为 100 ～ 110 米、宽度为 64 ～ 75 米，场内各区域的面积不得变更。两球门柱间的距离为 7.32 米，横梁下沿距地面 2.44 米。足球比赛所用的球由皮革或其他适当的材料制成，其圆周长为 68 ～ 71 厘米，质量在比赛开始前为 396 ～ 453 克。

二、比赛时间

正式比赛每场是 90 分钟。比赛时间分为两个相等半场，每半场为 45 分钟。依照竞赛规程，在比赛开始前经裁判员和双方球队同意后，方可缩短各半场比赛时长。每半场中出于替补、处理伤员、纪律处罚、医疗暂停等原因而延误的时间及其他原因耽误的时间均应补足，时间由裁判员决定。上、下半场间的休息时间一般不得超过 15 分钟。

加时赛共 30 分钟，分为上下两个半场，每半场为 15 分钟，中间不休息。若加时赛后仍未分出胜负，则进行点球决胜。

三、比赛进行及死球

在球全部越过球门线或边线（不论在地面或空中），或者比赛已被裁判员停止等情况下，比赛成死球，其中边线及球门线均属于比赛场地。

自比赛开始至比赛结束，比赛均应在进行中，包括以下情况：球从球门柱、横木或角旗杆弹回场内，球从场上的裁判员或巡边员身上弹落于场内，场上队员犯规而裁判员并未判罚。

四、计胜方法

整个球体越过门柱间及横木下的球门线，而进球一队在进球之前没有犯规行为，则算进球。

在比赛中，进球数较多的队为得胜队。若两队进球数相等或均未进球，则比赛为平局。

五、越位

凡进攻队员比球更接近对方球门线者，即处于越位位置。而该队员在本方半场内或至少有两名对方队员比该队员更接近对方的球门线的情况除外。

当队员踢或触及球的瞬间，同队队员处于越位位置时，裁判员认为该队员有下列行为时判为越位：干扰比赛或干扰对方球员行为，利用越位位置获得利益。

下列情况不应判为越位：队员仅仅处在越位位置，队员直接接得球门球、角球或界外掷球。

队员被判罚越位，裁判员应判由对方队员在越位地点踢间接任意球。如果该队员在对方球门区内越位，那么这个任意球可以在越位时所在球门区内任何地点执行。

六、犯规与不正当行为

1. 直接任意球

队员故意违反下列九项中的任何一项，判由对方在犯规地点踢直接任意球。

（1）踢或企图踢对方队员。

（2）绊摔或企图绊摔对方队员。

（3）跳向对方队员。

（4）猛烈地或带有危险性地冲撞对方队员。

（5）除对方正在阻挡外，从背后冲撞对方队员。

（6）打或企图打对方队员，或向对方吐唾沫。

（7）拉扯对方队员。

（8）推对方队员。

（9）故意用手触球，如用手或臂部携带、推击球。

如果犯规地点在对方球门区内，该任意球可在球门区内任何地点执行。如果守方队员在本方罚球区内故意违反上述九项中的任何一项，应判罚球点球。

2. 间接任意球

队员违反下列五项中的任何一项，判由对方在犯规地点踢间接任意球。

（1）裁判员认为其动作带有危险性，如企图去踢守门员已接住的球。

（2）当球不在有关队员控制范围之内时，其目的不是争球而是用肩部去做所谓的合理冲撞。

（3）队员不去踢球而故意阻挡对方者，如在球与对方之间跑动或用身体阻挡对方。

（4）冲撞守门员，但当守门员抓住球、阻挡对方队员或在本方球门区以外时除外。

（5）比赛中，守门员在本方罚球区内时，以手控制球后向任何方向持球、拍球或向空中抛球再接住，行走 4 步以上而未使球进入比赛状态。

3. 黄牌警告

队员出现下列情况时，应被警告并出示黄牌。

（1）队员连续违反规则。

（2）用言语或行动对裁判员的判决表示不满者。

（3）有不正当行为者。

除发生更严重的犯规外，队员的行为属上述三项中的任何一项，应给予黄牌警告，并判由对方在犯规地点踢间接任意球。

4. 红牌罚令出场

裁判员认为队员出现下列情况时，应罚令其出场并出示红牌。

（1）犯有暴力行为。

（2）严重犯规。

（3）用污言秽语或进行辱骂。

（4）经黄牌警告后，因犯规又被给予第二次黄牌警告。

因罚令队员出场使比赛暂停，如该队员并未违反其他规则，应判由对方在犯规地点踢间接任意球。

课堂互动

图 9-13 是宋代蹴鞠纹青铜镜，镜背采用高浮雕的手法雕刻了一个十分生动的场景。你知道场景中的人们在做什么吗？为什么这一活动在当时如此受欢迎？

图 9-13　宋代蹴鞠纹青铜镜

课后思考与练习

1. 目前国际上重要的足球赛事有哪些?

2. 足球运动的基本技术有哪些?

3. 在什么情况下接球不算越位?

4. 足球运动中如何计胜?

第十章

乒乓球运动

学习目标与任务

- 了解乒乓球运动的发展历史。
- 掌握乒乓球的发球、接发球、推挡球等基本技术。
- 了解乒乓球比赛规则，学会欣赏乒乓球比赛。

素质讲堂与点拨

这是一个与乒乓球有关的传奇故事，故事的主人公是中华人民共和国成立后的第一个世界冠军——容国团。

1959 年，第 25 届世界乒乓球锦标赛在联邦德国的多特蒙德举行。容国团一路杀进男单决赛，对阵曾获得世界冠军的匈牙利老将西多。决赛首局失利后，容国团连胜 3 局，夺得冠军。圣·勃莱德杯上第一次刻上中国人的名字。

1961 年，第 26 届世界乒乓球锦标赛在北京举行，中日两队在男团决赛中相遇。容国团先后负于荻村和木村，当队友问他下一场准备怎么办时，他高举双拳喊道："人生能有几回搏，此时不搏，更待何时！" 容国团最终战胜星野展弥，中国队首获男团世界冠军。

1965 年，第 28 届世界乒乓球锦标赛上，容国团率领中国乒乓球女队击败日本队，这是中华人民共和国成立后的第一个女团世界冠军。

这三个"第一"是容国团与中国乒乓球队勇夺 3 块金牌的传奇，也是 20 世纪五六十年代中国乒坛创造的光荣与梦想。由此，"人生能有几回搏"的拼搏精神在中国体育健儿中世代传承并发扬光大。

思考：至今乒乓球运动中的十位"大满贯"得主有九位出自中国，分别是邓亚萍、刘国梁、孔令辉、王楠、张怡宁、张继科、李晓霞、丁宁、马龙。乒乓球运动在中国有着辉煌的竞技成绩、庞大的群众基础和深厚的文化底蕴。结合自己的理解，说一说，为什么乒乓球能成为中国的“国球”。

第一节 乒乓球运动概述

乒乓球被誉为中国的“国球”，具有丰富的文化底蕴，有着深厚的群众基础和物质基础。乒乓球运动集健身、竞技、娱乐性于一体，经常进行乒乓球运动不仅能够提高视觉的敏锐性和神经系统的灵活性，还能丰富生活、愉悦身心，达到增强意志品质和强身健体的目的。

一、乒乓球运动的起源与发展

乒乓球运动是由19世纪末英国人发明的一种解闷休闲方式演变而来的。他们在室内以餐桌做球台，书做球网，采用软木或橡胶做成球，以羔皮纸做球拍，在台子上来回推打游戏，并称此为“弗利姆－弗拉姆”（Flim-Flam）。

1890年左右，英国一名著名的越野跑运动员詹姆斯·吉布（James Gibb）到美国旅行，他发现了一种弹性相对较好的空心玩具球，于是将这种球稍加改进取代了原来的软木球，最终演变为今天的乒乓球。

1926年，首次在德国柏林举行国际乒乓球邀请赛，乒乓球运动开始引起人们的关注和重视，并在欧亚各国迅速发展起来。同年，国际乒乓球联合会在英国伦敦成立。随着人类社会的进步和文明程度的提高，乒乓球运动已逐渐从餐桌上的游戏发展演变成为一种内涵丰富、技巧精湛、对抗激烈、充满智慧和激情的现代体育运动项目。

现代乒乓球运动则是1904年由日本传入中国上海，并在全国推广普及开来的。伴随中国在第28届世乒赛上全面胜利，国际舆论开始宣称中国为“世界头号乒乓国家”，并将乒乓球誉为中国的“国球”。几十年来，乒乓球运动深深扎根于全国人民心中，成为人们的一种精神寄托和爱国情结。

二、乒乓球运动的特点

乒乓球运动是结合速度、爆发力、灵敏、协调等多项身体素质的有氧代谢和非周期性运动项目，以智能为主，智能、技能和体能三者有机结合、密不可分，属于隔网比赛项目。乒乓球运动集健身性、竞技性和娱乐性于一体。

运动员每挥打一拍、击一次球都包含有速度、旋转、力量、弧线和落点等竞技要素，具有速度快、变化多、技巧性强、趣味性高、设备较简单、条件限制小、运动量可调节等特点。

视野拓展

1971 年 4 月，美国乒乓球代表团和一些美国新闻记者受邀访问中国。1972 年 4 月 11 日，中国乒乓球队回访美国。1972 年 2 月，美国总统尼克松访华。中美双方经过会谈，于 1972 年 2 月 28 日在上海发表《中美联合公报》，标志着两国关系正常化进程的开始。中美两国乒乓球队的友好往来，对中美关系的突破产生了影响，被誉为“小球转动大球”的“乒乓外交”。

三、乒乓球运动主要赛事

目前，国际和国内重大的乒乓球赛事主要有世界乒乓球锦标赛、世界杯乒乓球赛、奥运会乒乓球赛、国际乒联世界巡回赛和全运会乒乓球赛。1953 年，我国首次参加了第 20 届世界乒乓球比赛。1959 年，我国男子乒乓球运动员容国团第一次夺得世界乒乓球锦标赛男子单打冠军。从此以后，我国的乒乓球运动在世界崛起，在国际大赛上取得了辉煌的成绩。

第二节　乒乓球运动的基本技术

一、基本站位

运动员为便于回击各种不同落点和性能的来球，在每次击球前，要根据个人的打法及身体特点使自己处于一个相对固定的有利于接球、发球的位置，即基本站位。站位是一个相对灵活的大概范围空间，并非局限在某个点位，且不同类型打法的基本站位也有所不同，见表 10-1。

视频：基本站位和基本姿势

表 10-1　不同类型打法的基本站位

打法的类型	采取的基本站位
左推右攻	近台中间偏左
两面攻	近台中间
弧圈球	中台中间偏左
横板攻削	中台附近
以削为主	中远台附近

二、准备姿势

乒乓球准备姿势（图 10-1）包括击球前的准备姿势和连续击球之间的需要保持的身

体姿态。以右手持拍为例，两脚开立与肩同宽，左脚可稍微向前，也可以两脚平行站立。前脚掌内侧着地，膝盖微屈，上体微微前倾，适度地含胸收腹，将身体重心置于两脚之间，右手手臂自然弯曲置于身体右侧，身体离球台约 30 厘米。左手自然放于腹部前方，与右手同高，两眼注视来球。

图 10-1　乒乓球准备姿势

三、握拍

乒乓球的主流握拍方法分为两种，即直拍握法和横拍握法。

1. 直拍握法

直拍握法的基本要点是：拍柄放在虎口上，拍柄右侧贴在食指第二、第三关节之间，以拇指和食指的第一关节压住球拍的左、右两肩（图 10-2 和图 10-3），两指间的距离适中；以中指的第一、第二指节将球拍背面托住，无名指和小指斜叠在中指之下，使球拍保持平稳。击球时，运动员可通过拇指与食指的不同力量稍微调节球拍的倾斜角度，便于变换各种拍形。

采取直拍握法，手指和手腕的灵活性更好，控制台内短球比较容易，但太过于倾向正手，反手能力会比较差。

图 10-2　乒乓球直拍握法（正面）

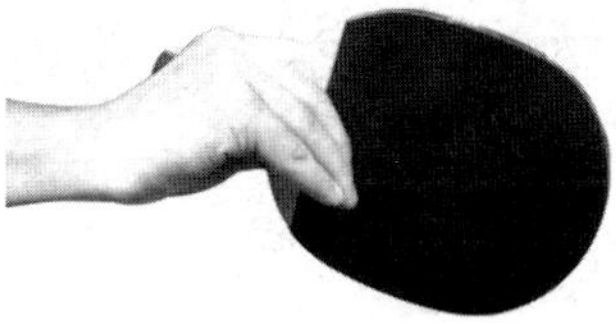

图 10-3　乒乓球直拍握法（反面）

2. 横拍握法

横拍握法的基本要点是：虎口正对拍肩，中指、无名指和小指自然握住拍柄，拇指自然伸开放于拍面，食指斜顶于拍面的另一面（图 10-4 和图 10-5）。虎口轻微贴拍，两面击球时通过拇指和食指的微细调节来稳定击球的拍形。横拍握法正反手攻球力量大，攻削球时握法变化小，但正反手交替击球时，需变换击球拍面，攻斜、直线时调节拍形幅度大，易被对方识破。

图 10-4　乒乓球横拍握法（正面）

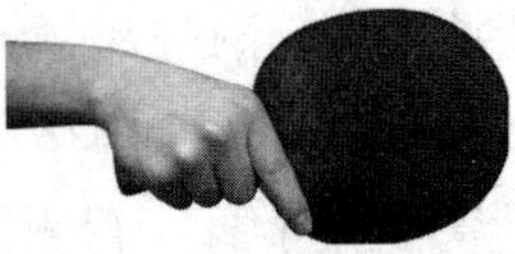

图 10-5　乒乓球横拍握法（反面）

四、基本步法

步法是乒乓球运动中执行各种技术任务的有力保障，是技术发展的关键性因素，主要包括单步、并步、交叉步、跨步、跳步等步法。

1. 单步

运动员以一只脚为轴，另一只脚向前、后、左、右不同方向移动，身体重心随之落在移动脚上。单步实际运用于近网短球、削追身球、侧身进攻来球落点位于中线稍偏等情况，具有移动速度快、重心平稳、移动范围小等特点。

2. 并步

运动员一只脚先向另一只脚并半步或一小步，另一只脚在并步脚落地后随即向来球方向移动一步（图 10-6）。并步实际运用于快攻选手在左、右移动中攻或拉球，削球，拉削球时侧身进攻（右脚先向左脚后并一步，以便转体，随之左脚向左侧跨一步）。

图 10-6　并步

3. 交叉步

以靠近来球方向的脚为支撑脚，该脚的脚尖高速指向移动方向，远离来球方向的脚在体前交叉，向来球方向跨出一大步，身体随之向来球方向转动，支撑脚跟着向来球方向再迈一步，此为前交叉步；后交叉步在体后完成交叉动作（图 10-7）。

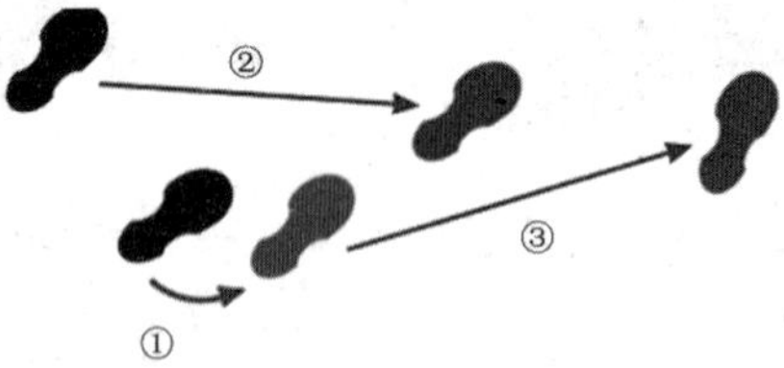

图 10-7　交叉步

4. 跨步

运动员一只脚蹬地，另一只脚向移动方向跨一大步，蹬地脚随后跟上半步或一小步，身体重心即移到跨步脚上。跨步实际运用于近台快攻打法应对离身体稍远的来球；削球打法左、右移动击球；跨步侧身攻，尤其是当来球速度较慢但离身体稍远时，左脚向左前上方跨一大步，右脚随即跟上一小步，同时配合腰部右转动作，完成侧身移动。

5. 跳步

跳步（图 10-8）是指以远离来球的一脚用力蹬地，使两脚同时或几乎同时离地向来球方向跳动的步法。蹬地用力大的脚先落地，另一脚跟着落地站稳。

图 10-8 跳步

五、发球

发球是比赛每个回合的开始环节可以不受对手限制、任意发挥的一项技术。当前，发球技术有两个特点，即快和旋转。快为出手动作快，快速突击空当；旋转为发出的球可转与不转，可发出不同的旋转角度，如上旋、下旋、侧上旋、侧下旋等。这里主要介绍正手平击发球，反手平击球，正手位发逆向侧上、下旋球和反手位发右侧上、下旋球。

1. 正手平击发球

两脚开立，左脚稍前，在持球手持球上抛的同时，持拍手向右后方引拍，在球的下降期，拍面前倾击球的中上部。

视频：正手平击发球技术

2. 反手平击球

采取球台左角站位，左手持球在右臂上方，在向上抛球的同时，右臂向左后方引拍，在球下降至球网高时，持拍手以肘为轴，前臂带动手腕挥拍触及球的中上部，挥拍击球。

3. 正手位发逆向侧上、下旋球

以右手持拍为例，站于左半台边，左脚在前，右脚在后，身体侧向球台，身体重心稍低。左手将球抛起，拍略向后引，当球下降至接近网高时向前上方挥动，腿和腰腹用力带动手臂，当球拍前挥时，肘关节向外提起，前臂和手腕内收。球拍横向挥动摩擦球的外侧中部，发出的球为侧上旋；向侧下方挥动摩擦球的外侧中下部，发出的球为侧下旋。击球后，球拍顺势挥动并还原。正手位发逆向侧上、下旋球动作如图 10-9 所示。

4. 反手位发右侧上、下旋球

以右手持拍为例，站于左半台边，左脚稍前或平站，身体略向左偏斜，左手掌心托球置于身体前方，随即左手抛球，右手手腕稍内旋，使拍面几乎垂直，向左后方引拍，腰部略向左转动。当球下降至接近网高时，右手前臂加速从左后方向右方挥动，直握拍手腕伸直，横握拍手腕内收，腰部配合向右转动。击球的中部向右上方摩擦将发出右侧上旋球，击球的中部向右侧下方用力摩擦则会发出右侧下旋球。在将球击出后，手臂继续向右上方随势挥动并迅速还原。反手位发右侧上、下旋球动作如图 10-10 所示。

图 10-9　正手位发逆向侧上、下旋球动作

图 10-10　反手位发右侧上、下旋球动作

六、接发球

好的接发球不仅可破坏对方发球意图，为自己创造强攻条件，还可直接接发球抢攻得分。接发球技术有搓、推、摆短等方法，也有点、拨、拉等抢攻方法。在比赛中需要密切关注对方来球的力量、速度、旋转、方向、路线及挥拍幅度等的变化。这里主要介绍接平击发球，接下旋球，接侧上、下旋球。

1. 接平击发球

采取靠近球台站位，将球拍对准来球弹起方向。在来球刚刚弹起时，用平挡回接，拍与台面垂直，借来球之力将球挡回去。

2. 接下旋球

用拉球方法回接时，击球时间选在下降前期，适当用力增加摩擦球动作，拍稍后仰；用推挡回接球时，拍稍后仰，于下降前期击球，在接触球的瞬间向上摩擦球时注意转腕。

3. 接侧上、下旋球

注意抵消来球的侧旋，如果接左侧上旋，拍应偏向对方右角并稍前倾，触球时稍向对方右下方用力。

七、推挡球

推挡球是直拍选手常使用的技术之一。其技术特点是站位近、动作小、速度快、线路变化多。这里主要介绍挡球、快推、加力推和横拍反手快拨。

1. 挡球

在击球前，手臂外旋，球拍稍前倾，在球的高点期借助来球力量击球的中上部，将球击出，如图 10-11 所示。

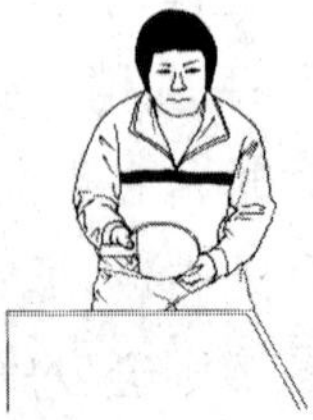

图 10-11　挡球动作

2. 快推

上臂和前臂持拍后引，在击球前上臂带动前臂快速前迎，在击球上升期触球瞬间手腕用力外展，食指稍压拍，拇指放松，击球的中上部。

3. 加力推

加力推的动作幅度比快推大，引拍后，球与拍相距 30 ～ 40 厘米，球拍略高于来球。击球时间选在球的上升后期或高点期。在击球瞬间，前臂在用力向前推击的同时带动手腕，击球的中上部，身体重心随击球动作向前移动。

4. 横拍反手快拨

击球前，两脚平行站立，两脚的间距略比肩宽。当对方来球时，手臂自然弯曲并外旋使拍面前倾，手腕内收，将球拍引至腹前偏左的位置。击球时，当来球跳至上升期，前臂加速挥动并外旋，手腕外展，拍面稍前倾击球中上部，借来球反弹力量将球向右前方拨回。

八、攻球

攻球是乒乓球比赛中争取主动和得分的重要手段，具有速度快、力量大、落点变化多等特点。从大的动作结构分，攻球可以分为正手攻球和反手攻球两大类。

1. 正手攻球

正手攻球的技术特点表现在：以快为主，以近台为主，并具有一定的中台进攻能力；具有连续进攻能力，能适应不同方向、角度和弧度的来球。

以右手持拍为例，两脚开立，比肩稍宽，屈膝，左脚稍前，含胸，身体稍右转，身体重心落在右脚上，右手持拍向右引拍，球拍稍前倾，手与前臂水平。击球时，右脚蹬地，身体左转，带动手臂向前挥拍迎球。在击球瞬间，前臂发力收缩，在球高点期击球的中上部，向前上方挥拍发力。在将球击出后，把球拍挥至额前停止，随身体重心一起迅速还原到准备姿势。正手攻球动作如图 10-12 所示。

图 10-12 正手攻球动作

2. 反手攻球

反手攻球是两面攻选手经常用的一种基本技术，具有站位近、速度快、变化多等特点。

以右手持拍为例，站位近台中间靠左，双脚开立与肩同宽，右脚稍前，持拍手自然弯曲置于腹前偏左，重心偏于左脚，顺来球线路向后引拍。当球从台上弹起，持拍手由左后向右前上加速挥拍，前臂发力为主，手腕外转，拍面前倾，重心移至右脚，左右胸前击球上升时期的中上部，击球后迅速还原。

九、搓球

搓球是一项过渡性技术，用于对付下旋球，通过旋转、落点、速度等变化为自己抢攻赢取机会。搓球技术主要包括慢搓和快搓两种，又因运动员用手习惯问题，分为正手和反手两种。搓球技术如表 10-2 所示。

表 10-2　搓球技术

搓球技术	正　手	反　手
慢搓	两脚开立，右脚稍微向后，两膝微屈，身体稍微右转。击球时，向右上方引拍，拍面后仰。前臂、手腕向左前的下方挥动，在来球下降时摩擦球的中下部	两脚开立，两膝微屈，手臂自然弯曲，向左上方引拍。击球时，前臂内旋，同时转腕，向前下方用力，在来球下降时摩擦球的中下部
快搓	两脚开立，两膝微屈，采取近台站位。在击球时，拍面稍微后仰，转动手腕，同时前臂向前下方挥动，在来球上升时摩擦球的中下部，将球快速搓出	做好准备姿势，采取近台站位。击球前，右手向右上方引拍，拍面稍微向后仰。击球时，前臂带动持拍手迅速向左前下方挥动，在球的上升期摩擦球的中下部，将球搓出

课堂互动

参考表 10-3 的要求完成下列游戏，一个球计 1 分，最后得分最高的小组获胜。

（1）准备足量的筷子和乒乓球。

（2）按照参加游戏的人数，将所有人员分组，每组 10 人为佳。

（3）每组队员并列站成一排，人与人间距保持在 1 米。

（4）在每组第一个人和最后一个人前方各放置一个乒乓球框，每人发放一双筷子。

（5）需要每组人员在有限的时间内，使用筷子夹球的方式，将乒乓球尽可能多地运送到另一个框子中。

表 10-3　游戏规则

规　则	内　容	犯规计罚
规则一	不能越人传递	减 1 分
规则二	球不能掉地	减 1 分
规则三	不能用手碰球	减 1 分

第三节　乒乓球运动比赛规则

一、场地与器材

乒乓球球台长 2.74 米，宽 1.525 米，离地面 0.76 米。国际比赛规定台面应为暗色，目前常见颜色有黑色、蓝色、深绿色、紫色等。台边各有 2 厘米宽的白线，长的称边线，短的称端线，台面中央有一条 3 毫米宽的白线，称中线，将两个台区各分为左右两个部分。球网高 0.152 5 米，长 0.183 米，颜色与球台颜色相同。

乒乓球为白色或橙色且无光泽圆球状，直径为 40 毫米，质量为 2.7 克。球拍由底板、胶皮和海绵三部分组成，其中胶皮可分为正胶、反胶、生胶、长胶和防弧胶皮，可以根据打法的不同进行选择。正式比赛对球拍大小、形状和质量无限制，但底板应平整、坚硬，占厚度 85% 的部位应为天然木料。胶皮为颗粒向外的、连同黏合剂厚度不超过 2 毫米，用边颗粒向内或向外的“海绵胶”覆盖的连同黏合剂厚度不超过 4 毫米。球拍两面不论是否有覆盖物，必须无光泽且一面为鲜红色，另一面为黑色。

二、赛制及计分方法

比赛采用每球得分制，先得 11 分的一方为胜方，若比分为 10 ∶ 10，则一方须净胜 2 分才可结束本局比赛。单项比赛采用七局四胜制，团体赛中的单项比赛采用五局三胜制。

三、次序和方位

（1）在获得 2 分后，接发球方变为发球方，以此类推，直到该局比赛结束，或直至双方比分为 10 平，或采用轮换发球法时，发球和接发球次序不变，但每人只轮发 1 分球。

（2）在双打比赛中，每次换发球时，前面的接发球员应成为发球员，前面的发球员的同伴应成为接发球员。

（3）在一局比赛中，首先发球的一方在该场比赛的下一局中应首先接发球。在双打比赛的决胜局中，当一方先得 5 分后，接发球一方必须交换接发球次序。

（4）在一局比赛中，在某一方位比赛的一方在该场比赛的下一局应换到另一方位。在决胜局中，一方先得 5 分时，双方应交换方位。

四、发球和击球

发球时，发球员须用手将球几乎垂直地抛起，不得使球旋转，抛球高度不得低于 16 厘米，直至被击出前球不能碰到任何物体。

当球从抛起的最高点下降时，发球员方可击球，使球首先触及本方台区，然后越过或绕过球网装置触及接发球员的台区。在双打比赛中，球应先后触及发球员和接发球员的右半区。

从发球开始到球被击出，球要始终在台面以上和发球员的端线以外，而且不能被发球员或其双打同伴的身体或衣服的任何部分挡住。

在运动员发球时，在球与球拍接触的一瞬间，球与网柱连线所形成的虚拟三角形内和一定高度的上方不能有任何遮挡物，并且其中一名裁判员要能看清运动员的击球点。对方发球或还击后，本方运动员必须击球，使球直接越过或绕过球网装置，或触及球网装置后再触及对方台区。

五、失分

出现以下所列情况时则判为失分。

（1）未能合法发球。

（2）未能合法还击。

（3）击球后，该球没有触及对方台区而越过对方端线。

（4）阻挡。

（5）连击。

（6）用不符合条款规则的拍面击球。

（7）运动员或运动员穿戴的任何物件使球台移动。

（8）运动员或运动员穿戴的任何物件触及球网装置。

（9）不执拍手触及比赛台面。

（10）双打运动员击球次序错误。

（11）在执行轮换发球法时，发球一方被接发球一方或其双打同伴，包括接发球一方，完成了13次合法还击。

课后思考与练习

1. 乒乓球拍的胶面有哪些种类？分别适合什么类型的打法？

2. 乒乓球步伐应该怎样训练？具体的训练内容是什么？

3. 乒乓球运动的比赛规则有哪些？

第十一章

羽毛球运动

学习目标与任务

- 了解羽毛球运动的发展概况。
- 掌握羽毛球运动的基本技术。
- 能够自主进行羽毛球训练。
- 养成良好的运动习惯。

素质讲堂与点拨

王文教，中国羽毛球第一代奠基人之一，被誉为新中国羽毛球事业的“拓荒者”，2019 年被授予“人民楷模”国家荣誉称号。

20 世纪 50 年代初，中华人民共和国成立不久，体育事业百废待兴，而此时身在印度尼西亚的王文教已经是家喻户晓的明星球员。1953 年，他回国参加全国四项球类运动会，在赛后的一场友谊赛上，他分别以 15∶0 和 15∶6 打败了刚刚产生的全国羽毛球冠军。这次轻松的胜利带给他的不是喜悦，而是沉重，回归祖国的想法也悄悄在他心里生根、发芽。

1954 年，怀着让轻盈的白羽毛在中国飞起来的愿望，王文教与队友们一起突破重重阻碍，踏上了回国之路。这个决定不仅改变了王文教的命运，也加速了中国羽毛球的发展。在他任总教练期间，中国羽毛球队获得了 1982 年、1986 年、1988 年、1990 年汤姆斯杯团体赛冠军，涌现出 56 个世界单项冠军，荣获国际羽联“终身成就奖”。虽然离开国家队一线多年，但他的爱国情怀、为国争光的精神，仍激励着中国羽毛球队的年轻一代向着中国体育新的辉煌前进。

思考：在中国羽毛球事业的发展过程中，以王文教为首的归国华侨做出了不可磨灭的贡献。作为新时代的大学生，我们能为国家的体育事业做些什么？

第一节　羽毛球运动概述

羽毛球运动是一项受众广泛、老少皆宜的运动项目，具有自主控制运动量、隔网对抗而没有身体接触、所需器材简便、充满乐趣且能强身健体的特点。

一、羽毛球运动的起源与发展

现代羽毛球运动诞生于英国。1873 年，英国格拉斯哥郡的伯明顿镇有一位叫鲍弗特的公爵在自己的领地开游园会，有几个从印度回来的退役军官向大家介绍了一种隔网用拍子来回击打毽球的游戏，人们对此产生了很大的兴趣。因这项活动极富趣味性，很快就在上层社会社交场上风行开来。“伯明顿”（badminton）也成为羽毛球的英文名字。羽毛球的命名标志着现代羽毛球运动的诞生。

1877 年，英国的巴斯羽毛球俱乐部成立，第一部羽毛球比赛规则在英国出版。1893 年，英国成立了世界上第一个羽毛球协会。1899 年，该协会举办了第一届“全英羽毛球锦标赛”，从此每年举办一次，沿袭至今。

1948—1949 年，首届世界男子羽毛球团体锦标赛（汤姆斯杯）成功举办，马来西亚队击败了美国队、英国队、丹麦队等强队而荣登榜首，从此开启了亚洲人称雄国际羽坛的时代。1981 年，国际羽联恢复了中国在国际羽联的合法席位，从此揭开了国际羽坛历史上新的一页，进入了中国羽毛球选手称雄国际羽坛的辉煌时期。在 1988 年汉城奥运会上，羽毛球被列为表演项目。1992 年，在巴塞罗那奥运会上羽毛球被列为正式比赛项目，从此羽毛球运动进入了一个新的发展时期。

20 世纪初，现代羽毛球运动传入中国。中华人民共和国成立后，中国的羽毛球运动开始迅速崛起。1959—1962 年，根据国际羽坛技术的发展情况，中国羽毛球队决心摆脱速度较慢的打法，着重加强步法训练，缩短球的滞空时间；在手法上要求动作小，击球点高，出手快，爆发力强；同时，注意大运动量训练和培养运动员顽强的意志品质。

自 20 世纪 80 年代以来的这段时期是中国登上国际羽坛后最辉煌的时期，涌现了一大批世界级名将并取得了卓越的战绩，确立了中国羽毛球队在国际羽坛中的领先地位。

二、羽毛球运动的特点

1. 便利普及性

羽毛球运动基本要求简单，不受场地限制，老少皆宜，且无论是个人还是集体皆可参与其中。只要参与者拥有两只球拍、一个球即可，可选择正规的室内场地，也可选择公园、生活小区等；而且不同年龄、不同性别、不同体质的人群都可根据自身要求享受羽毛球运动带来的乐趣。

2. 灵活多变性

羽毛球运动多变灵活，赛场的任何时刻都充满着不确定因素，因此对队员的全方位还击能力要求很高，选手需要在短时间内快速运用交叉步、垫步、跨步、蹬跳步等步法迅速判断来球位置，及时移动到适当位置，果断运用高远球、吊球等技术迎击来球，将球击入对方场区，并迅速跑位迎接对方下一来球。场上来回的攻防变化格局灵活多变，时刻充满着不确定性。

3. 方位全面性

无论是规则的比赛还是一般性的健身活动，羽毛球运动都要施展在场地上进行不规则的奔跑、急停、起动、弯腰、后仰、起跳、跨步、转体等各种动作，对练习者身体素质的要求较为全面。另外，羽毛球运动还需要练习者在短时间内对瞬息万变的球路做出准确判断，果断进行反击，对其神经系统的灵敏性和协调性的要求也较高。

视野拓展

21世纪，世界羽坛出现了新一代的“四大天王”，分别是中国的林丹、马来西亚的李宗伟、印尼的陶菲克及丹麦的皮特·盖德。林丹是世界羽坛唯一一个双圈全满贯球员。李宗伟长期占据世界羽联排名第一的位置。陶菲克是羽毛球历史上第一位集奥运会、亚运会、世锦赛、汤姆斯杯冠军于一身的大满贯球员。盖德被称为无冕之王，曾经连续62周名列世界第一，却没有获得过任何一个奥运会、世锦赛甚至汤姆斯杯的冠军。

三、羽毛球运动的功能

羽毛球运动有很高的观赏、健身、商业、经济、体育价值及较强的杠杆功能和社会教育功能。

1. 健身功能

羽毛球运动可全面增强练习者的体质，对练习者的身体力量、速度、耐力、柔韧等方面的运动素质和快速反应能力的提高都有帮助。经常从事此项运动可发展人体的灵活性、协调性；可提高人体整体的活动能力；可提高人体的呼吸系统和心血管系统机能，促进有氧供能和无氧供能的能力发展；同时，羽毛球快慢、轻重、远近、狠巧、飘转的千变万化能有效改善睫状肌功能，消除眼部疲劳，提高视觉灵敏度和眼睛的反应能力。

2. 教育功能

羽毛球运动激烈的竞争性、对抗性、高强度作战能力等能够培养机智、果敢、敏捷、积极进取和复杂情况下的思辨能力，有利于锻炼稳定的心理素质和良好的精神品格，可使人的智、勇、技在竞争对抗中得以升华，使人临危不乱、泰然处之，从而以良好的心态、正确的人生观面对生活。

3. 休闲娱乐功能

羽毛球飘忽不定的飞行路线给运动者带来飞翔的感觉，每击一个好球或赢得一局时都有一种喜悦和成功的体验；轻盈多变的动作技术、紧凑衔接的运动节奏还使其具有良好的观赏性。

4. 审美功能

羽毛球技术千变万化，使其具有很高的观赏性和审美感。从体育文化、竞赛中蕴含的体育精神、羽毛球的技战术配合、比赛形式及结果等角度欣赏羽毛球运动，总能给人带来强烈的精神上的满足和升华，如得胜时的欢呼雀跃、失败后的沮丧和忍耐。赛场上队员的团结协作和默契配合也让人体会到努力拼搏、自我超越、团结协作的精神风貌，体会到体育比赛的永恒魅力及竞争、超越的品格，从而享受羽毛球运动呈献的全部美感。

第二节　羽毛球运动的基本技术

羽毛球运动的基本技术内容很多，本节重点介绍握拍、发球、接发球、后场击球、前场击球、基本步法等内容。

一、握拍

握拍是学习羽毛球技术的基础，正确地握拍能够使手与球拍两者有机融为一体，有效提高回球质量。

1. 正手握拍法

右手持球拍柄，使拍面与地面基本垂直。张开右手，虎口正对拍柄窄面的小棱边，拇指与食指贴于拍柄的两个宽面，食指与中指稍分开，中指、无名指和小指并拢握住拍柄，握拍位置一般以球拍柄端靠近手掌的小鱼际为宜，如图 11-1 所示。注意，击球前握拍放松，在击球的一刹那握紧球拍。

视频：正手握拍

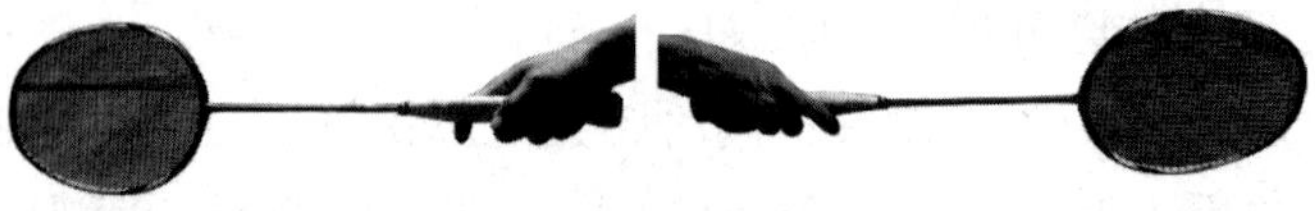

图 11-1　正手握拍法

2. 反手握拍法

在正手握拍基础上，将拍柄稍向外旋，拇指稍向上提，拇指内侧顶贴于拍柄第一斜棱旁的宽面上，或者将拇指放于第一、第二斜棱间的小窄面上，掌心留有空隙，食指稍向下靠，其余三指放松，如图 11−2 所示。击球前，手腕放松，在击球瞬间手再握紧拍柄。

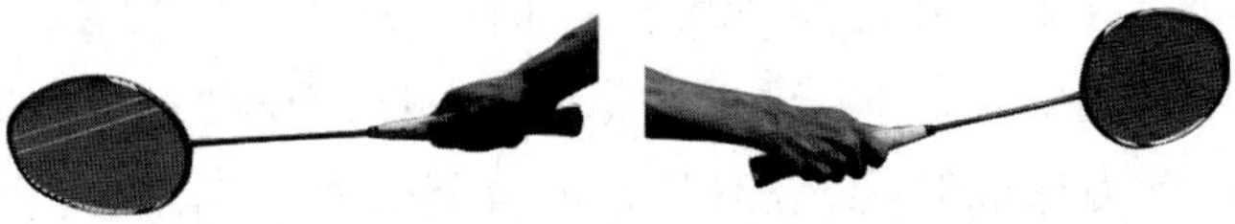

图 11−2 反手握拍法

二、发球

高质量的发球可使对手陷于被动，为得分创造条件，甚至直接得分；低质量的发球则可能使自己陷于被动。

1. 正手发球

正手发球主要分为正手发高远球、正手发平高球和正手发网前球。

（1）正手发高远球。发高远球时，手放开球使其下落，右手转拍由上臂带动前臂自右后方沿身体向前左上方挥动；在触球瞬间，紧握球拍，并利用手腕屈收的力量向前上方发力击球，接着顺势向左上方挥动缓冲，如图 11−3 所示。

（2）正手发平高球。发平高球时，发球的动作与发高远球的动作大致相同，不同之处在于，发平高球时，在击球的一刹那，小臂要加速带动手腕向前上方挥动，拍面要向前上方倾斜，向前用力。

（3）正手发网前球。发网前球时，握拍手放松，上臂动作要小，主要靠前臂带动手腕向前切送，用力较轻。注意，手腕不能有上挑动作，发出的球应贴网而过，落点在前发球线附近。

2. 反手发球

反手发球（图 11−4）是在身体的左前方用反拍面击球的一种基本技术，主要分为反手发平高球、反手发网前球、反手发平射球等。

图 11−3 正手发高远球动作

图 11−4 反手发球动作

发球前，两脚并立，与肩同宽，右脚稍向前，重心放在前脚上；用左手的拇指、食指、中指握住球的羽毛处，将球置于腹前腰部以下；右臂屈肘稍向上提起，用反手握拍，以反拍面将球拍自然置于腹前持球手的后面，两眼正视前方，呈发球前的准备姿势。

（1）反手发平高球。发平高球时，击球的瞬间将手腕变直，向前上方挥动，让球突然飞越接发球者，飞向后发球线。

（2）反手发网前球。发网前球时，站位应选择前发球线，右脚在前，左脚跟提起，右手反手持拍于腹前，手腕自然弯曲，左手捏球置于球拍前。发球时，球拍稍微向后摆后接着向前挥动，前臂向斜上方推送，同时带动手腕向前摆动击球，使球刚好贴网而过，正好落在对方场区的前发球线附近。击球后，前臂上摆至一定高度即停止。

（3）反手发平射球。发平射球时，在击球瞬间应突然发力击打球的后部，让球以较快的速度、较平的弧线飞向接发球者的后场靠近中线区域。

三、接发球

单打接发球时，站在离前发球线约 1.5 米处，在右发球区时站位靠近中线，在左发球区则在中线稍偏边线的位置。双打接球时，站位可靠近前发球线。准备接球时，左脚在前，右脚在后，侧身对网，将身体重心落于前脚，后脚脚跟稍抬起，双膝微屈，收腹含胸，持拍于右身前，两眼注视对方，随时准备迎击来球。当球过网后，可根据具体情况采用各种击球法回击来球，但是不管采用哪种击球法，均应抢在球位于网上最高点时主动进攻。

四、后场击球

羽毛球运动中的每一项击球技术动作都是从站位准备开始，在判断对方来球的路线、落点后反应起动，移动到击球位置击球，然后回位做下一次的击球准备。

1. 正手击高远球

将身体半侧向球网，左脚在前，右脚在后，两脚与肩同宽，使身体重心落在右脚上；屈右臂将球拍举至肩上，使臂与身体成 90°，前伸前臂于肩上，举左手高于头；当球下落至接近击球点高度时，展胸转体带动上臂，将肘关节向前提高；将球拍引至头后，自然伸腕，在右脚蹬地和腰腹协调用力情况下，上臂带动前臂向上，肘关节上升，前臂前摆，触球时手臂自然伸直，击球点在右肩，手腕下压扇动，前臂内旋，屈指发力将球击出，击球后，右手随惯性继续向左前下方挥动，然后顺势收回至体前，还原至击球前的准备姿势，如图 11-5 所示。

图 11-5　正手击高远球连续动作

2. 头顶击高远球

头顶击高远球的准备姿势与正手击高远球一样，侧身站立，左脚在前，右脚在后，身体左侧稍后仰，将球拍绕至头顶后再从左上方向前挥动，注意前臂带动手腕下压扇动，才能击出快而有力的高远球。

3. 后场吊球

挥动球拍，使拍面偏斜，用较小力，将击球点选在右肩的前上方，主要靠手腕、手指来控制力量。击球时，手腕由伸腕到屈收，带动手指发力，斜面的削切动作要小，在击球瞬间以斜拍面击球的后部右侧位置，并向前下方切压击球。

4. 头顶吊球

击球点在头顶上方，在击球瞬间放松手腕，主要靠手腕由伸腕到屈收及手指发力，向右前下方切击球的后侧部位。

五、前场击球

1. 挑球

（1）正手挑球。以肩、肘为轴心，前臂外旋带动手腕在身体右前下方做半弧形回环引拍动作，在拍面击球瞬间，前臂迅速内旋，带动手腕向前上方发力击球。采用正拍面向正前上方挥动挑出直线高球，向斜上方挥动挑出斜线高球。击球后，将球拍顺惯性自然收回胸前，同时脚部快速回位。正手挑球动作如图 11–6 所示。

(a)　(b)　(c)

图 11–6　正手挑球动作

（2）反手挑球。以肩、肘为轴心，前臂内旋在身体左前下方带动手腕展腕，并做半弧形回环引拍动作，前臂在拍面击球瞬间外旋，带动手腕发力，拇指充分顶拍柄将球击出。采用反拍面向正前上方发力挑出直线球，向斜前上方发力挑出斜线球。反手挑球动作如图 11–7 所示。

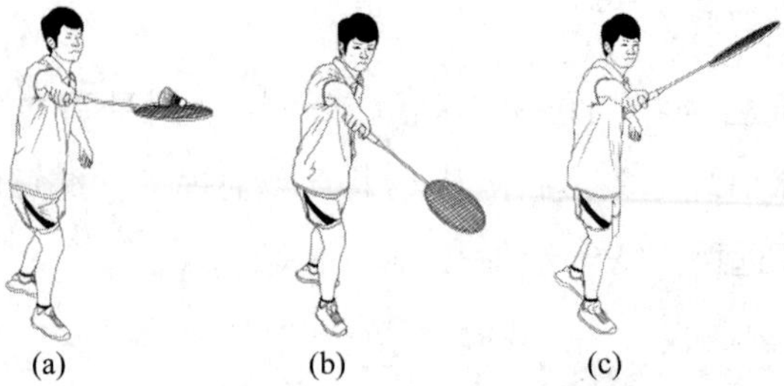

图 11-7　反手挑球动作

2. 搓球

搓球也有正手和反手之分。正手搓球又称为收搓，是由右向左以斜拍面切击球的右后侧，使球翻滚过网，即由展腕到收腕发力击球（图 11-8）；反手搓球又称为展搓，是由左向右以斜拍面切击球的左后侧，使球呈上旋翻滚旋转过网，即由收腕到展腕发力击球。击球后，手臂收回至胸前准备接下一个来球。

图 11-8　正手搓球连续动作

3. 勾球

勾球动作与搓球基本一样，只是在击球瞬间，拍面斜向对方右网前，前臂内旋，手腕带动手指由伸腕到屈腕，使球拍触球的右后部位。

4. 推球

以右手握拍为例。正手推球时，以肘为轴，前臂由外旋到内旋带动手腕转动，手指力量向前快速扇动，多用食指力量将球以直线或斜线推向后场，如图 11-9 所示。反手推球时，前臂稍由内旋转外旋，带动手腕由展腕至手腕向前挥动，拇指充分前顶，其余手指握紧拍柄屈指发力，将球以直线或斜线推出，如图 11-10 所示。

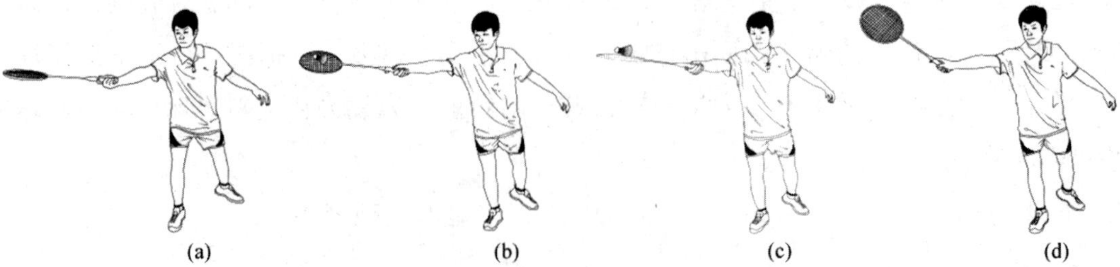

图 11-9　正手推球动作

图 11-10　反手推球动作

5. 放网前球

正、反拍放网前球的准备动作、引拍动作和击球后的动作均与正、反拍搓球相同。正拍放网前球击球时握拍手放松，拍面相对球托而言几乎呈仰平面，并置于球托下，用手指力量轻轻向上“抬击”球托底部，使其跃网而过、贴网下落。反拍放网前球击球时主要靠拇指和食指的力量轻轻向前上方抖动，手腕发力切击球托底部。

六、基本步法

羽毛球运动基本步法有垫步、交叉步、并步、蹬转步、蹬跨步和腾跳步等。

1. 垫步

当一只脚向前（后）迈出一步后，另一只脚跟进，紧接着以同一只脚向同一个方向再迈一步即垫步。

2. 交叉步

左右脚交替向前、向侧或向后移动为交叉步。从另一只脚前面超越的为前交叉步，从另一只脚后面超越的为后交叉步。交叉步多用于后退打后场球。

3. 并步

右脚向前（向后）移动一步时，左脚即刻向右脚脚跟并一步，紧接着右脚向前（向后）移动一步。

4. 蹬转步

以一只脚为轴，另一只脚向后或向前蹬转。

5. 蹬跨步

在移动的最后一步，左脚用力向后蹬的同时，右脚向来球方向跨出一大步。它多用于上网击球和后场底线两角移动抽球。

6. 腾跳步

起跳腾空击球的步法即腾跳步。腾跳步可分为两种：一种是上网扑球或向两侧移动突击杀球时，以领先的脚或双脚起跳，进行扑球或突击杀球；另一种是对方击来高远球时，用右脚或双脚起跳至最高点进行杀球。

课堂互动

（1）个人比赛。每位选手手持羽毛球拍，在每位选手前面若干米放置一个塑料桶，选手需要用球拍把球打到桶里，进球多的人得胜。

（2）小组比赛。根据人数，分成若干小组，依次纵向排列。每组选手依次用球拍颠球向前跑，若中途球落地，则重新回到起点。率先完成接力的小组获胜。

第三节　羽毛球运动比赛规则

一、场地和器材

羽毛球场地（图 11-11）呈长方形，长 13.40 米，单打场地宽 5.18 米，双打场地宽 6.10 米。球场外面两条边线为双打场地边线，靠里的两条边线为单打场地边线。靠近球网 1.98 米与网平行的两条线为前发球线，离端线 0.76 米与端线平行的两条线为双打后发球线。前发球线中点与端线中点连起的线为中线。球网中央高 1.524 米，双打边线处网高 1.55 米。

羽毛球重 4.74 ～ 5.50 克，由 16 根羽毛插在半球形的软木托上制成。球托直径为 25 ～ 28 毫米，底部呈圆形。羽毛顶端亦围成圆形，直径为 58 ～ 68 毫米，羽毛用线或其他适宜材料扎牢。羽毛球拍用木料、铝合金或碳素纤维等材料制作而成。拍子总长不超过 680 毫米，宽不超过 230 毫米，拍弦面应是平的，长不超过 280 毫米，宽不超过 220 毫米。

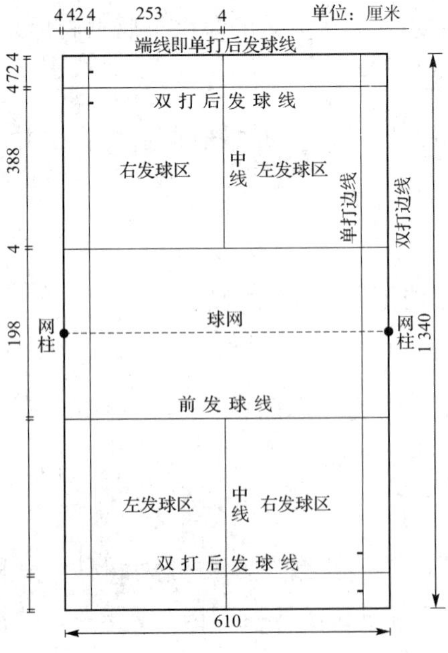

图 11-11　羽毛球场地平面展示

二、主要比赛项目

羽毛球比赛分为男、女单打，男、女双打和混合双打五个单项比赛，还有由单、双打组成的男、女团体比赛及混合团体比赛。单项比赛采用三局二胜每球得分制，每局 21 分。男女团体赛由三场单打和两场双打组成，采用五场三胜制，每场比赛为三局二胜每球得分制，每局 21 分。混合团体赛由男、女单打，男、女双打和混合双打各一场组合而成，赛制同男、女团体赛。

三、计分方法

羽毛球比赛采用每局得分 21 分制，计分方法类同乒乓球。除非另有规定，一场比赛以 3 胜 2 负定胜负。一般情况下，先得 21 分的一方胜一局。一方“违例”或球触及该方场区内的地面成死球，则另一方胜这一回合并得一分。20 平后，领先得 2 分的一方胜该局。29 平后，先得 30 分的一方胜该局。一局的胜方在下一局首先发球。

四、交换场区

当第一局结束，第二局结束（有第三局），在第三局比赛中一方先得 11 分时，运动员应交换场区。如果运动员未按以上规则交换场区，一经发现立即交换，已得分数有效。

五、违例

从发球结束至成“死球”为止的这段时间间隔称为比赛进行时。出现下列现象为违例。

（1）连击。运动员在击球时两次挥拍连续击球两次，或同队两名队员连续各击球一次。

（2）持球。击球时，球停滞在拍上紧接着有拖带动作。

（3）过网击球。球拍与球的接触点不在击球者一方（如果在本方击球后，则球拍允许随球过网）。

（4）触网。在比赛进行中，运动员的球拍、身体或衣服触及球网或网的支撑物。

（5）侵入对方场区。在比赛进行中，运动员的球拍和身体任何部位侵入对方场区。

（6）妨碍。当对方运动员在靠近网前上空有机会向下击球时，将球拍在网前举起企图拦截使球反弹过去。

六、单打规则

（1）发球区和接发球区。在一局比赛中，发球员的分数为零或双数时，双方运动员均应在各自的右发球区发球或接发球。发球员的分数为单数时，双方运动员均应在各自的左发球区发球或接发球。

（2）击球顺序和位置。在一回合中，球应由发球员和接发球员交替从各自所在场区一边的任何位置击出，直至成死球为止。

（3）得分和发球。发球员胜一回合则得 1 分，随后发球员再从另一发球区发球。接发球员胜一回合则得一分，随后接发球员成为新发球员。

七、双打规则

（1）发球区和接发球区。在一局比赛中，发球方分数为零或双数时，发球方均应从右发球区发球；发球方分数为单数时，发球方应从左发球区发球。接发球方上一回合最后一次发球的运动员应在原发球区接发球，其同伴接发球的站位与其相反。接发球员应是站在发球员斜对角发球区的运动员。发球方每得 1 分后，原发球员则变换发球区再发球。发球应从与其得分相对应的发球区发出（特殊情况除外）。

（2）击球顺序和位置。每回合发球被回击后，由发球方的任何一人和接发球方的任何一人交替在各自场区的任何位置击球，如此往返直至死球。

（3）得分和发球。发球方胜一回合则得 1 分，随后发球员继续发球；接发球方胜一回合得 1 分，随后接发球方成为新发球方。

（4）发球顺序。每局比赛的发球权必须如此传递：一是首先发球员，从右发球区发球；二是首先接发球员的同伴从左发球区发球，然后是首先发球员的同伴，接着是首先接发球员，最后回到首先发球员。

（5）其他情况。运动员在比赛中不得有发球、接发球顺序错误或在一局比赛中连续两次接发球。一局胜方的任一运动员可在下一局先发球，一局负方的任一运动员可在下一局先接发球。

课后思考与练习

1. 羽毛球运动的基本技术有哪些？
2. 羽毛球运动为什么颇受大众的喜爱？
3. 请列举三种在羽毛球运动中发球时，“球”违例的情况。

第十二章

网球运动

学习目标与任务

- 了解网球运动的起源与发展情况。
- 能够正确认识网球运动的特点。
- 掌握网球运动的基本技术。

素质讲堂与点拨

《奋斗吧，少年！》是一部根据漫画《网球王子》改编的热血青春运动励志剧，本剧由网球大满贯单打冠军李娜特别出演并兼技术指导。该剧以李娜退役后投身青少年教育事业为引子，讲述了天才网球少年路夏进入育青网球部后，从单打独斗到逐渐体会队友甚至对手的意义，在梦想与友情的激励下突破自我，最终领悟网球运动真谛的故事。该剧聚焦网球背后的体育精神，用贴近青少年一代需求的独特方式传达积极向上的青春正能量，提倡突破“小我”、追逐“大我”的价值取向，弥补青少年集体意识缺陷。

思考：该剧传播网球精神、体育竞技文化，对青少年网球爱好者有很好的推动作用，既彰显了当下青年人的担当、责任和坚持，也传递了正义、青春、积极向上等优秀价值观。安排合适的时间观看本剧，谈一谈你对网球运动的认识。

第一节　网球运动概述

网球运动作为一项深受大众喜爱的热门运动逐渐进入现代人的文化生活，不仅在政治、经济、文化等领域发挥着巨大功能，而且在现实生活中潜移默化地影响着现代人。

网球文化已逐渐渗透到现代人的心理层面，并不断影响其生活方式。

一、网球运动的起源与发展

网球与高尔夫球、保龄球、桌球并称为世界四大绅士运动，网球的起源可以追溯到12世纪的法国，是当时法国传教士在教堂回廊里用手掌击球的一种游戏。14世纪，网球传入英国。此后，网球运动经历了近200年的没落期，到了16世纪才开始在法国、英国和其他欧洲国家流行起来，并且得到了显著的改良，如原本的绳子被改成了网，球拍也开始有了弦线，网球开始变成更有竞争性的运动。19世纪，网球运动完全流行起来，但它只是上流社会和有钱人家庭才可以进行的一项体育项目。

现代网球运动的历史一般认为是从1873年开始的。1873年，英国人沃尔特·克洛普顿·温菲尔德将早期的网球打法加以改进，使之成为夏天在草坪上进行的一种体育活动，并取名“草地网球”。同年还出版了一本以《草地网球》为题的小册子，对这种活动进行宣传和推广，温菲尔德也被称为“近代网球的创始人”。1877年，英国板球俱乐部在温布尔顿举办了第一届草地网球赛，这个组织细化了网球运动和网球场地。

网球运动传入美国后很快风行起来，并且发展成为一种充满活力、速度和力量的技巧型运动。1881年，美国成立网球协会并制定了网球规则，包括计分、球拍和球的大小及球场尺寸的规定，使网球运动开始有了统一的规章。

1912年，澳大利亚、英国、法国等12个国家的网协代表在巴黎召开会议，成立了国际网球联合会，并将其总部设在伦敦。1980年，中国网球协会被接纳为该会的正式成员。

二、网球运动的特点

1. 易行普及性

网球运动的开展没有年龄、性别、场地、身份、阶层等方面的限制，个人只要喜欢都可参与其中；网球运动不似篮球、足球运动身体冲撞对抗激烈，它没有身体上的接触，不会因受到冲撞而导致身体上的直接伤害。

2. 休闲娱乐性

网球运动以“贵族绅士运动”的身份登上体育的历史舞台并备受追捧，更有人将其誉为“运动芭蕾”。选手在运动中体会的不仅是运动带来的身心上的放松与快乐，更是一种艺术上的享受；暂时摆脱工作和学习上的紧张与束缚，享受浑然天成的舒心与惬意。

3. 全面发展性

运动员除了需具备良好的灵敏性、反应能力、爆发力和心理素质外，还要有快速起动、急停和变向速度能力，以适应在场地上前后左右奔跑、急停、变向等的需要。因此，网球运动是一项集灵活性、速度和爆发力等多项身体素质于一体的综合性运动项目。

4. 独特文化性

网球运动是一项注重文化积淀的体育运动，它将文明、高雅和礼仪整合在一起，体现了尊重传统、尊重对手、尊重观众、尊重裁判与工作人员、遵守规则与制度等的良好文化。

5. 有很高的观赏性

网球场很大，球飞行的距离远，但节奏很快。网球是一项追求力与美的运动，每次挥拍都具备十足的观赏性。

三、网球运动重要赛事

（一）四大满贯

1. 澳大利亚网球公开赛

澳大利亚网球公开赛创办于 1905 年，通常于每年 1 月的最后两周在澳大利亚维多利亚州的墨尔本体育公园举行。比赛设有男子单双打、女子单双打及混合双打等项目。2021 年，塞尔维亚的诺瓦克·德约科维奇获男子单打冠军，日本的大坂直美获女子单打冠军。

2. 法国网球公开赛

法国网球公开赛是一项在法国巴黎罗兰·加洛斯球场举办的赛事，通常在每年的 5 月至 6 月进行。每年的法国网球公开赛都会有众多著名球员参赛。男子和女子比赛各有 128 名单打选手和 64 对双打组合参赛。 2019 年，纳达尔以 3：1 击败蒂姆夺取法网第 12 冠。

3. 温布尔登网球锦标赛

温布尔登网球锦标赛是一项历史悠久、最具声望的世界性网球公开赛事，由全英俱乐部和英国草地网球协会于 1877 年创办。温布尔登网球锦标赛举办地在英国伦敦郊区的温布尔登，通常举办于 6 月或 7 月。整个赛事通常历时两周，但会因雨延时。男子单打、女子单打、男子双打、女子双打和男女混合双打比赛在不同场地同时进行。

4. 美国网球公开赛

美国网球公开赛通常在美国纽约每年 8 月底至 9 月初举行，赛事共分为男子单打、女子单打、男子双打、女子双打和男女混合双打五项。该赛事有青少年组的比赛。自 1978 年开始，赛事在纽约 USTA 国家网球中心举行。

（二）WTA 巡回赛总决赛

WTA 巡回赛总决赛（The WTA Tour Championships），又被称作 WTA 年终总决赛，

是国际女子网联在每年末定期举办的一项国际顶尖女子网球赛事，其参赛者都是每年WTA巡回赛中成绩前列的选手。首届WTA总决赛在1972年美国佛罗里达州的博卡拉顿举行。

第二节　网球运动的基本技术

在网球运动比赛中，运动员所采取的各种合理的击球动作，为完成击球动作而进行的其他动作，统称为网球运动的基本技术。根据基本技术内容的不同，可分为无球技术和有球技术两大类。

一、无球技术

在网球运动中，运动员所采取的握拍、准备姿势、基本步法等没有直接接触球的动作称为无球技术。

（一）握拍

在网球运动中，握拍是一切击球方式的基础。拍柄底端的平面可分为8个面，如图12-1所示。1是上平面，2是右上斜面，3是右垂直面，4是右下斜面，5是下平面，6是左下面，7是左垂直面，8是左上斜面。

常见的握拍方法有以下几种。

1. 东方式握拍法

（1）东方式正手握拍法。右手握住拍颈，使拍面与地面垂直，掌根和食指掌指关节放在右垂直面（图中“3”）的位置，食指与其余三个手指稍分开，从拍下平面绕过来，拇指自然弯曲，握住左垂直面（图中“7”），如图12-2所示。击球时由手掌根部与食指下关节控制球拍。

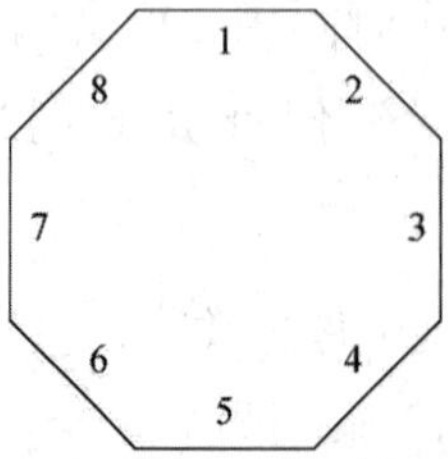

图12-1　网球拍拍柄面编号

图12-2　东方式正手握拍法

（2）东方式反手握拍法。掌根和食指掌指关节在拍柄上部，通过握拍的手向内转动1/4周，如图12-3所示。

2. 大陆式握拍法

握拍时将手掌根贴住拍柄上部平面，食指和其余三指稍微分开，食指上关节聚贴在右上斜面上，拇指垫贴在拍柄的左垂直面上，此法常用于发球、截击、高压和削球，如图 12-4 所示。

3. 西方式握拍法

握拍时手掌掌心朝下，手掌的大部分放在拍柄底部，手掌根贴在拍柄的右下斜面，拇指压在拍柄的上部平面，食指的下关节握住拍柄的右下斜面，拇指与食指呈“V ”形对准拍柄的右垂直面，如图 12-5 所示。

图 12-3 东方式反手握拍法

图 12-4 大陆式握拍法

图 12-5 西方式握拍法

4. 混合式握拍法

右手虎口对准拍柄的右上斜面拍棱上，五指轻握球拍，是目前较流行的一种握拍法，如图 12-6 所示。

5. 双手握拍法

双手握拍法通常以东方式反手握拍为主，左手握于右手上方，左手作为辅助，右手握拍柄底部，手掌与拍柄对齐，双手握拍法介于大陆式握拍法和东方式反手拍握法之间，此握法要求步法比单手握拍精确，体力要求也较高，如图 12-7 所示。

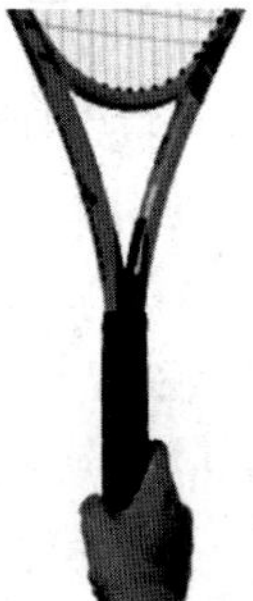
图 12-6 混合式握拍法

图 12-7 双手握拍法

（二）准备姿势

面向对手，两脚开立，略比肩宽，膝部放松微屈，上体稍前倾，身体重心置于两脚的前脚掌之间，脚跟稍抬起，右手轻握球拍，左手扶住拍颈，球拍置于胸腹前，拍头指向前方略偏左，微上翘，高于握拍手腕，两肘轻触腰侧部，目光注视对手或来球，重要的是身体要放松，要根据来球迅速地移动，做出正手击球还是反手击球的判断，如图 12-8 所示。

图 12-8　准备姿势

（三）基本步法

在网球运动中，基本步法包括滑步、跑步、跨步、交叉步、垫步、调整步、后退步等。移动步法分为单一式和复合式步法两种，击球时一般多采用复合式步法，复合式步法由两种以上基本步法组合而成。

二、有球技术

（一）击球

1. 正手击球

在准备姿势中判断来球后，即开始转动上体和肩，身体侧向球网，两脚前后开立，重心在后脚上；随着转体应快速平稳地向后摆动球拍，使球拍保持垂直地面，球拍指向后方；向前挥拍击球时，要握紧球拍同时手腕绷紧，腰部转动带动手臂和球拍，从稍低于腰部处开始，做弧线轨迹运动，向前向上挥动；击球后，球拍继续向前挥动至左肩前上方，使握拍手臂向前伸展，完成挥拍跟球运动，如图 12-9 所示。

图 12-9　正手击球动作

2. 反手击球

做好准备姿势后，移动双脚使身体朝向边线。站位时双脚站稳，侧身转肩，背对球网，手腕紧锁固定球拍。球拍向后引要到位，肘关节外展伸直，将击球点控制在身体的侧前方。击球时，身体重心由后脚移至前脚，向球网方向回身转腰，屈膝，身体重心前压，拍面稍向后倾，从而增加击球的稳定性。击球后注意之后的随挥动作，跟进时球拍应向上挥至肩或头的高度。为保持身体平衡并准备下次击球，身体正面对球网，迅速恢复击球前的准备姿势。反手击球动作如图 12-10 所示。

图 12-10 反手击球动作

（二）发球

1. 动作要领

（1）站位的准备。站位要求在端线后，两脚开立与肩同宽，前脚与端线成 45°，重心放在后脚上，身体侧对球网。

（2）持球与抛球。持球时，可手持两个球或一个球。发球前将要发的球置于食指、中指、无名指的前端，用拇指和小指支撑球。抛球时手臂向身体的右前上方直臂抬起，到肩部与头部之间位置时，利用膝盖的屈伸，用手垂直向上抛球。出球后手肘伸直，球落下时在身体前脚的右前方。

（3）后摆引拍。当抛球手向上时，握拍手也应该向后上方运动，以肘为轴，小臂、手、拍头依次向体后，执拍手臂做大弧度的环绕向后引拍，右肘弯曲使球拍在背后呈悬垂弧状向下。背部下吊，同时屈双膝并伴随身体后展呈弓状。

（4）挥拍击球。球上抛引拍结束后，身体向前移动，持拍手和球拍向上伸展，在屈膝、背弓动作的基础上自下而上依次蹬直踝部、膝部，反弹背弓并向出球方转体，与此同时仍以肘为轴带动手、拍头摆向击球点，最后在力的爆发点上“鞭打”抛送于空中的球。击中球时虽然挥拍击球动作已告完成，但整个发球过程却仍在继续。到达击球点后球员应顺着身体及挥拍的惯性做收腹、转肩和收拍的动作，最终球拍由大臂带动收向持拍手的异侧体侧，结束发球动作。

2. 动作方法

（1）切削发球。切削发球是一种以右侧旋转（略带下旋）为主的发球法。就是由球的右上往左下切削击球。发球时站在端线后，身体侧对球网，抛球时球拍后引在背后，肘关节抬起，身体向后屈呈弓状。

当球拍从后向前上方挥动时身体充分伸展，球拍快速从右侧中上方至左下方挥动。在最高点击球。击球部位在球的中部偏右侧，使球产生右侧旋转。

（2）平击发球。平击发球是球速最快的发球法，球速快、反弹低，也称为炮弹式发球。平击发球动作的方法基本同切削发球，只是在击球的一刹那，拍面不绕球切削，击球点应在身体的右眼前上方，以拍面中心平直对准球，击球的后中上部。因此，手腕的向前拌甩和前臂的“旋内鞭打”非常重要，身体充分向上、向前伸展，以获得最高的击球点。

（三）截击球

1. 正手截击球

双脚自然开立，身体面向球网前倾，双腿微屈，非持拍手轻托拍颈，使球拍在体前，拍头稍高于握拍手。当判断来球向正手时，转动上身和肩部，较小幅度后摆球拍，引拍时握拍手的肘关节稍先行，但固定手腕。击球时，左脚向来球方向跨出，将拍面高于手腕，手腕绷紧，在身体前面击球，同时拍面稍向上，在向前推球的过程中略带一些切削，可较好地控制球的方向。

2. 反手截击球

准备姿势与正手截击球相似，在判明来球向反手时，立即转肩向左，用左手扶拍，将球拍后引，拍头向上，高于手腕。击球时，右脚上步，球拍向前对准球做简短的撞击动作，手腕绷紧，手臂伸直，在体前 15 ～ 30 厘米处击球。左手自然伸向后方以保持身体平衡，球拍触球后沿击球方向被送出，然后及时恢复至准备姿势。

第三节　网球运动比赛规则

一、场地和器材

网球场为长方形，有效单打场地尺寸为长 23.77 米，宽 8.23 米；有效双打场地尺寸为长 23.77 米，宽 10.97 米。依据球场表面材质的不同，网球场地可分为草地、红土地、硬地和塑胶场地等类型。网球场地尺寸平面见图 12−11。

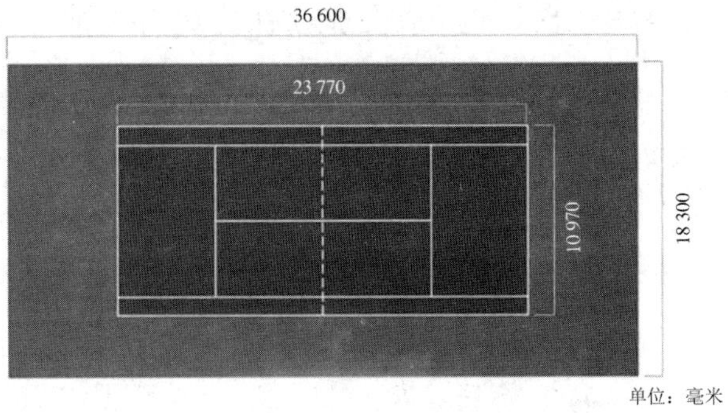

图 12-11　网球场地尺寸平面

标准网球为白色或黄色，外表毛质均匀，接缝处没有缝线。其直径是 6.35 ～ 6.67 厘米，质量是 56.7 ～ 58.5 克。网球拍一般由木、铝合金、碳素等材料制成，其击球面必须平整。

二、交换场地

双方应在每盘的第 1、第 3、第 5 等单数局结束后，以及每盘结束双方局数之和为单数时，交换场地。

在抢 7 分比赛中，双方得分和为 6 或 6 的倍数时，交换一次场地。

三、失分

发生下列任何一种情况，均判为失分。

（1）在球第 2 次着地前未能还击过网。

（2）还击的球触及对方场区界线以外的地面、固定物或其他物件。

（3）还击空中球失败。

（4）故意用球拍触球超过 1 次。

（5）运动员的身体、球拍在发球期间触及球网。

（6）过网击球。

（7）抛拍击球。

（8）发球双失误。

（9）击球时人的身体触网。

四、计分方法

（1）每局中每胜 1 球得 1 分，先胜 4 分者胜 1 局。

（2）双方各得 3 分时为平分，此时净胜 2 分为胜 1 局。

（3）每盘中一方先胜 6 局为胜 1 盘。

（4）双方各胜 5 局时，一方净胜 2 局为胜 1 盘。

（5）在每盘的局数为 6 平时，进入决胜局。决胜局有两种计分制，即长盘制（一方净胜 2 局为胜 1 盘）和短盘制（抢 7）。在网球比赛中，先得 7 分者赢得该局及该盘（若分数为 6 平，一方需净胜 2 分）。首先发球一方发第 1 分球，对方发第 2、第 3 分球，然后轮流各发 2 分球，直到比赛结束。第 1 分球在右区发，第 2 分球在左区发，以此类推。每 6 分球和决胜局结束都要交换场地。

五、赛制

网球运动实行淘汰制。在一场比赛中，男子单打大满贯赛事采取 5 盘 3 胜制，其余均使用 3 盘 2 胜制。女子比赛全部采用 3 盘 2 胜制。

课后思考与练习

1. 收集资料，简述一下网球运动在我国的发展现状。

2. 网球运动的基本技术有哪些？

3. 网球运动的计分方法是什么及胜负如何评判？

第十三章 武术运动

学习目标与任务

- 了解武术运动的发展概况。
- 熟悉武术运动的分类。
- 掌握武术运动的基本动作。
- 熟练掌握简化太极拳的套路。

素质讲堂与点拨

吴京出身于武术世家，其家族祖辈几代人都善骑射、重武术。吴京6岁开始习武，在扎马步、翻腰、侧踢等训练中度过童年，从瘦弱的爱哭小男孩成长为武术中的佼佼者。1986年，他获得全国武术比赛拳枪刀冠军。他14岁时伤及腰部神经，下半身瘫痪，但这并没有打倒他，吴京最终靠着顽强的毅力得以恢复。他与师兄、师弟们接连拿下数十个全国团体和个人冠军。

他在武术上所取得的成绩来自家族的影响，受着民族精神的影响和渗透。他通过刻苦锻炼完善自己，在参与武术训练和活动中遵循伦理规范；在从事武术文化活动和社会活动中，恪守仁、义、礼、智、信、艺、勇的情操。他以一种独特的方式传承尚武崇德的民族文化和中国人自强不息的精神，以及中华民族厚德载物的崇高信仰。

思考：武术不仅是中华民族的传统体育项目，更是一种思想文化、哲学与人文精神的体现。结合自己的理解，谈一谈你对武术精神的认识。

第一节 武术概述

武术是我国民族传统文化的重要内容之一，融合了传统哲学、兵学、中医学、伦理学、气功、美学、艺术、文学和民俗学等多种传统文化思想与文化观念。

一、武术的发展情况

武术最早可以追溯到远古时期，那时的人类在生产和战斗过程中逐渐掌握了基本的攻防格斗的技能，包括擒、打、摔、抵、拿等，这些技能就成为后来形成拳术的萌芽。进入阶级社会，随着生产力的发展及兵器的改进，武术进入了一个新的发展阶段。尤其是唐代实行的武举制对武术的发展起了很大的促进作用。武术发展到明清时期达到高峰，流派林立，拳种众多。

近代以来，武术因自身的健身、防身、自卫的功效适应了时代的变化，逐渐转向强身健体，成为我国近代体育的组成部分之一。中华人民共和国成立后，党和政府十分重视优秀民族文化遗产的继承和发展，不仅定期举行武术汇报表演，还在高校开设武术专业，并组织专业人员在继承传统拳术的基础上，广收众家之长，整理出简化太极拳、中组长拳、初级长拳及器械套路。这些措施使武术运动得到了长足发展。

1990 年，在第 11 届亚运会上，武术被列为正式比赛项目。1991 年，首届世界武术锦标赛成功举办。2008 年，在第 29 届奥运会上，中国武术以非正式比赛项目入选。

二、武术的特点

武术是一项历史悠久的运动项目，其具有浓厚的中国传统文化特点。首先，武术注重内外兼修，其讲究形体规范、精神传意，具有内外合一、形神兼备的运动特色。其次，武术既有套路演练，又有技击格斗，以踢、打、摔、拿、击、刺等攻防动作构成套路。再次，武术形式多样，具有广泛的适应性。武术内容丰富，不同的拳种和器械有不同的动作结构、技术要求、运动风格和运动量，分别适应人们不同年龄、性别、体质的需求。最后，武术注重整体思维，不仅要做到单个动作与单个动作之间的衔接，更要让一整套的动作气韵生动、一气呵成。

视野拓展

《武术产业发展规划（2019—2025 年）》指出，武术产业是以武术运动为载体，以参与体验和教育为主要形式，以促进身心健康和传承中华传统文化为主要目的，向大众提供相关健身休闲产品和服务的一系列经济活动的总称。武术产业的发展目标是基本形成布局合理、功能完善、门类齐全的武术产业体系，产业发展环境不断优化，产业结构日趋完善，产品和服务供给更加丰富。成功打造10个武术竞赛精品项目，扶持培育不少于5个专业武术装备和服务业企业品牌，推出100位武术明星和武术名师，打造100个武术示范俱乐部。到2025年，武术产业基础进一步夯实，产业规模进一步扩大，产业竞争力进一步增强，达到与体育强国建设相适应的水平。

三、武术的作用

武术具有健身、防身、修身养性、竞技、娱乐、文化交流等多方面功能。

1. 健身健心功能

武术运动可改善心血管系统功能，促进神经系统均衡发展；增强呼吸系统功能；提高人体身体素质，协调全身运动，消耗身体多余脂肪，使肌肉线条优美，从而塑造良好的体形。

2. 保健康复及养生功能

武术运动内容丰富，有五禽戏、八段锦、易筋经、太极拳等传统保健运动，坚持练习，可预防疾病、康复身心、增强体质、延缓衰老，对某些慢性病的治疗有一定作用，也可起到延年益寿的作用。

3. 观赏审美及交流功能

武术演练具有很强的欣赏及审美价值。无论是套路表演还是散手比赛，都以恢宏的气势而深受人们的欢迎。另外，武术还是人们切磋技艺、交流情感、增进友谊的平台，更是与国外友人交流的媒介。通过武术，国外友人可以更充分地认识中国文化的精髓，探索东方文明的神韵。

四、武术的分类

武术按运动形式可分为三类，即常见的功法运动、套路运动和搏斗运动。

1. 功法运动

以单个动作练习为主，以达到健体或增强某方面体能目的的运动，包括柔功、内功、硬功、轻功、眼功、耳功等。

通过各种专门的练习方法和手段，人们可以达到扩大肢体关节活动范围、提高肌肉伸展性能的目的；通过对人体内在的精、气、神及脏腑、经络、血脉等的修炼，可达到精足、气壮、神明、内脏坚实、血脉经络通畅、内壮外强的功效。功法运动使人体具有较为强健的击打、抗击打、摔跤、磕碰能力，最终达到强筋骨、壮体魄的目的。

2. 套路运动

通过徒手或持器械表演来体现人的进攻和防守技能，以技击为主要内容，以攻守进退、动静疾徐、刚柔虚实等矛盾运动的变化规律为依据编排组合及成套练习，将人与人之间的攻防动作通过套路最大限度地表现出来。

套路运动主要包括拳术、器械、对练、集体表演等形式。器械有“十八般兵器”之称，包括长、短、双、软和暗五种器械。

3. 搏斗运动

搏斗运动是指两人在一定条件下按照规则进行斗智角力的对抗练习。目前推广的搏斗运动项目主要有散手、推手和短兵三项。

第二节　武术的基本动作

武术基本功是学习武术套路和提高武术运动技术水平的基础，包括手型与手法、步型与步法，以及肩臂功法、腰部功法、腿部功法、平衡与跳跃等内容。

一、手型与手法

1. 基本手型

（1）拳。五指弯曲握紧，拇指被扣压于食指和中指的第二指节，拳面平展，如图 13–1 所示。

（2）掌。拇指弯曲，贴靠于食指指跟外侧下方，其余四指伸直并拢向后伸展，如图 13–2 所示。

（3）勾。五指撮拢，屈腕呈钩形，如图 13–3 所示。

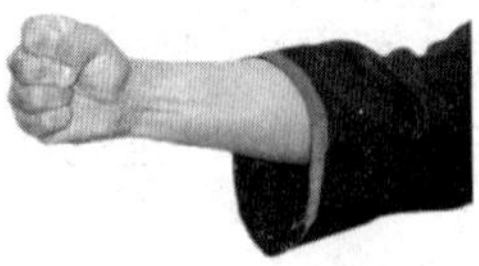

图 13–1　拳动作

图 13–2　掌动作

图 13–3　勾动作

2. 基本手法

（1）冲拳。拳从腰间旋臂向前快速出击，有前冲、侧冲、上冲等形式。两脚开立与肩同宽，脚尖向前，两拳收抱于腰间，拳心向上，肘尖向后，挺胸收腹立腰，两眼目视前方。右拳从腰间向前迅速用力冲出，拧腰顺肩，在肘关节过腰时右前臂内旋，力达拳面，臂伸直，与肩相平，同时左肘向后牵拉。可做左、右臂交替冲拳练习。冲拳动作如图 13–4 所示。

（2）架拳。右拳向下、向左、向上经头前向右上方画弧，同时前臂内旋架起，拳眼向左斜下方，目视左方。可做左、右臂交替架拳练习。架拳动作如图 13-5 所示。

图 13-4 冲拳动作

图 13-5 架拳动作

（3）砸拳。拳自上向下，先直臂后屈臂下砸为砸拳，要求拳心向上，力达拳背，如图 13-6 所示。

（4）推掌。掌由腰间旋臂向前立掌推击为推掌。右拳变掌，以掌跟为力点向前快速推出，同时前臂内旋使掌指向上，手臂伸直与肩平。掌推出时拧腰顺肩，同时左肘向后牵拉。左右交替练习。推掌动作如图 13-7 所示。

图 13-6 砸拳动作

图 13-7 推掌动作

（5）亮掌。右臂微屈，抖腕翻掌，将掌举于体侧或头上，如图 13-8 所示。

（6）挑掌。臂由下向上翘腕立掌上挑，挑掌时力达四指，如图 13-9 所示。

（7）穿掌。手心向上，臂由屈到伸，沿体侧穿出，穿掌时力达指尖，如图 13-10 所示。

（8）劈掌。掌由上向下直臂呈弧形迅速劈击，力达掌外沿，如图 13-11 所示。

图 13-8 亮掌动作

图 13-9 挑掌动作

图 13-10 穿掌动作

图 13-11 劈掌动作

二、步型与步法

1. 基本步型

（1）弓步。两脚前后开立一大步，相距为本人脚长的 3 ～ 4 倍，前腿屈膝半蹲，脚尖稍内扣，大腿略高于膝，膝不过脚尖；后腿挺膝伸直，脚尖朝向斜前方且稍内扣，两脚以全脚掌着地；上体正对前方，屈肘抱拳，目视前方，如图 13-12 所示。左腿弓为左弓步，右腿弓为右弓步。

（2）马步。两脚平行开立，相距约为本人脚长的 3 倍，脚尖向前，屈膝屈髋半蹲，膝不过脚尖，大腿略高于膝，以全脚掌着地；身体重心落于两脚间，两手于腰间抱拳，拳心向上，目视前方，如图 13-13 所示。

图 13-12　弓步动作

图 13-13　马步动作

（3）虚步。两脚前后站立，后脚脚尖外展 45°，屈膝半蹲，大腿近呈水平状，以全脚掌着地支撑身体；前腿微屈，脚面绷直，脚尖虚点地；上体正直，两手叉腰，如图 13-14 所示。

（4）仆步。两脚左右开立一大步，一条腿屈膝全蹲，大腿和小腿紧靠，臀部接近小腿，膝和脚尖稍外展；另一条腿伸直扑平接近地面，以全脚掌着地，脚尖内扣，两手握拳收抱于腰间，目视仆腿方向，如图 13-15 所示。

图 13-14　虚步动作

图 13-15　仆步动作

（5）歇步。两腿交叉屈膝全蹲，前脚以全脚掌着地，脚尖外展；后脚脚跟离地，臀部坐于小腿上，接近脚跟；两手握拳收抱于腰间，目视左前方，如图 13-16 所示。

（6）丁步。两腿屈膝半蹲并拢，一只脚以全脚掌着地支撑身体，另一只脚停在支撑内侧脚弓处，以脚尖点地；两手握拳收抱于腰间，目光平视，如图 13-17 所示。

图 13-16 歇步动作

图 13-17 丁步动作

2. 基本步法

（1）上步。后脚向前迈步为上步。

（2）退步。前脚向后撤退为退步。

（3）盖步。一只脚经另一只脚前，横迈一步成两腿交叉，为盖步。

（4）插步。一只脚经另一只脚后，横迈一步成两腿交叉，为插步。

（5）行步。两腿微屈，两脚连续前行，脚落地时由脚跟过渡到前脚掌，为行步。

（6）垫步。后脚脚跟离地提起，向前脚处落步，前脚立即蹬向前上方跳起，让位给后脚，在后脚前落步，为垫步。

（7）跨跳步。后脚蹬地跳起，前脚前摆落地，为跨跳步。

（8）踏步。一只脚提起向地面踏跺，另一只脚向前上步，为踏步。

三、肩臂功法

1. 压肩

两脚开立，略宽于肩，上体前俯下压，两臂伸直，两手抓握一定高度物体，做体前屈的振压肩动作，挺胸收腹，如图 13-18 所示。

2. 绕环

臂绕环是以肩为圆心，直臂在体侧或体前沿立圆形路线抡动，有单臂前后绕环、双臂后左右绕环等练习形式，如图 13-19 所示。

图 13-18 压肩动作

图 13-19 单臂绕环和双臂绕环动作

3. 俯卧撑

两臂伸直，两手分开宽于肩，掌心向下，指尖向前撑地，两脚前脚掌撑地使身体呈俯卧姿势，并与地面保持平行。两臂同时屈肘，带动躯干一起向下压，贴近地面；伴随两臂的屈和伸直动作带动身体一上一下运动。可单手做俯卧撑，也可做俯卧撑胸前击掌撑地练习。双手俯卧撑如图 13-20 所示。

4. 手倒立

两腿前后开立，上体前屈，两手分开稍宽于肩，在体前撑地，掌心向下，指尖向前，前脚蹬地，带动后脚迅速向后上方摆起；当身体重心接近支撑垂直面时，蹬地腿迅速向摆动腿并拢呈倒立姿势，如图 13-21 所示。

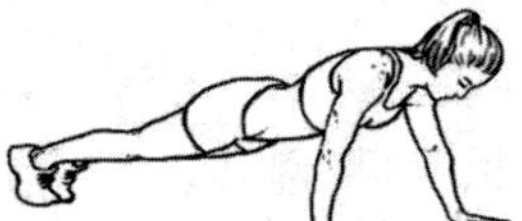

图 13-20　双手俯卧撑动作

图 13-21　手倒立动作

四、腰部功法

1. 俯腰

两脚并拢，身体直立，两手指尖相对，直臂上举，翻腕使掌心向上，目视前方。上体前屈下俯或偏向体侧，或上体后仰接近脚尖，反复振压身体若干次，如图 13-22 所示。要求挺膝、立背、收髋，有前俯腰、侧俯腰和后俯腰等形式。

2. 甩腰

两脚左右开立宽于肩，两臂伸直，两手成掌，以腰髋关节为支点，上体做前俯后仰的甩腰动作，两臂随之做前压和后甩动作，如图 13-23 所示。

图 13-22　俯腰动作

图 13-23　甩腰动作

3. 涮腰（腰背绕环）

两脚左右开立宽于肩，两臂自然下垂，以髋关节为轴，上体前倾，由一侧向另一侧绕环，两臂随之绕动，如图 13–24 所示。要求尽量屈体，以增大绕环幅度。

4. 下腰（拱桥）

两脚左右开立宽于肩，两臂伸直上举，身体尽量后屈，挺胸、顶腰、展髋、送膝，使两手在身后撑地拱成桥形，如图 13–25 所示。

图 13–24　涮腰（腰背绕环）动作

图 13–25　下腰（拱桥）动作

五、腿部功法

1. 压腿

一条腿挺直站立支撑身体重量，另一条腿抬起伸直，将脚跟放在一定高度的物体上，通过上体反复向前下压或两手向下压膝来拉长被压腿各关节的肌肉和韧带。压腿有正压腿、侧压腿、后压腿、仆步压腿等形式。

2. 劈叉

两手扶地，将两条腿前后或左右分开成一条直线，保持脚尖上翘，要求挺胸、立腰、两腿伸直。劈叉有纵劈叉和横劈叉两种形式。

3. 踢腿

两臂侧平举或叉腰，一条腿支撑身体，另一条腿的脚尖绷紧后向正前方或侧方直踢或侧踢，要求挺胸、立背、平肩、收胯，脚尖绷直，踢起时要有加速度。踢腿有正踢腿和侧踢腿两种形式。

4. 摆腿

并步站立，两臂侧平举，立掌，一条腿支撑身体，另一条腿向侧前上方举步，脚尖勾紧，可经面前由内向外侧摆或由外侧向内收，要求直背、平肩、松胯。摆腿有外摆腿和内合腿两种形式。

5. 弹腿

并步站立，一条腿上半步，伸直或稍屈膝，另一条腿提起屈膝，大腿与地面平行，脚面绷直；注意提膝至近水平时迅速向前弹击。弹腿时要求立腰、收胯、脚尖绷直。

6. 踹腿

两腿前后交叉，一条腿在前，稍屈膝，另一条腿提起屈膝、脚内扣，脚底用力向侧上方猛力踹出。

六、平衡与跳跃

1. 平衡练习

（1）提膝平衡。一条腿伸直支撑身体，另一条腿屈膝在体前尽量上提，脚尖向下，脚背绷紧扣于另一条腿前；一只手在头前上方抖腕成亮掌，另一只手在体侧成勾手，目视左侧，如图 13-26 所示。

（2）燕式平衡。一条腿伸直支撑身体，另一条腿屈膝提起，脚尖向下，脚背绷紧，两臂在胸前交叉，掌心向内，目视前方。上体前俯，略高于水平，抬头、挺胸、展腰，提膝腿伸直向后上方举起，脚面绷紧高于水平，两掌向两侧分开成侧平举，目视前下方，如图 13-27 所示。

图 13-26　提膝平衡动作

图 13-27　燕式平衡动作

2. 跳跃练习

（1）腾空飞脚。两脚并拢，身体直立，两手握拳收于腰间，目视前方。左腿向前摆动，右脚蹬地跳起，身体悬空，在空中右脚向前踢出，脚尖绷直，右手拍击右脚面，左手成勾手后上举，即摆、蹬、踢、拍 4 个连贯动作。

（2）旋风脚。两脚开立，两腿略蹲，两臂由右向左上方抡摆，将身体重心移至右脚，左脚提起向外摆动，上体向左上方旋转，右脚蹬地跳起，在空中身体旋转一周，右脚做内合腿，左手拍击右脚掌，要求转体至少 270°。

（3）腾空外摆脚。两脚开立，右脚上步，脚外展，左腿向右前方踢起、摆扣，右脚蹬地右旋跳起，身体悬空向右转，在空中右腿外摆，两手先左后右拍击右脚外侧。

（4）旋子。两脚并拢，身体直立，两手握拳收于腰间，目视前方。身体左转，左脚向前上一步，右臂屈肘前摆；右脚向前一大步，脚尖内扣，身体左转 90°；左脚顺势在右脚后方插步，身体继续左转并下俯，左脚迅速蹬地跳起，右腿伸直向右上方摆起；身体继续上腾起膝，向右后方旋转，两臂伸直平举，形同燕子飞；右脚先落地，随旋转惯性身体继续左转，左腿随之摆动落地。

课堂互动

（1）将人员分为“苹果组”和“橙子组”，“苹果组”的人数要少于“橙子组”。

（2）两组人员分散站在场地做好游戏准备。

（3）当听到开始口令时，先由“苹果组”的人抓“橙子组”的人。“苹果组”抓捕过程中，“橙子组”的人可随意做出武术造型动作，“苹果组”的人需要迅速模仿。若“橙子组”的人没有做武术造型动作而被抓，则需要离开游戏场地。

（4）当“橙子组”的所有队员都被抓捕后，更换“橙子组”实施抓捕。

第三节 简化太极拳

1956 年，国家体委（现为国家体育总局）运动司整理编定了简化太极拳，其按照简练明确、删繁就简、突出重点的原则，将基础套路定为 8 组，共 24 个动作，故又称“二十四式太极拳”。

一、第一组

1. 起势

（1）身体自然直立，两脚开立，与肩同宽，两臂自然下垂，两手放在大腿外侧，眼向前平看，如图 13-28 所示。

要点：头颈正直，下颌微向后收，不要故意挺胸或收腹，精神要集中。

（2）两臂慢慢向前平举，两手高与肩平，手心向下，如图 13-29 所示。

（3）上体保持正直，两腿屈膝下蹲，同时两掌轻轻下按，两肘下垂与两膝相对，眼睛平视前方，如图 13-30 所示。

图 13-28 起势 1

图 13-29 起势 2

图 13-30 起势 3

2. 第二式：左右野马分鬃

（1）身体微向右转，将身体重心移至右腿上，同时，右手收在胸前平屈，手心向下；左手经体前向右下画弧放在右手下，手心向上，两手相对成抱球状，左脚随之收到右脚内侧，脚尖点地，眼看右手，如图 13–31 所示。

（2）上体左转，左脚向左前方迈出，右脚脚跟后蹬成左弓步，同时，左、右手慢慢分别向左上、右下分开，左手高与眼平（手心斜向上），肘微屈；右手落在右胯旁，手心向下，指尖向前，眼看左手，如图 13–32 和图 13–33 所示。

图 13–31　左右野马分鬃 1

图 13–32　左右野马分鬃 2

图 13–33　左右野马分鬃 3

（3）上体慢慢后坐，将身体重心移至右腿上，左脚脚尖翘起微向外撇，随即左腿慢慢前弓，身体左转，身体重心移至左腿上，同时，左手翻转向下，收在胸前平屈，右手向左上画弧放在左手下，两手手心相对成抱球状；右脚随之收到左脚内侧，脚尖点地，眼看左手，如图 13–34 所示。

（4）右腿向右前方迈出，左脚脚跟后蹬成右弓步，同时，左、右手分别慢慢向左下、右上分开，右手高与眼平（手心斜向上），肘微屈；左手放在左胯旁，手心向下，指尖向前，眼看右手，如图 13–35 所示。

图 13–34　左右野马分鬃 4

图 13–35　左右野马分鬃 5

（5）与（3）同，唯方向相反。

（6）与（4）同，唯方向相反。

3. 第三式：白鹤亮翅

（1）上体微向左转，左手翻掌向下在胸前，右手向左上画弧，手心转向上，与左手成抱球状，如图 13–36 所示。

（2）右脚跟进半步，上体后坐，将身体重心移至右腿上；左脚稍向前移，以脚尖点地，同时，两手慢慢地分别向右上、左下分开，右手上提停于头部右侧（偏前），手心向左后方，左手落于左胯前，手心向下，眼平看前方，如图 13–37 所示。

图 13–36　白鹤亮翅 1

图 13–37　白鹤亮翅 2

二、第二组

1. 第四式：左右搂膝拗步

（1）右手从体前下落，由下向后上方画弧至右肩部外侧，臂微屈，手与耳同高，手心向上；左手上起由左向上、向右下方画弧至右胸前，手心向下，同时，上体微向左再向右转，眼看右手，如图 13–38 所示。

（2）上体左转，左脚向前（偏左）迈出成左弓步。同时，右手屈回由耳侧向前推出，高与鼻尖平；左手向下由左膝前搂过落于左胯旁，眼看右手手指，如图 13–39 所示。

图 13–38　左右搂膝拗步 1

图 13–39　左右搂膝拗步 2

（3）上体慢慢后坐，将身体重心移至右腿上，左脚脚尖跷起微向外撇；随即左腿慢慢前弓，身体左转，将身体重心移至左腿上，右脚向左脚靠拢以脚尖点地，同时，左手向外翻掌由左后向上平举，手心向上；右手随转体向上、向左下画弧落于左肩前，手心向下，眼看左手，如图 13–40 和图 13–41 所示。

图 13-40　左右搂膝拗步 3

图 13-41　左右搂膝拗步 4

（4）与（2）同，唯方向相反。

（5）与（3）同，唯方向相反。

（6）与（2）同。

2. 第五式：手挥琵琶

右脚脚跟进半步，上体后坐，将身体重心移至右腿上，左脚略提起且稍向前移，变成左虚步，脚跟着地，膝部微屈，同时，左手由左下向上举，高与鼻尖平，臂微屈；右手收回放在左臂肘部里侧，眼看左手食指，如图 13-42 所示。

图 13-42　手挥琵琶

3. 第六式：左右倒卷肱

（1）右手翻掌（手心向上）经腹前由下向后上方画弧平举，臂微屈；左手随之翻掌向上，左脚尖点地，眼随着向右转体先向右看再转看左手，如图 13-43 所示。

图 13-43　左右倒卷肱 1

（2）右臂屈肘回收，右手由耳侧向前推出，手心向前；左手回收经左肋外侧向后上方画弧平举，手心向上；右手随之再翻掌向上，同时，左腿轻轻提起向左后侧方退一步，脚尖先着地，然后慢慢踏实，身体重心在左腿上，成右虚步，眼随转体左看，再转看右手，如图 13–44 和图 13–45 所示。

图 13–44　左右倒卷肱 2

图 13–45　左右倒卷肱 3

（3）与（2）同，唯方向相反。

（4）与（2）同。

（5）与（2）同，唯方向相反。

三、第三组

1. 第七式：左揽雀尾

（1）身体慢慢向右转，左手自然下落经腹前画弧至右肋前，手心向上；右臂屈肘，手心转向下，收至右胸前，两手相对成抱球状，同时，右脚尖微向外撇，左脚收回靠拢右脚，以左脚脚尖点地，如图 13–46 所示。

（2）左脚向左前方迈出，上体微向左转，右脚脚跟向后蹬，脚尖微向里扣成左弓步。同时，左臂向左掤（左臂平屈呈弓形，用前臂外侧和手背向左侧推出），高与肩平，手心向后；右手向右下方落放于右胯旁，手心向下，眼看左前臂，如图 13–47 所示。

图 13–46　左揽雀尾 1

图 13–47　左揽雀尾 2

（3）身体微向左转，左手随之前伸翻掌向下，右手翻掌向上，经腹前向上、向前伸至左腕下方；然后两手下捋，上体稍向右转，两手经腹前向右后方画弧，直到右手手心向上高与肩齐，左手手心向后平屈于胸前，同时身体重心移至右腿上，眼看右手，如图 13–48 所示。

（4）上体微向左转，右臂屈肘收回，右手附于左手腕里侧（相距约 5 厘米），双手同时向前慢慢挤出，左手心向后，右手心向前，左前臂要保持半圆，同时，身体重心前移变成左弓步。眼看左手腕部，如图 13–49 所示。

图 13–48　左揽雀尾 3　　图 13–49　左揽雀尾 4

（5）右手经左腕上方向前、向右伸出与左手齐，手心向下；左手翻掌向下，两手向左、右分开，宽与肩同，然后上体后坐，将身体重心移至右腿上，左脚脚尖跷起，两手屈肘时回收至胸前，手心向前下方，眼向前平看，如图 13–50 所示。

（6）两手向前、向上按出，手腕部高与肩平，同时左腿前弓成左弓步，眼平看前方，如图 13–51 所示。

图 13–50　左揽雀尾 5　　图 13–51　左揽雀尾 6

2. 第八式：右揽雀尾

（1）上体后坐并向右转，将身体重心移至右腿上，左脚脚尖里扣，右手向右平行画弧至右侧，然后由右下方经腹前向左上方画弧至左肋前，手心向上；左手翻掌向下平屈，在胸前与右手成抱球状，同时，将身体重心再移至左腿上，右脚向左脚靠拢，右脚脚尖点地，如图 13–52 所示。

（2）同左揽雀尾（2），将左变为右即可。

（3）同左揽雀尾（3），将左变为右即可。

（4）同左揽雀尾（4），将左变为右即可。

（5）同左揽雀尾（5），将左变为右即可。

（6）同左揽雀尾（6），将左变为右即可。

图 13-52 右揽雀尾

四、第四组

1. 第九式：单鞭

（1）上体后坐，将身体重心逐渐移至左腿上，右脚脚尖里扣；同时上体左转，两手（左高右低）向左运转，直至左臂平举于左侧，右手经腹前运至左肋前（左手心向左，右手心向后上方），眼看左手，如图 13-53 所示。

（2）将身体重心再渐渐移至右腿上，左脚向右脚靠拢，以脚尖点地，同时，右手向右上方画弧至右侧方时变勾手，臂与肩平；左手向下经腹前向右上方画弧停于右肩前，手心向后，眼看左手，如图 13-54 所示。

图 13-53 单鞭 1

图 13-54 单鞭 2

（3）上体微向左转，左脚向左侧方迈出，右脚脚跟后蹬成左弓步，在身体重心移向左腿的同时，左掌慢慢翻转向前推出，手心向前，手指与眼齐平，臂微屈，眼看左手，如图 13-55 所示。

图 13-55 单鞭 3

2. 第十式：左云手

（1）将身体重心移至右腿上，身体渐向右转，左脚脚尖里扣，左手经腹前向右上方画弧至右肩前，手心斜向后，同时右手变掌，手心向右，眼看左手，如图 13-56 所示。

图 13-56　左云手 1

（2）将身体重心慢慢左移，左手由面前向左侧运转，手心渐渐转向左方；右手由右下方经腹前向左上方画弧至左肩前，手心斜向后，同时右脚靠近左脚，成小开立步（两脚距离为 10 ～ 20 厘米）。眼看右手，如图 13-57 所示。

图 13-57　左云手 2

（3）右手继续向右侧运转，左手经腹前向右上方画弧至右腹前，手心斜向后；同时，右手翻转手心向右，左腿向左横跨一步，眼看右手，如图 13-58 所示。

（4）同（2）。

（5）同（3）。

（6）同（2）。

图 13-58　左云手 3

3. 第十一式：再单鞭

（1）右手继续向右运转，至右侧方时变成勾手，左手经腹前向右上方画弧至右肩前，手心向后，眼看右手，如图 13-59 所示。

（2）上体微向左转，左脚向左侧方迈出，右脚脚跟后蹬成左弓步，在身体重心移向左腿的同时，左掌慢慢翻转向前推出，呈单鞭式姿势，如图 13-60 所示。

图 13-59　再单鞭 1

图 13-60　再单鞭 2

五、第五组

1. 第十二式：高探马

（1）右脚跟进半步，将身体重心移至右腿上，右勾手变成掌，两手心翻转向上，两肘微屈，同时身体微向右转，左脚脚跟渐渐离地，呈左虚步姿势，眼看左手，如图 13-61 所示。

（2）上体微微左转，右掌经耳旁向前推出，手心向前，手指与眼同高；左手收至左侧腰前，手心向上，同时左脚微向前移，以脚尖点地，眼看右手，如图 13-62 所示。

图 13-61　高探马 1

图 13-62　高探马 2

2. 第十三式：右蹬脚

（1）左手手心向上，前伸至右手腕背面，两手相互交叉，随即两手分开自两侧向下画弧，手心斜向下；同时，左脚提起向左前方进步呈左弓步姿势，如图 13-63 所示。

（2）两手由外圈向里圈画弧合抱于胸前，右手在外（手心均向后）；同时右脚向左脚靠拢，脚尖点地，眼平看右方，如图 13-64 所示。

图 13-63　右蹬脚 1

图 13-64　右蹬脚 2

（3）两臂左、右分开平举，手心均向外，同时右脚提起向右前方慢慢蹬出，眼看右手，如图 13-65 所示。

图 13-65　右蹬脚 3

3. 第十四式：双峰贯耳

（1）将右腿收回，提膝，左手由后向上、向前下落，右手手心翻转向上，两手同时向下画弧分落于右膝关节两侧，手心均向上，如图 13-66 所示。

（2）右脚向右前方落下变成右弓步，同时两手下垂慢慢变拳，分别从两侧向上、向前画弧至脸前成钳形，拳眼都斜向后（两拳中间距离为 10 ～ 20 厘米），眼看右拳，如图 13-67 所示。

图 13-66　双峰贯耳 1

图 13-67　双峰贯耳 2

4. 第十五式：转身左蹬脚

（1）将身体重心渐渐移至左腿上，右脚脚尖里扣，上体向左转，同时两拳变掌，由上向左、右画弧分开平举，手心向前，眼看左手，如图 13-68 所示。

（2）将身体重心再移至右腿上，左脚靠近右脚内侧，以脚尖点地，同时，两手由外圈向里圈画弧合抱于胸前，左手在外，手心均向后，眼平看左方，如图 13–69 所示。

图 13–68 转身左蹬脚 1

图 13–69 转身左蹬脚 2

（3）两臂左、右分开平举，手心均向外，同时左脚提起向左前方慢慢蹬出，眼看左手，如图 13–70 所示。

图 13–70 转身左蹬脚 3

六、第六组

1. 第十六式：左下势独立

（1）左腿收回平屈，右掌变成勾手，然后左掌向上、向右画弧下落，立于右肩前，眼看右手，如图 13–71 所示。

（2）右腿慢慢屈膝下蹲，左腿向左侧（偏后）伸出，成左仆步，左手下落向左下经左腿内侧穿出，眼看左手，如图 13–72 所示。

图 13–71 左下势独立 1

图 13–72 左下势独立 2

（3）以左脚跟为轴，脚尖向外扭直（略外撇），随着右腿后蹬，左腿前弓，右脚脚尖里扣，上体微向左转并向前起身，同时左臂继续向前伸出（立掌），眼看左手，如图 13–73 所示。

（4）右腿慢慢提起平屈（成独立式），同时右勾手下落变成掌，并由后下方顺右腿外侧向前摆出，屈臂立于右腿上方，肘与膝相对，手心向左；左手落于左胯旁，手心向下，眼看右手，如图 13–74 所示。

图 13–73　左下势独立 3

图 13–74　左下势独立 4

2. 第十七式：右下势独立

（1）右脚下落于左脚前，以脚尖点地，然后以左脚掌为轴向左转体，左脚微向外撇，同时，左手向后平举变成勾手，右掌随着转体向左侧画弧，立于左肩前，眼看左手，如图 13–75 所示。

（2）同左下势独立（2），将左变为右即可。

（3）同左下势独立（3），将左变为右即可。

（4）同左下势独立（4），将左变为右即可。

图 13–75　右下势独立

七、第七组

1. 第十八式：左右穿梭

（1）身体微向右转，左脚向前落地，脚尖外撇，右脚脚跟离地呈半坐盘式，同时两手在左胸前成抱球状（左上右下），然后右脚向左脚内侧靠拢，以脚尖点地，眼看左前臂，如图 13–76 所示。

图 13–76　*左右穿梭 1*

（2）右脚向右前方迈出成右弓步，同时右手由面前向上举并翻掌停在右额前，手心斜向上；左手先向左下再经体前向前推出，高与鼻尖平，手心向前，眼看左手，如图 13–77 所示。

（3）将身体重心略向后移，右脚脚尖稍向外撇，随即身体重心再移至右腿上，左脚跟进，附于右脚内侧，以脚尖点地，同时两手在右胸前成抱球状（右上左下），眼看右前臂，如图 13–78 所示。

（4）同（2），唯方向相反。

图 13–77　*左右穿梭 2*

图 13–78　*左右穿梭 3*

2. 第十九式：海底针

右腿向前跟进半步，左腿稍向前移，以脚尖点地，变成左虚步，同时身体稍向左转，右手下落经体前向后、向上提起，并由右耳旁斜向前下方插出，指尖向下；与此同时，左手向前、向下画弧落于左胯旁，手心向下，眼看前下方，如图 13–79 所示。

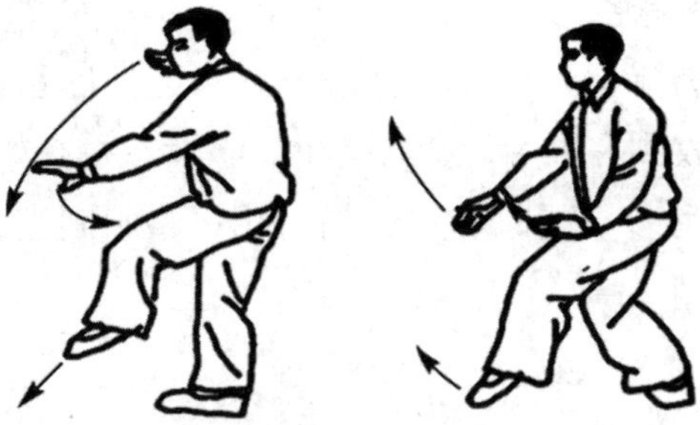

图 13–79　海底针

3. 第二十式：闪通臂

上体稍右转，左脚向前迈出成左弓步，同时，右手由体前上提，掌心向上翻，右臂平屈于头上方，拇指朝下；左手上起向前平推，高与鼻尖平，手心向前，眼看左手，如图 13-80 所示。

图 13-80　闪通臂

八、第八组

1. 第二十一式：转身搬拦捶

（1）上体后坐，将身体重心移至右腿上，左脚脚尖里扣，身体向右后转，然后将身体重心再移至左腿上，与此同时，右手随着转体而向右、向下（变拳）经腹前画弧至左肋旁，拳心向下；左掌上举于头前方，掌心斜向上，眼看前方，如图 13-81 所示。

（2）向右转体，右拳经胸前向前翻转撇出，拳心向上，左手落于左胯旁，同时右脚收回后向前迈出，脚尖外撇，眼看右拳，如图 13-82 所示。

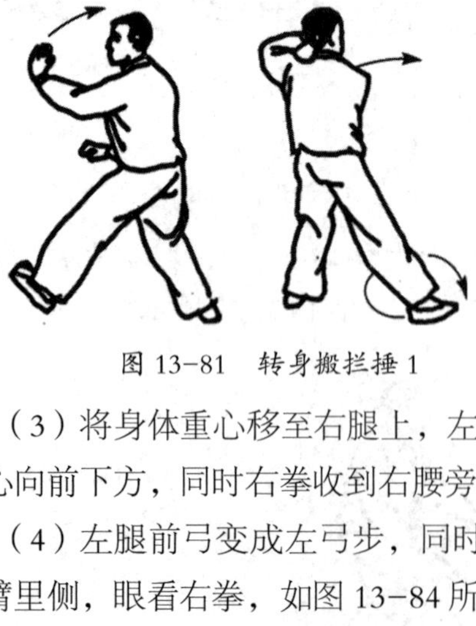

图 13-81　转身搬拦捶 1

图 13-82　转身搬拦捶 2

（3）将身体重心移至右腿上，左脚向前迈一步，左手上起经左侧向前平行画弧拦出，掌心向前下方，同时右拳收到右腰旁，拳心向上，眼看左手，如图 13-83 所示。

（4）左腿前弓变成左弓步，同时右拳向前打出，拳眼向上，高与胸平，左手附于右前臂里侧，眼看右拳，如图 13-84 所示。

图 13-83 转身搬拦捶 3

图 13-84 转身搬拦捶 4

2. 第二十二式：如封似闭

（1）左手由右腕下向前伸，右拳变掌，两手心向上慢慢回收；同时身体后坐，左脚尖跷起，身体重心移至右腿上，眼看前方，如图 13-85 所示。

（2）两手在胸前翻掌，向前推出，腕与肩平，手心向前，同时左腿前弓变成左弓步，眼看前方，如图 13-86 所示。

图 13-85 如封似闭 1

图 13-86 如封似闭 2

3. 第二十三式：十字手

（1）将身体重心移至右腿上，左脚脚尖里扣，向右转体，右手随着转体动作向右平摆画弧，与左手成两臂侧平举，肘部下垂；同时，右脚脚尖随着转体稍向外撇，成右弓步，眼看右手，如图 13-87 所示。

（2）将身体重心慢慢移至左腿上，右脚脚尖里扣，然后右脚向左收回与左脚成开立步，两脚距离与肩同宽；同时，两手向下经腹前向上画弧交叉于胸前，右手在外，手心均向后，成十字手，眼看前方，如图 13-88 所示。

图 13-87 十字手 1

图 13-88 十字手 2

4. 第二十四式：收势

两手向外翻掌，手心向下，慢慢下落于两胯外侧，眼看前方，如图 13-89 所示。

图 13-89　收势

课后思考与练习

1. 武术的形式多种多样，主要可分为哪几类？

2. 武术的基本动作技巧有哪些？

3. 武术成为 2022 年青奥会正式比赛项目，对此，你有何感想？

第十四章 游泳运动

学习目标与任务

- 了解游泳运动的基础知识。
- 熟悉游泳运动的分类。
- 掌握游泳运动的基本技术。
- 能养成良好的游泳运动习惯。

素质讲堂与点拨

跳水堪称“2 秒钟的艺术”，在 2 秒钟内，运动员的起跳高度越高，才有越多的时间在空中完成翻腾、转体、展开、入水等一系列动作。

你看见没有水花的 2 秒是运动员经历过无数惊涛骇浪的 2 秒；

你看见完美的 2 秒是运动员纠正过千万次失误后的 2 秒；

你看见万众瞩目的 2 秒是无数人默默无闻幕后接力完成的 2 秒。

为了让“水花比下饺子小”，每一个中国跳水人在庞大的系统工程里贡献力量，从运动员选材、基础训练、大小赛事、输送机制到科技助力、内部竞争、选拔机制、心理保障等多个小细节的环环相扣和良性运转，才打造出中国跳水“梦之队”的成绩与辉煌——从 1984 年中国体育代表团参加洛杉矶奥运会至今，跳水健儿已经斩获 47 枚奥运金牌。

思考：中国跳水队在东京奥运会创造了 7 金 5 银的战绩，续写了“梦之队”的辉煌。一代代中国跳水人的矢志不渝、接续奋斗是“梦之队”的传统。你知道中国跳水队为什么被称为“梦之队”吗？

第一节 游泳运动概述

游泳运动是一项全身运动，任何一个部位的活动都离不开全身的协调配合。随着人们对健康、养生、长寿要求的提高，游泳日渐成为广受欢迎的养生保健运动。

一、游泳运动的产生与发展

现代游泳运动起源于英国。1828年，英国利物浦乔治码头修建了世界上第一个室内游泳池。1837年，英国伦敦成立了第一个游泳组织，同时举办了英国最早的游泳比赛。1896年，第一届现代奥运会将游泳列为比赛项目之一。1908年，国际游泳联合会（Fédération Internationale de Natation，FINA）成立，并制定了游泳比赛规则。目前，国际重大的游泳运动赛事主要有奥运会游泳比赛、世界游泳锦标赛和世界杯短池游泳赛。

二、游泳运动的分类

广义的游泳运动是指一种凭借自身肢体动作和水的相互作用力，在水上漂浮前进或在水中潜游的有意识的技能活动，它是人类在长期的生产劳动和同大自然的斗争中产生的，一直与人类的生存、生产及生活紧密相连。狭义的游泳运动主要指竞技游泳。从广义上，可以将游泳运动分为实用游泳、竞技游泳、花样游泳、跳水等，如表14-1所示。

表14-1 广义上游泳运动的分类

类别	内容	示例
实用游泳	在军事、生产、科研或生活服务等方面实用价值较高的游泳	武装泅渡、水下科研、打捞救护、踩水、侧泳和潜泳
竞技游泳	有特定技术要求，按竞赛规则进行竞赛，以速度决定名次成绩的游泳	蛙泳、仰泳、蝶泳、自由泳、个人混合泳和接力泳
花样游泳	集舞蹈、体操、游泳等运动于一体的竞技体育项目	单人花样游泳、双人花样游泳和集体花样游泳
跳水	一项优美的水上运动项目，是从跳水器械上起跳，在空中完成一系列动作姿势，并以特定动作入水的运动项目	3米跳板、10米跳台

三、游泳运动的功能

游泳的健身功能是得天独厚的，它融水浴、空气浴和日光浴于一体，是强健身心、娱乐休闲、体疗康复的健身活动。当前，游泳也成为医疗界公认的强身健体、提高机体免疫功能、防病治病、抵抗衰老、降低抑郁症及减肥等的运动良方。

1. 健身健心功能

游泳能够有效改善心血管系统、呼吸系统和运动系统的机能。坚持游泳可增强人的神经系统功能，锻炼出发达的肌肉，提高力量、速度、耐力、柔韧等方面的身体素质；调节人体的体温调控系统，改善机体对内外环境变化的适应能力，提高机体的免疫机能；锻炼心肺功能，增强心肌耐力及收缩力，改善机体的新陈代谢能力；对健美体魄、矫正体形也起着重要作用。

2. 文化教育功能

经常游泳不但能改善体质，预防疾病，而且能够磨炼意志，促进身心健康和谐及心智发展，培养自信、果敢、坚毅、临危不惧等优良心理品质。

3. 急救安全功能

游泳还是一项生存技能，是保证生命安全的重要手段，如水下探险、科学考察、防洪抢险、救护打捞等都需要熟练的游泳技术做保障，因此，掌握游泳技术无异于发生意外时的一把“安全保险锁”。

4. 体疗康复功能

游泳是所有体育项目中对身体各部位的锻炼最全面的运动，是理想的锻炼项目。游泳时水的拍打、振动作用对身体是一种良好的按摩，能有效消除身体疲劳。

视野拓展

蝶泳是在蛙泳动作基础上演变而来的。采取蛙泳泳姿时，游泳者需同时用双手进行划水，同时保持手臂、肩部和腿部运动是横向对称的。后来有的游泳者在划水后从水面上方将手伸向前方，这样能大幅度降低水的阻力，这种新的游泳技术被称为蝶泳。

第二节 游泳运动的基本技术

游泳是一种技术性运动，一个看似微小的动作可能会起到很大的作用，因此掌握游泳运动的基本技术十分有必要。

一、熟悉水性

1. 水中移动

游泳者侧对池壁，手扶池边，向前、向后迈步行走，或面对池壁，手扶池边，向左、向右迈步行走，如图 14-1 所示。

2. 呼吸技术

游泳者手扶池槽或手握同伴的手，深吸气后闭气，然后慢慢蹲下并把头部全部浸入水中，停留片刻，在水中用嘴或嘴与鼻同时慢慢吐气；在即将吐完气时起立、抬头，张嘴猛吐，把从前额流下来的水吹开，再在水面上用嘴吸气，将头部全部浸入水中，重复上述动作，如图 14−2 所示。水中的呼吸要按照“快吸、稍闭、慢呼、猛吐”这一特殊的节律进行。

图 14−1　水中移动

图 14−2　呼吸练习

3. 漂浮技术

（1）扶池边漂浮。游泳者吸足气，双手扶池边入水，闭气，伸直手臂和腿，肩部放松，低头呈俯卧姿势而漂浮于水中，如图 14−3 所示。游泳者站立时收腹、收腿，两臂向下压水；然后抬头，两腿伸直，两脚触池底。

（2）抱膝漂浮。游泳者吸气后低头，轻轻蹬离池底，全身抱成一团漂浮在水面上，站立时，双手松开下压水面，抬头挺身直立，两腿伸直后双脚向下轻踩池底，直立，如图 14−4 所示。

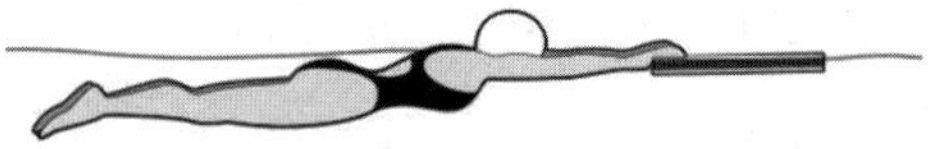

图 14−3　扶池边漂浮

图 14−4　抱膝漂浮

4. 蹬边滑行

游泳者背向池（岸）边，一只手扶住池（岸）边缘，另一只手手臂前伸；同时，一只脚站立，另一只脚贴近池（岸）边。深吸气后先低头，上体在水中前倾呈俯卧姿势，大、小腿尽量收紧，臀部靠近池（岸）边，两脚掌贴住池（岸）边。与此同时，扶池（岸）边的手臂向前摆出与前臂并拢，头夹于两臂之间，这时两脚用力蹬出，呈流线型向前滑行。蹬离池（岸）边后，游泳者的身体要充分伸展，并尽量放松、自然。

踩水时，要手脚并用，确保头部始终露出水面，进行缓慢而有规律的呼吸；身体四肢与水面垂直；手臂沿水平方向前后划动；双腿画圈或前后踢腿（需脚尖保持向下，不间断）。

二、蛙泳

视频：蛙泳完整配合

蛙泳（图 14–5）是一种模仿青蛙游泳的游泳姿势，必需手、脚与呼吸配合，划水前进，即“划手腿不动，收手再收腿，先伸胳膊后蹬腿，并拢伸直漂一会儿”。蛙泳中，手的动作先于腿的动作，要先收手再收腿，伸手后再蹬腿。

图 14–5　蛙泳完整动作技术

（一）身体姿势

在游进过程中，身体俯卧于水中，在完成手臂和腿的动作后身体几乎呈水平姿势。两臂向前伸直，两腿并拢后伸直。头略低，脸浸入水中，水平齐额，眼睛注视水下，身体保持流线型姿态向前滑行。

（二）手臂动作

1. 动作技术要点

分手比肩稍微宽，向内旋时伸前方。两臂侧下向后划，并拢伸直漂一会儿。注意，划水时移臂相对要慢，收手要快，保持动作节奏，明确划水路线，整个臂部动作同时对称进行。

2. 手臂动作基本要求

（1）外划。双手前伸，手掌倾斜大约 45°（小指朝上）。双手同时向外、后方划，继而屈臂向后、下方划。

（2）内划。掌心由外转向内，手带动小臂加速内划，手由下向上在胸前并拢前伸（手高肘低，肘在肩下）。

（3）前伸。双手向前伸（肘关节伸直）。

（三）腿部动作

1. 动作技术要点

边收边分慢收腿，向外翻脚对准水。弧形向后蹬夹水，并拢伸直漂一会儿。注意，掌握动作节奏，应慢收、翻脚、快蹬和滑行。

2. 腿部动作基本要求

（1）收腿。屈膝收腿，脚跟向臀部靠拢，收腿动作要轻、慢些，这样可减少阻力。收腿结束时，两膝与肩同宽，小腿与水面垂直，脚掌在水面附近。

（2）翻脚。两脚距离大于两膝距离，两脚外翻，脚尖朝外，脚掌朝天，小腿和脚内侧对准水呈“W”形。

（3）蹬夹水。蹬夹水实际上是腿伸直的过程（屈髋、伸膝），由腰腹和大腿同时发力，以小腿和脚内侧同时蹬夹水，先是向外、后、下方蹬水，然后是向内、上方蹬水，像画半圆。向外蹬水和向内夹水连续完成，即连蹬带夹。蹬夹水完成时，双腿并拢伸直，双脚内转，脚尖相对。蹬水的速度不要过猛，要由慢到快地加速蹬水，两条腿将近伸直并拢时蹬水速度最快。

（4）停。双腿并拢伸直后再做一个短暂滑行动作（1 ～ 2 秒）。

三、自由泳

自由泳（图 14-6）是竞技游泳比赛的项目之一，严格来讲，它并不是单指一种泳姿，自由泳竞赛基本上没有规则限制，参赛者可以使用任何泳姿。

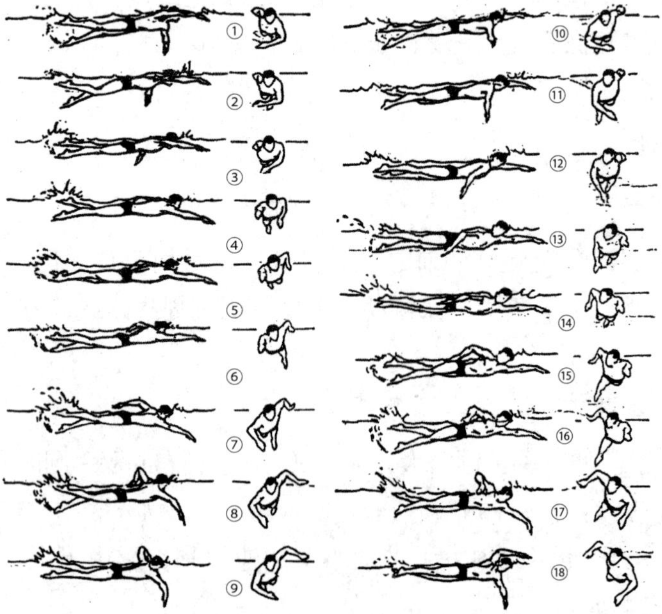

图 14-6　自由泳完整动作技术

（一）身体姿势

身体自然伸直，俯卧于水面上，上体位置尽可能高。收腹，将脸和前额浸入水中，臀部接近水面，目视前下方。在游泳过程中，身体随划水和呼吸围绕纵轴做有节奏的转动，转动角度为 40° 左右。

（二）手臂动作

自由泳的完整配合有多种形式，一般常见的是每划水 2 次，打水 6 次，呼吸 1 次。

1. 动作技术要点

移臂放松肩前插，小臂手掌对准水，沿着中线把速加，两臂轮流交替划。注意，划水时保持屈臂高肘，推水用力。

2. 手臂动作基本要求

（1）手的入水点在肩的延长线和身体中线之间，拇指领先，斜插入水。

（2）入水后，手、肘、肩继续前伸，使手臂伸展。随身体的转动屈腕、屈肘，手臂向外、后方划水。在手下划到最低点后，旋转手臂向内、上、后方划水，保持高肘屈臂的划水姿势。

（3）手臂与水平面垂直时，经手领先，加速推水，手臂转为向外、向上和向身后划水，直到大腿侧提肘出水。

（4）出水后，手臂自然放松地经空中向前移臂，保持高肘姿势。然后手在肩前领先入水，开始下一个动作。

（三）腿部动作

1. 动作技术要点

大腿带动小腿，做上下交替鞭打水动作。

2. 腿部动作基本要求

（1）打腿动作从髋部开始发力，大腿带动小腿，做鞭打水动作。

（2）向上打水，腿从直到弯。由直腿开始向上打水，在脚接近水面时屈膝，小腿上抬，使脚掌露出水面后向下打水。开始时可直腿打水，但腿略放松，不要僵硬，在水的压力下腿会自然弯曲。在向下打水前，膝关节弯曲角度为 130° ～ 160°，打水幅度为 30 ～ 40 厘米，打水时要绷紧脚尖。

（四）呼吸动作

自由泳换气较为困难，一般采用单侧换气法。换气时以身体中轴线为轴转动，头随躯干的转动而转动，当身体向左侧转动幅度达到最大时进行呼吸，此时左臂应充分前伸，嘴张大吸气。当吸足气后，头转回原来鼻子朝下的位置，头的转动先于身体转动。

四、蝶泳

蝶泳（图 14-7）起源于 20 世纪 20 年代，由蛙泳演变而来。1952 年，国际游泳联合会决定将蛙泳和蝶泳分为两种各自独立的比赛，从此，蝶泳便成为正规比赛中的独立项目。

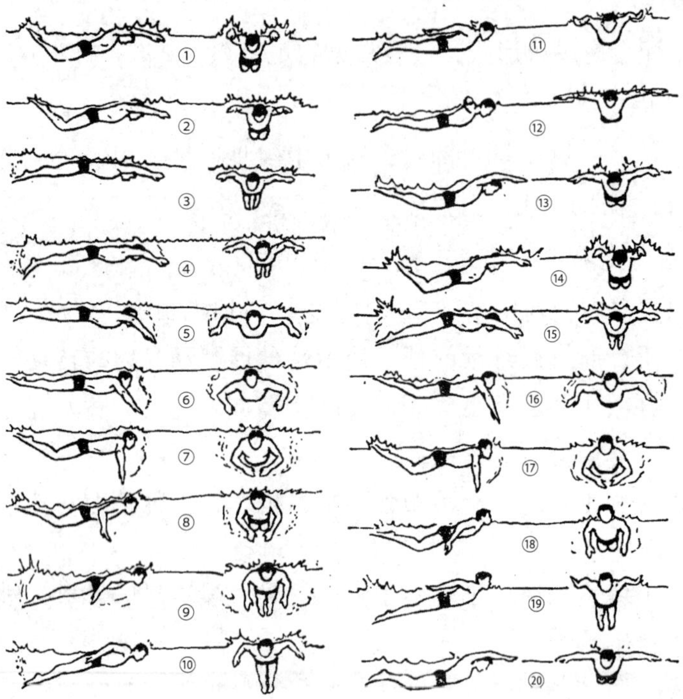

图 14-7　蝶泳完整动作技术

（一）身体姿势

在游进过程中，头、颈、躯干、腿、脚沿着整个身体纵轴做转动式的递次起伏，形成有节奏的波浪运动。头部保持较稳定的姿势，除了抬头吸气外，眼睛一直注视下方，抬头吸气时略收下颌。

（二）手臂动作

1. 动作技术要点

两臂入水比肩宽，入水同时要伸肩。两臂抱水不分家，前宽后窄加速划。注意，主要划臂动作要连贯协调，推水、出水要加速。

2. 手臂动作基本要求

（1）蝶泳的手入水点在两肩的延长线上，以拇指领先，斜插入水。

（2）入水后，肩、肘前伸，两手沿曲线向外、后、下方抓水。两手分开到肩宽时，屈肘，加速划水。

（3）两手分开达到最大宽度后，手臂转为向内、向上和向后方划水，手臂上抬时保持高肘屈臂。两手在胸下或腹下时，手之间的距离保持最近。

（4）呼吸与划水的配合也是蝶泳技术的关键。手臂结束向内划水时，头露出水面吸气，移臂时头入水。头在手出水前出水，在手入水前入水。

（5）双手划水，两手距离最近时，手臂划水的方向再一次改变，转为向外、向上和向后方划水，直至出水。

（6）划水出水后，手臂在肩的带动下经空中向前移臂，准备入水，移臂一般以低、平、放松的姿势从两侧前移。

（三）躯干和腿部动作

1. 动作技术要点

水平俯卧呈流线，低头移臂扑向前。波浪打水推手吸，展胸提臀腰发力。注意，肩部保持平稳，由脊柱和腰部发力，大腿带动小腿做上下鞭打水动作，从屈腿小幅打水逐渐过渡到上下鞭打水。

2. 躯干和腿部动作基本要求

（1）开始时双腿自然伸直，双脚内扣呈“八”字形。

（2）腰部发力，带动脊柱、大腿、小腿做上下鞭打水动作。

（3）在大腿向下打水时提臀，然后两腿伸直向上移动，臀部下沉。

（4）在脚接近水面时大腿下压，屈膝，脚露出水面，用力向下、后方打水。

（四）完整配合动作

1. 动作技术要点

首次打腿臂入水，划至胸下再打腿。低头伸臂慢呼气，加速推水抬头吸。注意，两臂入水时打第一次腿，划至肩下时打第二次腿，动作要连贯协调。

2. 完整配合动作基本要求

完整动作技术一般是采取 2 次打腿、1 次划水、1 次呼吸的配合方式。划水路线一般为“钥匙孔”形，两手在胸下或腹下时的距离最近，这种前后划水路线比较均匀。注意，蝶泳的四肢动作是双臂、双腿同时协调发力。

五、仰泳

仰泳（图 14-8）是仰卧在水中的泳姿。游泳时，脸部露出水面，呼吸方便，动作简单易学，实用价值大，可在水中休息、托运物品、救护溺水者，深受初学者的欢迎。

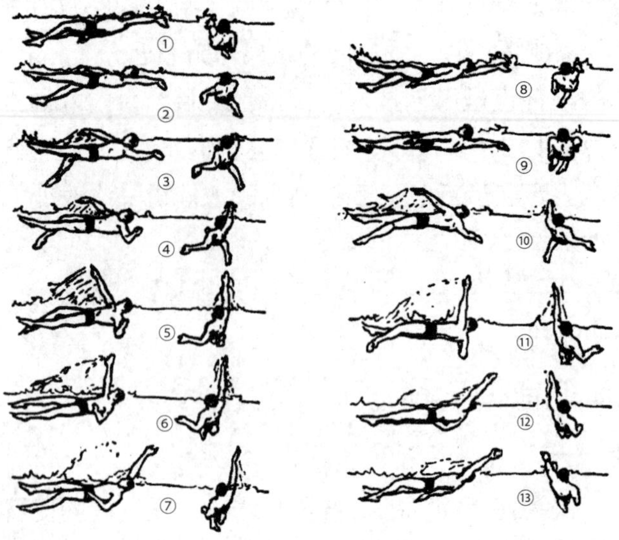

图 14-8 仰泳完整动作技术

（一）身体姿势

身体自然伸展至水平，仰卧于水面上，头和肩部略高于臀，水齐耳际，脸部露出水面，身体尽可能处在较高位置。在游进过程中，身体随划水和打腿动作围绕纵轴有节奏地转动，角度在 45° 左右，头部保持不动。

（二）手臂动作

1. 动作技术要点

空中移臂侧入水，屈臂屈肘对准水，向后加速快推水，两臂轮流来划水。注意，屈腕划水要积极充分，并保持屈臂。屈肘对水，向后划水，两臂前后交替轮流划水。

2. 手臂动作基本要求

（1）手臂划水时，出水以拇指领先，移臂时手臂与水面垂直，上臂贴近耳朵。在移臂过程中，手臂旋转，入水时小指领先插入水中。

（2）两臂划水应与身体转动协调配合，两肩不断形成位置差。两臂始终处于相反的位置，一臂划水时，另一臂移臂。移臂时，手臂离身体不能太宽。

（3）移臂时如果手臂易弯曲，可暂时用小指领先出水，养成直臂出水的习惯后再用拇指领先出水。

（4）身体始终保持伸展正直，几乎水平地仰卧于水面上。

（三）腿部动作

1. 动作技术要点

大腿来发力，小腿用力蹬。脚尖斜向里，鞭状来交替。注意，直腿下压，屈腿上踢，两腿上下交替向后上方鞭打水。

2. 腿部动作基本要求

（1）以髋关节为轴，两腿上下交替打水。由腰和大腿发力并依次把力量传递到膝与踝关节，形成用脚背对水的有节奏地向后上方鞭状打水动作。

（2）直腿下压。通过臀部肌肉群的收缩，在大小腿直腿下压至一定深度后，大腿停止继续下压，小腿和脚在惯性作用下继续下压，当膝关节弯曲成 135° 左右时，完成下压动作。

（3）屈腿上踢。下压动作结束后，小腿和脚形成较好的对水面，大腿带动小腿用力向后上方做踢水动作，注意膝关节和脚面不能露出水面。

（四）完整配合动作

1. 动作技术要点

自然仰卧在水中，臀部微收稍展胸，两腿上下来踢水，两臂轮流在划水。注意，身体自然伸展，呈流线型姿势仰卧于水中。两腿交替做上踢下压鞭打水动作。直臂空中移臂，屈臂屈肘向后划水。

2. 完整配合动作基本要求

（1）保持水平身体姿势，躯干和肩随手臂动作围绕纵轴转动，始终有一肩不露出水面。一般每划水 2 次，腿打水 6 次，呼吸 1 次。

（2）呼吸虽不受限制，但最好采用有节奏的呼吸方式或固定在一臂移臂时吸气。划水及身体在水中行进时会有波浪及水花，随意呼吸易导致呛水。

（3）两腿交替上下打水。向上打水要快而有力，脚略内旋并绷直；向下打水时，腿和脚自然放松。

第三节　游泳运动比赛规则

本节内容以《游泳竞赛规则 2019—2022》为依据，对游泳比赛基本要求、运动员分道原则、出发规定及各泳姿比赛具体要求进行说明。

一、比赛基本要求

（1）运动员应始终在其出发的同一泳道内比赛和抵达终点。

（2）在所有项目中，运动员转身时身体须按各泳式的规定触及池壁，不得在池底跨越或行走；但在自由泳项目或混合泳项目的自由泳段比赛中，允许运动员在池底站立，但不得行走。

（3）游出本泳道阻碍其他运动员或用其他方式干扰其他运动员者，应判犯规。如果属故意犯规，执行总裁判应将犯规情况报告主办单位和犯规运动员所在的单位。

（4）比赛中，运动员不得使用或穿戴任何有利于其速度、浮力或耐力的器材或泳衣（手蹼、脚蹼、弹力绷带或黏胶材料等），可戴泳镜（赛镜）。

（5）接力比赛时，本队前一名运动员尚未触及池壁，后一名运动员的脚已经蹬离出发台，应判犯规。在接力比赛中，在各队的所有运动员还未游完时，除了应游该棒的运动员之外，任何其他接力队员如果进入水中，应判犯规。

二、分道原则

除了在50米池进行50米项目的比赛外（在出发端面向泳池站立，第一泳道应在池的右侧），如果泳道数为单数，成绩最好的运动员或接力队应安排在中间的泳道。如果泳道数为双数（6条或8条泳道），成绩最好的运动员或接力队应分别安排在第三或第四道。在10条泳道的泳池比赛时，成绩最好的运动员应排在第四道，成绩次好的运动员或接力队应安排在其左侧的泳道，接着按报名成绩顺序将运动员交替安排在其右侧和左侧泳道。报名成绩相同的运动员以抽签方法按上述模式安排泳道。

三、出发规定

1. 规则

自由泳、蛙泳、蝶泳、个人混合泳及自由泳接力比赛时应从出发台起跳出发，仰泳和混合泳接力比赛的第一棒应从水中出发。全国综合性运动会游泳比赛、游泳冠军赛、游泳锦标赛等全国性赛事的出发口令必须用英语“Take your marks”，这个口令需通过安装于每个出发台的扬声器发出。

2. 犯规情况

任何一名在出发信号发出前出发的运动员应判犯规。如果出发信号已发出但发现运动员抢跳，应继续比赛，并在比赛结束后取消抢跳运动员的录取资格。如果出发信号发出前发现运动员抢跳，则不再发出发信号，在取消抢跳运动员的比赛资格后，执行总裁判再以长哨声（仰泳为第2声长哨）开始重新组织其余的运动员出发。

因裁判员的失误或器材失灵而导致运动员抢跳时，发令员应将运动员召回重新组织出发，不视为抢跳犯规。

四、各泳姿具体要求

1. 自由泳

自由泳是指比赛中运动员可采用任何泳姿，但个人混合泳和混合泳接力项目中的自由泳是指仰泳、蛙泳和蝶泳以外的任何泳姿。每次转身和到达终点时，运动员身体的某一部分必须触及池壁。

2. 蛙泳

蛙泳由出发和每次转身后的第一次手臂运动开始，身体应保持俯卧。除转身动作外，在任何时候都不允许身体转成仰卧姿势。

在整个比赛中，动作周期必须以 1 次划臂和 1 次蹬腿的顺序完成。

两臂的所有动作应同时并在同一水平面上进行，不得有交替动作。两手臂应同时在水面、水下或水上由胸前伸出，并在水面或水下向后划水。

3. 蝶泳

蝶泳由出发和每次转身后的第一次手臂动作开始，身体应保持俯卧。除触壁后的转身动作外，任何时候都不允许转成仰卧姿势。

两臂必须同时在水面上向前摆动，并同时在水下向后划水。在每次转身和到达终点时，两手应在水面、水下或水上同时触壁。

两腿所有向上的动作必须同时进行。两腿或两脚可不在同一水面上，但不允许有相对交替的动作，不允许蹬蛙泳腿。

4. 仰泳

在出发信号发出前，仰泳运动员应面对出发端排于水中，两手抓住出发握手器。禁止两脚蹬在水槽里，水槽上或用脚趾扣住水槽边缘。运动员到达终点时必须以仰泳姿势触壁，触壁时允许身体潜入水中。

5. 混合泳

在个人混合泳和混合泳接力项目比赛中，每种泳姿必须符合竞赛规则的有关规定。

课后思考与练习

1. 游泳前应注意哪些问题？
2. 现代国际游泳比赛中采用的姿势有哪几种？
3. 蹬壁滑行练习时，人体水中滑行时怎样才能尽可能增加滑行距离？

第十五章 形体训练

学习目标与任务

- 了解形体训练的概念和内容。
- 熟悉形体训练的主要特点。
- 掌握形体训练的基本动作。

素质讲堂与点拨

2022年北京冬奥会的颁奖场上，礼仪志愿者们身着瑞雪祥云、鸿运山水、唐花飞雪三套颁奖服饰，端庄、美丽、大方地走向奖台，不仅展示出东方之美，更传达了中华民族的自信。他们向全世界展现了中国人现在的精神面貌，也让全世界看到了东方的优雅。

刘雯担任此次北京冬奥会的礼仪培训指导，在她看来，运动员在赛场上不仅展示了他们自己的高光时刻，背后更是代表了国家，为国争荣誉，为梦想而战。而礼仪志愿者们的规范与优雅则是对运动员们最高的敬意。在培训中，除了惯有的体态训练、标准技术动作、颁奖流程和国际礼仪等培训外，刘雯更是将中国经典著作《诗经》《论语》的内容融入培训中，由表及里地提升礼仪志愿者们的素养。

为了既稳住装有奖牌及吉祥物的托盘，又不失从容与优雅，在平时的训练中，礼仪志愿者需要用沙袋进行负重训练。礼仪志愿者在颁奖时需要佩戴口罩，尽管如此，他们也需要保持笑容，通过眼神传递出高兴和祝贺的情绪。所有的辛苦、汗水汇聚出来的是礼仪之邦应有的态度。

思考：北京冬奥会将文化元素和体育赛事完美结合，一点一滴尽显中华优秀传统文化魅力和精髓，成为世界感知中华文化新的重要窗口。请列举出相关的细节及精彩的瞬间。

第一节　形体训练概述

一、形体训练的概念

形体训练是以人体科学理论为基础，通过徒手或利用各种器械，运用专门的动作方式和方法，以改变人的形体的原始状态、提高灵活性、增强可塑性、提高人体形体表现力为目的的形体素质基本训练。

形体训练有广义和狭义之分，广义的形体训练是指有形体动作的训练，狭义的形体训练是指形体美训练。形体训练是所有运动项目的基础，经常参加形体训练能使神经活动得到相应的提高。

二、形体训练的内容

形体训练的内容主要包括基本姿态练习、基本素质练习和基本形态控制练习等。基本姿态是指人在日常生活的坐、立、行、卧等姿势。基本素质练习是形体训练的最重要内容之一，通过大量的练习，可对人体的肩、胸、腰、腹、腿等部位进行训练，以提高人体的支撑能力和柔韧性。基本形态控制练习是对练习者身体形态进行系统训练的专门练习，是提高和增强人体形态控制能力的重要内容，通过徒手、把杆、双人姿态等大量动作的训练，学生可以逐步形成正确的站姿、坐姿、走姿，提高形体动作的灵活性。

三、形体训练的特点

1. 高度艺术性

形体训练有其独特的魅力，但又区别于艺术体操、健美操和舞蹈的学习，它不需要扎实的基本功，每个人都能接受这种艺术训练的熏陶。它将各种有效的健身训练艺术化，让人们的身体具有柔韧性与协调性，使人们在训练中展现身体姿态的造型美。

这些训练内容不仅使练习者锻炼了身体，增强了体质，还使其从中得到了美的感受，提高了艺术修养。因此，形体训练具有很高的艺术性。

2. 广泛适用性

形体训练不是一种高难度的技术型训练，而是适合不同年龄阶段人群的健身方法。它为练习者提供了多种多样的练习内容与科学的健身方法，不同年龄阶段的人可以根据锻炼目的，选择适合自己的练习内容。因此，形体训练具有广泛适用性。

3. 健康娱乐性

形体训练使人们在轻松愉快的氛围中强身健体、丰富情感、调节情绪、塑造形体。它结合了舞蹈、瑜伽、健身操等健身项目。这种具有针对性、由多种有效项目组合的健身方式相对于传统的、单一的舞蹈训练更具娱乐性。

第二节　形体训练的方法

一、基本姿态练习

（一）站姿练习

1. 标准站姿

从正面观看，全身笔直，精神饱满，两眼正视，两肩平齐，两臂自然下垂，两脚跟并拢，两脚尖张开 60°，身体重心落于两腿正中；从侧面看，两眼平视，下颌微收，挺胸收腹，腰背挺直，手中指贴裤缝，整个身体庄重挺拔（图 15-1）。

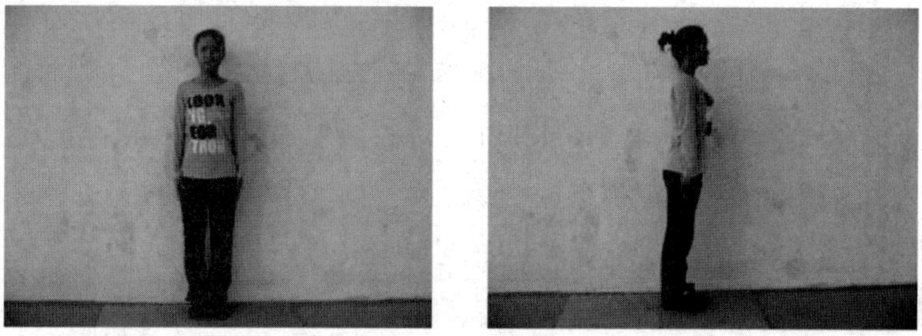

(a)正面　　(b)侧面

图 15-1　标准站姿

2. 站姿的控制练习

（1）靠墙站立。在立正姿态的基础上，双腿夹紧，收腹挺胸，立腰，立背，紧臀，双肩后张下沉，下颌微收，头向上顶，保持五个部位靠墙，即脚跟、腿、臀、肩胛骨和头紧靠墙。

（2）分腿站立。两腿在小八字基础上分开与肩宽，双手叉腰，双肘微向前扣，收腹，挺胸，立腰，立背，双肩后张下沉。

（3）双腿夹纸。站立者在两大腿间夹上一张纸，保持纸不松不掉。

（4）头顶书。站立者按要领站好后，在头上顶一本书，努力保持书在头上的稳定。

（二）坐姿练习

1. 标准坐姿

入座时轻松自然；入座后上体保持正直，肩部放松，两臂自然下垂，两臂曲放在桌面，或小臂平放在座椅两侧的扶手上，也可轻放在两膝或两手相握放在膝上；颈部挺直前倾，两膝自然弯曲，大腿保持水平，两脚掌均匀着地；臀部坐在椅子的中前部，腰部挺直，保持正直端正姿势（图 15-2）。

图 15-2 标准坐姿

2. 坐姿的控制练习

（1）盘腿坐。重心落在臀部，挺胸收腹，立腰提气，肋骨上提，头颈向上伸，下颌微收，两腿弯曲，脚心相对盘于胸前，双肘放松，双手搭于膝上或背于胸后（图 15-3）。

（2）正步坐。上体姿势同盘腿坐，两脚并拢，脚尖正对前方，两膝微开，两臂自然弯曲，两手自然扶于大腿处，上体正直，微向前倾，肩部放松下沉，立腰，头、肩、臀在一条直线上（图 15-4）。

（3）侧坐。上体姿势同盘腿坐。上体微向侧转，两臂自然放松，扶于腿上，两腿弯曲并拢，双膝稍移向一侧，靠外侧腿略放前（图 15-5）。

图 15-3 盘腿坐动作

图 15-4 正步坐动作

图 15-5 侧坐动作

（三）走姿练习

1. 标准走姿

开始迈步时以大腿带动小腿，先以脚跟着地，再过渡到前脚掌，身体重心落至前脚掌，步子柔而轻缓，向前迈步时膝关节向前，脚尖稍外展。颈部自然挺直，下颌内收，双目平视，两肩放松，两臂自然协调地前后摆动，向前摆动稍屈肘，后摆幅度不大，一般在 30° 左右，走路时保持步长为 75 厘米左右，步态自如轻盈、矫健敏捷（图 15-6）。

(a)

(b)

(c)

图 15-6 标准走姿动作

2. 走姿控制练习

（1）行走辅助练习。内容如表 15-1 所示。

表 15-1 行走辅助练习

类　别	内　容
摆臂	保持基本站姿，距离小腹两拳处确定一个点，两手呈半握拳状，大臂带动小臂向斜前方摆动
展膝	左脚起踵，脚尖不离地面，左脚跟落下时，右脚同时起踵，两脚交替进行，脚跟提起的腿屈膝，另一条腿膝部内侧用力绷直
平衡	行走时头上放垫子或书本，练习平衡姿态

（2）迈步分解动作练习。保持基本站姿，双手叉腰，左腿擦地前点地，与右脚相距一脚长，右腿直腿蹬地，髋关节迅速前移重心成右后点地，然后换方向练习。两臂体侧自然下垂。左腿前点地时，右臂移至小腹前的指定点位置，左臂向后斜摆，右腿蹬地，重心前移成右后点地时，手臂位置不变，然后换方向练习。

（3）行走连续动作练习。左腿屈膝上抬，提腿向正前方迈出，脚跟先落地，经脚心、前脚掌至全脚落地，同时右脚跟向上慢慢踮起，身体重心移向左腿。换右腿屈膝，经过与左腿膝盖内侧摩擦向上抬起，勾脚迈出，脚跟先着地，落在左脚前方，两脚间相隔一脚距离。

（四）其他姿势

1. 点头

点头时转折点在脖子，双目注视对方，同时用微笑或话语向对方问好（图 15-7）。

2. 回头

回头时身体稍向后侧，转向对方，以给人谦恭、友好的印象（图 15-8）。

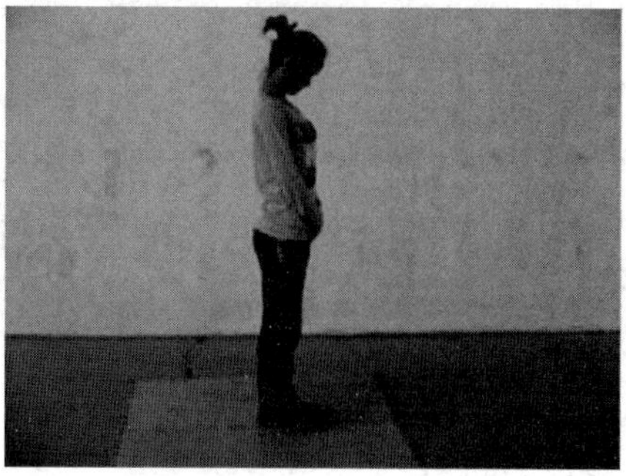

图 15-7 点头动作

图 15-8 回头动作

3. 递物

递东西给他人时，应双手将物品拿在胸前递出（图 15-9）。递书时，应把书名向着对方，以便对方能够看清楚。若是刀、剪之类的尖锐物，要把尖头朝向自己。递物时不能单手拿物品，更不能将物品丢给对方。

4. 招手

招手时，手的高度以在肩部上下为宜，手指自然弯曲，上臂与上体的夹角在 30° 左右（图 15-10）。

图 15-9 递物动作

图 15-10 招手动作

5. "请"的手势

在标准站姿基础上，将手从体侧提至小腹前，优雅地划向指示方向，这时应五指并拢，掌心向上，上臂与上体夹角在 30° 左右，手肘夹角为 90° ～ 120°，以亲切柔和的目光注视客人，并说些适宜话语（图 15-11）。

6. 鼓掌

鼓掌一般表示欢迎、祝贺、赞同、致谢等意。鼓掌时一般将两手抬至胸前，左手掌心向上，四指并拢，虎口张开，用右手去拍打左手发出声响（图 15-12）。

图 15-11 “请”的手势动作

图 15-12 鼓掌动作

二、基本素质练习

（一）手臂和肩部练习

1. 侧压臂练习

两脚分开站立，两臂体侧自然下垂，右臂直臂上举，左手屈肘在头后抓住右上臂，慢慢向左侧拉右肩关节，左右臂交叉（图 15-13）。

2. 压肩韧带练习

双脚开立，上体前倾，双臂伸直，双手手指交叉贴地，上体用力下压至最大限度（图 15-14）。

图 15-13 侧压臂动作

图 15-14 压肩韧带动作

3. 跪立上体前行练习

双腿并拢，跪地，双手直臂垂直撑地，屈臂时从头经胸至腹，依次贴近地面，撑地时抬头、挺胸，上体后倾。

（二）胸腹部练习

1. 俯撑练习

面对墙分腿站立或跪立俯撑，屈肘，上体接近支撑面，注意保持背部平直，收腹，头部和脊柱保持在一条直线上（图 15−15）。

2. 扭腰仰卧起坐练习

仰卧平躺于地面，双腿并拢屈膝，手臂屈肘抱头，用力收腹至上体，带动腰部左右转动，转体时头与身体动作保持一致（图 15−16）。

3. 两头起练习

仰卧平躺于地面，双腿并拢伸直，绷脚尖，用力收腹，使上体与双腿同时抬起，注意用收腹力量控制两头翘动作（图 15−17）。

图 15−15　俯撑动作

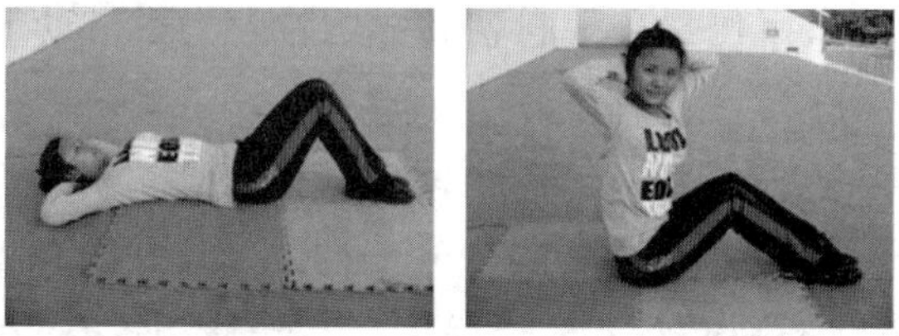

(a)　(b)

图 15−16　扭腰仰卧起坐动作

图 15−17　两头起动作

（三）腰背部练习

1. 双腿跪地做弓背练习

双腿跪地，两手撑地，保持背部平直，收腹。背部向上拱起并收腹，骨盆前倾；接着背部下沉，胸部向地面靠近，微抬头，臀部前移（图 15−18）。

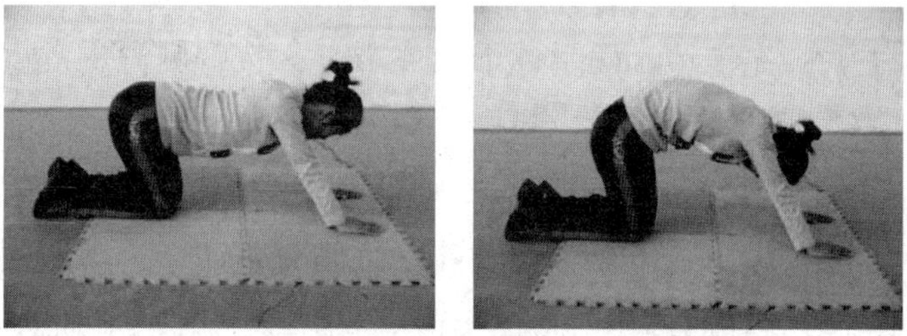

(a)　(b)

(c)

图 15−18　双腿跪地做弓背动作

2. 坐姿胸腰部练习

直角坐于地面，双腿并拢伸直，绷脚尖，双手放于体侧，向后仰头，用力下腰，体前屈时用腹部尽量贴近大腿（图 15-19）。

3. 跪姿下腰练习

跪立，上体正直；手臂上举，慢慢向后下腰，头后仰；起腰时以腰带动上体慢慢起立（图 15-20）。

4. 坐姿甩腰练习

上体正直，分腿坐，双手侧举，手心朝下，用腰部力量带动上体做左右侧移和绕环练习（图 15-21）。

图 15-19　坐姿胸腰部动作

图 15-20　跪姿下腰动作

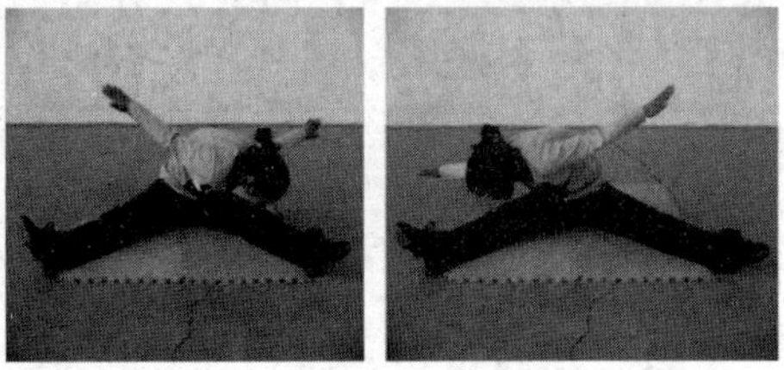

(a)　(b)

图 15-21　坐姿甩腰动作

（四）髋部练习

1. 开胯练习

含胸跪坐在地上，脚尖点地，两手撑于膝关节上，然后侧伸一条腿，呈开胯姿势下压（图 15-22）。注意保持立腰、立背、挺胸、用力下压。

2. 坐姿双腿外分练习

分腿坐在地上保持背部平直挺胸，同时向内收腹，双手扶大腿内侧，从臀部开始向前屈身下压（图 15-23）。注意保持头部和脊柱在一条直线，膝盖和脚趾始终向上。

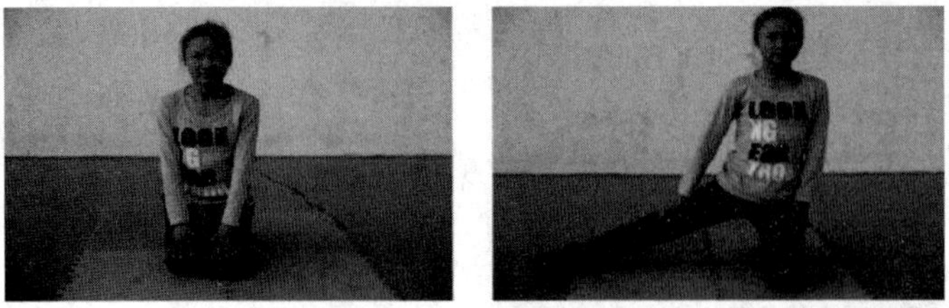

(a)　(b)

图 15-22　开胯动作

图 15-23　坐姿双腿外分动作

3. 平躺扫腿绕胯练习

仰卧平躺于地面，双脚并拢，绷脚尖，双手掌心朝下放于体侧，右腿从左侧至胸前到左侧绕环扫腿，左右交替练习（图 15-24）。注意尽可能最大幅度绕转。

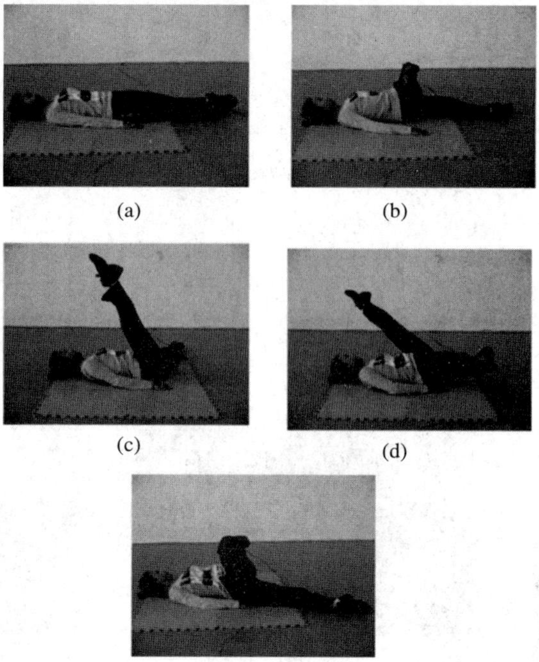

(a)　(b)　(c)　(d)　(e)

图 15-24　平躺扫腿绕胯连续动作

（五）腿部练习

1. 举腿勾绷脚练习

仰卧平躺于地面，收腹，挺胸，绷脚面，双手置于体侧，左右脚交替上举，注意练习时双腿伸直，控制好体态（图 15-25）。

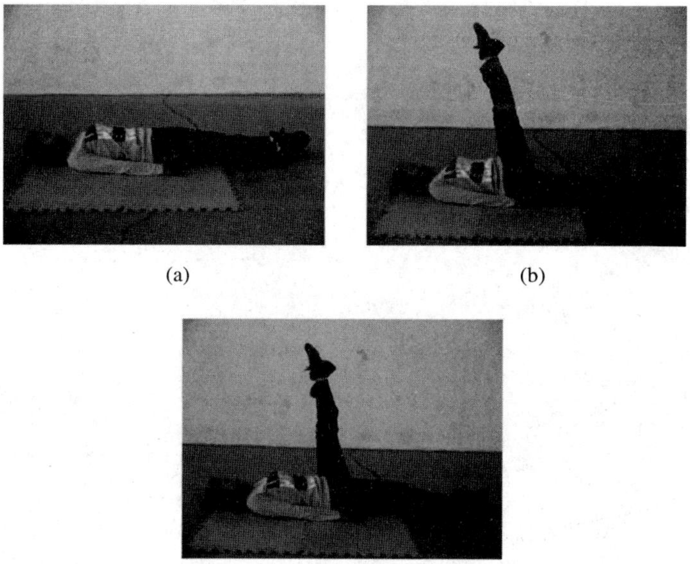

(a)　(b)　(c)

图 15-25　举腿勾绷脚动作

2. 坐姿压腿练习

直坐在地上，立腰，立背，头向上顶，双手屈臂置于大腿两侧，双腿并拢，上体前压，胸腹部尽量贴近大腿；两腿分开，上体左侧压，左右交替，注意双脚伸直，绷紧脚面，上体前压时，胸腹紧贴大腿；侧压时双肩水平侧倒，带动上体完成动作（图 15-26）。

3. 站姿压腿练习

面对把杆站立，双手叉腰，一腿支撑，另一腿在杆上做下压动作，可做正压腿、侧压腿、压后腿练习，注意双腿伸直，上体保持抬头、挺胸、立腰、立背姿态，腹部尽可能贴近大腿（图 15-27）。

图 15-26　坐姿压腿动作

(a)　(b)

图 15-27　站姿压腿动作

课后思考与练习

1. 大学生进行形体训练的重要意义在哪里？

2. 形体训练的主要方法有哪些？

第十六章 健美操运动

学习目标与任务

- 了解健美操运动的发展概况。
- 掌握健美操运动的基本动作。
- 掌握大众健美操的基本套路。

素质讲堂与点拨

20多年前，田福秀在山西师范大学体育学院任健美操队的教练，一次比赛让她深受触动，因为她发现参赛队伍中竟然没有少年健美操运动员。自此，她下定决心，健美操要从娃娃抓起。经过田福秀不懈的努力，2000年，临汾市少年健美操基地正式成立。她凭借着顽强的精神，一步步克服了生源、场地、资金等短缺的困难，带领着队员们一步步坚持了下去。

2002年，田福秀带队参加了全国第十二届学生运动会健美操比赛，获得了第三名的好成绩。此后，她经常带队参加全国比赛，成绩也越来越好。

2004年，临汾三中健美操队成立，田福秀担任总教练。2006年，临汾三中健美操队代表中国参加了第二届世界青少年健美操锦标赛，最终斩获一金一银。五星红旗升起的一瞬间，带给她和队员们的是前所未有的激动与自豪，是健美操让她们的人生变得精彩而不凡。

如今，越来越多的孩子加入了健美操队伍，70多岁的她依然工作在教学一线，也依然动作灵活，步伐矫健。在她看来，健美操是一项充满青春活力的运动，是她生命的一部分。

思考：2004年以来，田福秀与健美操教练们为中国健美操国家队输送了11名优秀队员，培养出200余名国家健将级和国家一级运动员。他们这种坚持不懈的精神源自对健美操运动的热爱，想一想健美操运动的魅力体现在哪里。

第一节 健美操运动概述

健美操源于人类对美与健康的不断追求，是将音乐、舞蹈、体操完美结合的产物。它将体育、艺术、教育融于一体，具有强身健体、改善体形、娱乐身心、医疗保健等功能。健美操如今已成为一项应用性较强的健身娱乐运动项目。

一、健美操的起源和发展

1. 健美操的起源

健美操的起源可以追溯到 2 000 多年前。古希腊人对人体美的追求闻名世界，古希腊人非常喜欢通过跑跳、柔软体操及健美舞蹈等项目来表现和提高人体美。因此，有学者认为，现代健美操的形成源于古代人对健美的追求。

现代健美操属于基本体操一类，是体操运动的一个分支。而体操运动作为人们强身健体的手段已有几千年的历史了。体操的产生是奴隶主阶级统治的需要，当时的统治阶级运用生活实践中的一些动作来训练士兵，逐渐形成了一定的模式，并用这种模式来增强士兵的体质和加强士兵的力量，因而出现了军士体操。随着时代的变革，人类的生命意识渐趋增强，人们常将体操作为强身健体的普遍手段，因而产生了健身体操。

近代体操主要是在欧洲逐步形成和发展起来的，并随着各个国家和民族不同的社会文化背景而出现诸多流派。例如，德国出现了适用于军事的体操，瑞典出现了适用于儿童和成人的体操。近代体操具体分为教育体操、医疗体操和美学体操等。19 世纪中期，更接近于现代体操的丹麦体操异军突起，其注重科学、优美和全面发展。19 世纪下半叶，体操运动在欧洲兴起，各国都先后建立了体操俱乐部、体操协会，国际上也成立了体操联合会。而具有划时代意义的捷克鹰派体操的出现则开启了现代体操的先河。此后，各种体操流派取长补短、融会贯通，不断通过各种国际性比赛和国家间的交流来切磋技艺并相互竞争，从而发展到了当今的竞技体操水平。与此同时，大众健身体操也随之出现。

随着社会经济、文化的不断发展，健美操逐渐趋于独立，并在相邻领域的影响下逐渐成熟。后来，迪斯科动作、爵士舞动作、霹雳舞动作、摇滚舞动作等都为现代健美操的发展提供了大量的素材，丰富了健美操的内容。

2. 健美操的发展

20 世纪 70 年代末，世界健美操热传到我国。在我国一线城市，各健美操培训班开始建设。之后随着健美操在媒体中的不断出现，更多的人对健美操有所了解，使健美操在我国得到了大力发展。1984 年，北京体育学院（现为北京体育大学）专门设立了健美操研究组。之后，上海体育学院也成立了健美操研究室，并且开设健美操课程。随后，健美操课程在各个高校陆续开展，健美操被引入学校。

近几十年来，健美操深受各国、各阶层人群的喜爱，成为继20世纪60年代兴起的以大众慢跑热为中心的有氧锻炼的延伸和发展。一些体育专家认为，健美操也可称为有氧体操，其比较安全，对心脏、血管的刺激比较适中，人体乳酸不易积存，且可以使人在运动时颇感愉快。这一论断的确立使健美操这一群众性的健身运动的发展愈加迅猛。

近年来，随着健身运动的不断发展，越来越多的人对健身的理解进一步加深，其知识水平和健身的科学化程度不断提高，对健身的需求也不断增加，需要更加多样的健身方式。因此，社会上出现了许多新的健身形式，包括利用移动器械、固定器械的有氧运动，新兴的水中健身操等。健美操在大环境下得到了迅速的发展，呈现出了多样化和科学化的发展趋势。

二、健美操的特点与作用

1. 健美操的特点

（1）促进人体健美。健美操以健身为基础，把形体美、姿态美、动作美和精神美有机结合起来，旨在促进人体健美。

（2）音乐伴奏。对于健美操而言，音乐是灵魂，音乐的高低起伏结合动作能够让练习者的情绪和运动量达到高峰。

（3）设计和编排讲究对称性。健美操的动作设计和编排讲究对称，以使身体匀称、柔韧、健美，它坚持循序渐进和全面发展的原则，一套健美操通常分为三个部分，即热身部分、基本动作部分和放松动作部分。

（4）运动负荷量大。有资料表明，健美操运动负荷比广播操大5～6倍。因此，健美操负荷的安排应符合人体生理活动机能及变化规律。

（5）不受场地、年龄的限制。健美操锻炼不受场地的限制，在室内或室外都可以进行；不受年龄的限制，针对不同年龄段可以编排不同难度的动作。

2. 健美操的作用

（1）强身健体，增进健康美。健康美的人应该具备良好的心肺耐力、肌肉力量、平衡能力、灵敏性和柔韧性。经常参加健美操锻炼不仅可以使人的心功能增强、血管弹性增强、心搏有力，使全身有氧能力得到提高，还可以增强消化系统的功能、改善肾脏的血液供应、增加皮肤血液循环、促进新陈代谢、加强皮肤的适应能力，达到强身健体的目的。

（2）改善体形，塑造形体美。形体分为姿态和体型，良好的身体姿态是个体气质、风度形成的重要因素，练习健美操时要求练习者始终保持良好的身体姿态，这一要求与生活中的身体姿态要求一致。因此，健美操锻炼有利于练习者改善原有的不良身体姿态。同时，长期的健美操锻炼可以减少体内的脂肪，达到减肥的效果，使练习者身材均匀、美观。

（3）缓解压力，娱乐身心。作为一项有音乐、节奏感强的运动项目，健美操可以缓解大多数人的精神压力，在疲劳的学习和工作后娱乐练习者的身心，给练习者带来快乐，同时也减小了由精神压力引起各类疾病的概率。

（4）促进人们的交往。健美操的锻炼往往是一群不同年龄段、不同性别、不同职业等不同人群一起参加练习，这样的锻炼可以促进他们的交流，从而与更多的朋友一起参加运动。

（5）培养团队合作意识。在健美操教学的过程中，练习者互相交流、互相鼓励、互相配合，一起创编动作，编排队形，这是对团队合作意识的一种培养。

（6）医疗保健。作为一种有氧锻炼的方式，健美操适用于部分残疾人、老年人等的医疗保健。

第二节　健美操的基本动作

一、健美操基本动作步法

步法是在特定节奏下的脚步运动方法，包括下肢的各种走、跑、跳、舞步等。健美操步法如表 16-1 所示。

表 16-1　健美操步法

类　别	内　容
弹动	膝关节有节奏地弹性屈伸
踏步	在原地，两脚掌交替落地
走	踏步移动身体
“一”字步	向前一步并腿，向后一步并腿
“V”字步	左脚向左前方迈一步，紧接着右脚向右前方迈一步，屈膝，再依次退回原地
漫步	左脚向前踏一步，屈膝，右脚稍抬起后落回原地，接着左脚向后踏一步，右脚同样稍抬起后落回原地
并步	左脚向左迈一步，右脚前脚掌并于左脚脚弓处，稍屈膝下蹲
交叉步	一条腿向侧迈出，另一条腿在其后交叉，稍屈膝，迈出腿再向侧一步，另一条腿与之并拢
半蹲	两腿分开或并拢，屈膝
点地	一只脚脚尖或脚跟触地，另一条腿稍屈膝
移重心	一只脚向侧迈一步，经过屈膝将身体重心移至迈步脚，另一只脚侧点地
后屈腿	一条腿站立，另一条腿后屈，然后还原

续表

类 别	内 容
弓步	一条腿向前、侧、后迈步屈膝，另一条腿伸直
吸腿	一条腿站立，另一条腿屈膝向上抬起
踢腿	一条腿站立，另一条腿直膝加速上踢
弹踢腿	一条腿站立，另一条腿先屈膝，然后向前下方弹直
跑	两腿依次经腾空落地，要求小腿向后屈膝折叠
开合跳	由并腿跳成分腿，然后跳回并腿
并步跳	一只脚向前侧迈一步，同时跳起，另一只脚迅速并拢，呈双脚落地状态
点跳	一只脚向侧小跳一次，另一只脚随之并上垫步跳一次

二、健美操基本手型

健美操的基本手型与步法一样，是健美操运动中的最基本单位。

（1）并掌。五指并拢伸直，指关节不能屈曲，如图 16-1 所示。

（2）开掌。五指用力分开伸直，如图 16-2 所示。

（3）花掌。在开掌的基础上，从小指开始依次内旋，形成一个扇面，如图 16-3 所示。

（4）立掌。手掌用力上屈，五指关节自然伸直，如图 16-4 所示。

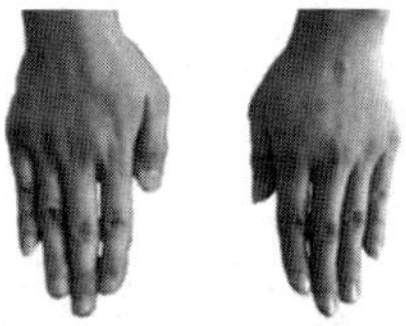

图 16-1 并掌

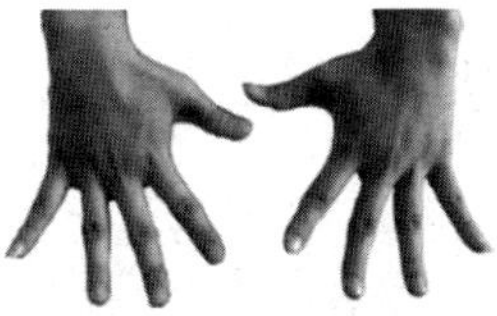

图 16-2 开掌

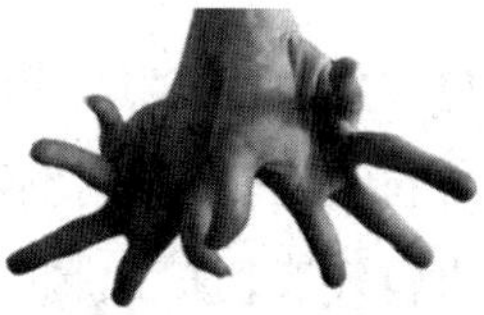

图 16-3 花掌

图 16-4 立掌

（5）一指。拇指与中指、无名指、小指相叠，食指伸直，如图 16-5 所示。

（6）剑指。拇指与无名指、小指相叠，中指与食指并拢伸直，如图 16-6 所示。

（7）响指。无名指、小指屈，拇指与中指用力摩擦打响，如图 16-7 所示。

（8）拳。四长指握拳，拇指的第一关节扣在食指与中指的第二关节处，如图 16-8 所示。

（9）舞蹈手型。有拉丁手型、西班牙手型、芭蕾手型等。

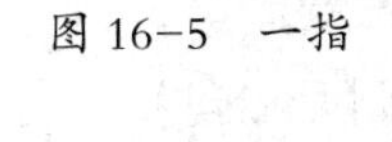

图 16-5 一指

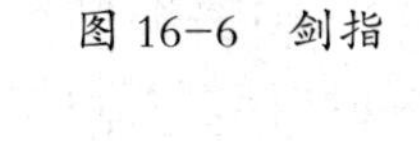

图 16-6 剑指

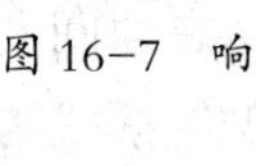

图 16-7 响指

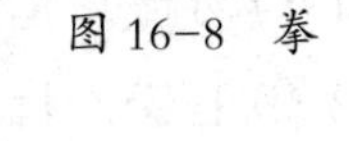

图 16-8 拳

三、健美操其他基本动作

1. 身体标准姿态

做健美操练习时要始终保持身体自然挺胸、收腹、沉肩、伸颈和脊柱正直姿态，注意调整好呼吸。

2. 头颈部动作

要求做各种头颈动作时，上体保持正直，速度要慢，头颈移动的方向要准确，颈部被动肌群充分伸展。

（1）屈。头颈关节角度的弯曲，有向前、后、左、右的屈。

（2）转。头颈部绕身体垂直轴的转动，有向左、右的转。

（3）绕环。头以颈为轴心的弧形和圆形运动，有左、右绕和左、右绕环。

3. 肩部动作

要求提肩、沉肩时两肩在同一面上下移动，幅度要大，肩部要平。

（1）提肩。单肩或双肩尽力向上提起。

（2）沉肩。单肩或双肩尽力向下下沉。

（3）收肩。两肩尽力向内收拢，伴随含胸动作。

（4）展肩。两肩尽力向外打开，伴随展胸动作。

（5）肩部绕环。单肩或双肩绕肩关节做提、沉、收、展的绕环动作。

4. 胸部动作

要求练习时收腹、立腰。含胸、展胸、移胸要尽量达到极限。

（1）含胸。指两肩内合，缩小胸腔。

（2）展胸。指两肩外展，扩大胸腔。

（3）移胸。指髋部固定，做胸左、胸右的水平面移动。

5. 腰部动作

要求练习时塌腰，动作幅度要大。

（1）屈腰。下肢保持不动，上体向一侧屈伸动作，有向前、向后、向侧屈腰。

（2）转腰。下肢保持不动，上体向一侧转体动作，有向左、向右转腰。

6. 髋部动作

要求髋关节做顶、提、摆动作，绕环时应平稳、柔和、协调，稍带弹性，上体要放松。

（1）顶髋。指髋关节做急速的水平移动，有向前、向后、向左、向右顶髋。

（2）提髋。指髋关节做急速向一侧上提的动作，有向左、向右提髋。

（3）摆髋。指髋关节做钟摆式的连续移动动作，有向左、向右侧摆和向前、向后摆。

（4）髋绕环。指髋关节做弧形、圆形移动，有向左、向右的绕环。

7. 下肢缓冲和弹动

下肢缓冲和弹动涉及的部位有踝关节、膝关节和髋关节。落地时注意由前脚掌滚动到脚跟落地，同时屈膝、屈髋，注意肌肉的收缩和放松要有控制，避免动作过分僵硬和关节过度伸展。

第三节　大众健美操一级套路

一、组合动作一

1. 第 1 个 8 拍

下肢步伐为：右脚开始“一”字步。上肢动作为：1 ～ 2 拍双臂胸前屈，3 ～ 4 拍后摆，5 拍胸前屈，6 拍上举，7 拍胸前屈，8 拍放于体侧。

2. 第 2 个 8 拍

下肢步伐为：1 ～ 4 拍右脚开始向前走 3 步吸腿，5 ～ 8 拍左脚开始向后退 3 步吸腿。上肢动作为：1 ～ 3 拍双肩经前举后摆至肩侧屈，4 拍击掌，5 ～ 8 拍动作同 1 ～ 4 拍。

3. 第 3 个 8 拍

下肢步伐为：1 ～ 4 拍右脚开始侧并步两次，5 ～ 8 拍右脚向右连续并步两次。上肢动作为：1 拍右臂肩侧屈，2 拍还原，3 拍左臂肩侧屈，4 拍还原，5 拍双臂胸前平屈，6 拍还原，7 ～ 8 拍动作同 5 ～ 6 拍。

4. 第 4 个 8 拍

下肢步伐为：1 ～ 4 拍迈左脚“十”字步，5 ～ 8 拍左脚开始踏步 4 次。上肢动作为：1 ～ 4 拍自然摆动，5 拍击掌，6 拍还原，7 ～ 8 拍动作同 5 ～ 6 拍。

第 5 ～ 8 个 8 拍，与上述动作相同，但方向相反。

二、组合动作二

1. 第 1 个 8 拍

下肢步伐为：1 ～ 8 拍右脚开始前点地 4 次。上肢动作为：1 拍双臂屈臂右摆；2 拍还原；3 拍双臂屈臂左摆；4 拍还原；5 拍右臂摆至侧上举，左臂胸前平屈；6 拍还原；7 ～ 8 拍动作同 5 ～ 6 拍，但方向相反。

2. 第 2 个 8 拍

下肢步伐为：1 ～ 4 拍右脚开始向右弧形走 270°，5 ～ 8 拍并腿半蹲两次。上肢动作为：1 ～ 4 拍自然摆动，5 拍双臂前举，6 拍右臂胸前平屈（上体右转），7 拍双臂前举，

8 拍放于体侧。

3. 第 3 个 8 拍

下肢步伐为：1 ～ 4 拍左脚上步吸腿右转体 90°，5 ～ 8 拍右脚上步吸腿。上肢动作为：1 拍双臂前举，2 拍屈臂后拉，3 拍前举，4 拍还原，5 ～ 8 动作同 1 ～ 4 拍。

4. 第 4 个 8 拍

下肢步伐为：左脚开始向左侧迈步后屈腿 4 次。上肢动作为：屈肘做前后摆动。

第 5 ～ 8 个 8 拍，与上述动作相同，但方向相反。

三、组合动作三

1. 第 1 个 8 拍

下肢步伐为：1 ～ 4 拍右脚向右做交叉步，5 ～ 8 拍左脚向侧迈步成分腿半蹲。上肢动作为：1 ～ 3 拍双臂侧上举，4 拍胸前平屈，5 ～ 6 拍双臂前举，7 ～ 8 拍放于体侧。

2. 第 2 个 8 拍

下肢步伐为：1 ～ 4 拍右脚开始侧点地两次，5 ～ 8 拍右脚连续侧点地两次。上肢动作为：1 拍右臂向左前冲拳，左臂屈肘于腰间；2 拍双臂屈肘于腰间；3 ～ 4 拍动作与 1 ～ 2 拍动作相同，但方向相反；5 ～ 8 拍同 1 ～ 2 拍动作，重复两次。

3. 第 3 个 8 拍

下肢步伐为：1 ～ 8 拍左脚开始向前走 3 步，接吸腿 3 次。上肢动作为：1 拍双臂肩侧屈外展，2 拍胸前交叉，3 拍动作同 1 拍、4 拍击掌，5 拍双臂肩侧屈外展，6 拍腿下击掌，7 ～ 8 拍动作同 3 ～ 4 拍。

4. 第 4 个 8 拍

下肢步伐为：1 ～ 8 拍右脚开始向后退 3 步，接吸腿 3 次。上肢动作为：同第 3 个 8 拍上肢动作。

第 5 ～ 8 个 8 拍，与上述动作相同，但方向相反。

四、组合动作四

1. 第 1 个 8 拍

下肢步伐为：1 ～ 4 拍右脚开始走“V”字步，5 ～ 8 走“A”字步。上肢动作为：1 拍右臂侧上举，2 拍双臂侧上举，3 ～ 4 拍击掌两次，5 拍右臂侧下举，6 拍双臂侧下举，7 ～ 8 拍击掌两次。

2. 第 2 个 8 拍

下肢步伐为：1 ～ 4 拍右脚开始弹踢腿 2 次，5 ～ 8 拍左脚连续弹踢腿 2 次。上肢动作为：1 拍双臂前屈，2 拍下摆，3 ～ 4 拍动作同 1 ～ 2 拍，5 拍双臂前屈，6 拍胸前平屈，7 拍动作同 5 拍、8 拍还原。

3. 第 3 个 8 拍

下肢步伐为：1 ～ 8 拍左脚曼巴步 2 次。上肢动作为：1 ～ 8 拍双臂自然摆动。

4. 第 4 个 8 拍

下肢步伐为：1 ～ 8 拍左脚开始迈步后点地 4 次。上肢动作为：1 ～ 2 拍右臂经肩侧屈至左下举；3 ～ 4 拍动作同 1 ～ 2 拍，但方向相反；5 ～ 6 拍左臂经肩侧屈至右下举；7 ～ 8 拍动作同 5 ～ 6 拍，但方向相反。

第 5 ～ 8 个 8 拍，与上述动作相同，但方向相反。

课后思考与练习

1. 健美操运动有哪些作用?
2. 健美操运动的基本步法和基本手型有哪些?
3. 国际上举办的与健美操有关的活动有哪些?

第十七章 体育欣赏与奥林匹克运动

学习目标与任务

- 学会如何进行体育运动欣赏。
- 了解奥林匹克运动的发展及奥林匹克精神。
- 树立爱国主义情怀，培养奋斗拼搏的精神能力。

素质讲堂与点拨

体育精神是中国精神的一个缩影。2022年4月8日，北京冬奥会、冬残奥会总结表彰大会上，习近平总书记首次提出“胸怀大局、自信开放、迎难而上、追求卓越、共创未来”的北京冬奥精神。

胸怀大局就是心系祖国、志存高远，把筹办举办北京冬奥会、冬残奥会作为“国之大者”，以为国争光为己任，以为国建功为光荣，勇于承担使命责任，为了祖国和人民团结一心、奋力拼搏。自信开放就是雍容大度、开放包容，坚持中国特色社会主义道路自信、理论自信、制度自信、文化自信，以创造性转化、创新性发展传递深厚文化底蕴，以大道至简彰显悠久文明理念，以热情好客展现中国人民的真诚友善，以文明交流促进世界各国人民相互理解和友谊。迎难而上就是苦干实干、坚韧不拔，保持知重负重、直面挑战的昂扬斗志，百折不挠克服困难、战胜风险，为了胜利勇往直前。追求卓越就是执着专注、一丝不苟，坚持最高标准、最严要求，精心规划设计，精心雕琢打磨，精心磨合演练，不断突破和创造奇迹。共创未来就是协同联动、紧密携手，坚持“一起向未来”和“更团结”相互呼应，面朝中国发展未来，面向人类发展未来，向世界发出携手构建人类命运共同体的热情呼唤。

思考：作为一名新时代的大学生，你是以什么样的形式参与到北京冬奥会的？北京冬奥会给你带来了哪些收获与成长？

第一节　体育欣赏知识

体育欣赏是人们在工作学习之余，通过欣赏体育比赛、体育表演等，获得身心积极性休息的一种活动。在体育竞赛过程中，运动员所展现出来的“健力美”的和谐统一、鲜明的节奏、默契的配合等都能有效地调节人们的心理和情绪，使人充满活力。

一、体育欣赏的内容

体育欣赏的基本内容包括对运动员动作美的欣赏，对运动员在比赛中所表现出的品德的欣赏，对运动员的比赛技术、战术运用和临场发挥的欣赏，对竞技运动比赛中裁判执法水平的欣赏，对竞技运动比赛中教练员临场指挥风格的欣赏，对国内重大体育比赛中解说员、评论员精湛评说的欣赏，对有关体育的书籍、报刊、摄影作品的欣赏，对体育运动场馆的建筑艺术风格的欣赏，对体育运动的器材、服装的欣赏，体育健身者在运动中的自我欣赏，对人体形体的欣赏，对体育音乐的欣赏，对比赛场地环境的欣赏，等等。

视野拓展

比赛的观赏性有赖于规则调整给项目对抗激烈程度带来的变化，更离不开诸多关键的场外因素。

技术上的进步，除了被用于科学训练以延长运动员的职业生涯，还在很大程度上促进了比赛的公平性和观赏性。像网球、排球、羽毛球等项目，即时回放技术的引入，让运动员可以在对判罚不满意时申请鹰眼挑战，从而更准确地判断一个争议球处于界内还是界外、有没有过网击球等。挑战过程增加了单一得分的悬念，还可能影响到整场比赛的节奏。

保证体育比赛的可观赏性，高水平的体育解说同样不可或缺。体育解说的水平，不像数据一样可以直观展示，其重要程度时常被低估。事实上，在互联网还不发达、体育赛事多靠电视转播的年代，解说就已经是连接观众与比赛的重要桥梁。尤其在以裁判打分为主的项目比赛里，现场解说是否能够快速交代比赛规则，概述参赛运动员的历史成绩、技术特点，是否能够及时科普每一套动作的加减分细则和难度，在讲解过程中是否表现出明显的个人偏向，都关系到观看者对参赛运动员甚至是整场比赛的印象。

二、体育欣赏的意义

体育欣赏为人们提供了一个学习拼搏进取精神、无私奉献精神、爱国主义精神的大课堂，在这个课堂里，人们能深刻领会“更快、更高、更强”这一口号的真正意义。

（一）体验不同的体育文化

体育文化作为人类智慧的结晶，集中反映了不同国家、不同民族的风俗民情和意识观念。体育文化与人的体育生活紧密联系在一起，它反映本民族的、传统的体育特征，这些传统的体育文化规范着本民族的体育行为，也影响着人们的体育价值观念。体育文化与或地域或民族的社会文明、物质文明以及自身的发展有相辅相成的关系。

（二）陶冶情操

通过欣赏体育比赛，观众不仅能欣赏到运动员健康、强壮、匀称、优美的体形，而且可以欣赏到运动员展现出来的准确、干净、利落、新颖、洒脱的动作造型，产生愉悦的感受，同时还能激发欣赏者热爱体育、追求美好生活的愿望。

（三）振奋民族精神

欣赏体育比赛可以强化集体观念，激发爱国主义热情，振奋民族精神。体育运动作为一种日益融入人们生活的社会活动，可以通过促进人们的共识与共同价值体现其振奋民族精神的特殊功能。

（四）激发体育意识

体育意识是指客观存在的体育现象在人们头脑中的反映，是人们对体育感觉、思维和判断的总和，是人们对体育运动的总体认识和看法。反过来，体育比赛能启迪和激发人们的体育意识，包括健康意识、拼搏意识、创新意识、道德意识、遵规意识和竞争意识等。

课堂互动

花样滑冰是一项由单人、双人或团体以冰刀在冰面上划出图形并表演技术动作的体育活动。它拥有迷人的舞姿、高难的技巧、优美的音乐。借助互联网资源，观看花样滑冰的宣传片，看完之后想一想：你对花样滑冰运动的关注点体现在哪些方面？你有什么样的感触？完成表 17-1。

表 17-1　我的观看心得

我的关注点	

续表

我发现的美	
我的感悟	

三、体育中的美学

人类在漫长的社会实践中创造出体育，并使体育的审美价值与日俱增。自21世纪以来，体育进入新的发展时代，涉及的美学问题更多。体育美学帮助人们认识体育中的美，积极指导与运动有关的审美活动，促进身体运动技术趋向规范化和优美化，使人的身心日臻全面发展。

（一）美在体育运动中展现

体育运动美是借助人的自然实体来表现的。马克思曾指出，美是人的本质力量的对象化。法国著名艺术大师罗丹说："自然界中没有任何东西比人体更美。"苏联的马雅可夫斯基也说："世界上没有任何一件衣衫比健康的皮肤和发达的肌肉更美。"这些观点精辟地指出了人体与健康美的关系。体育运动是以人体美的运动形式来表现和创造美的。如健美运动，运动员在比赛时，根据音乐节奏把自己的强健肌肉充分展现，他们那隆起的肌肉群、雕塑般的身躯、匀称的线条、优美的造型无一不是体育美的展现，使人陶醉在美的享受之中。几乎任何一项体育项目都能展现人体的力量、速度、灵巧、耐力和青春活力，展现人类的形态美与心灵美，实现体育运动与美的水乳交融。

（二）体育运动与体育审美

体育运动是人们有计划地向着一定的目标前进的创造过程。一方面，体育运动的目的是增进人的健康，发展人的个性；另一方面，体育运动可用来观赏，丰富人们的业余生活。观赏体育比赛本质上是一种审美活动，是一种感性和理性直接统一的直观认识。它不借助抽象概念，而是在活动的直观形式中演化理性内容。从理论实践看，体育运动具有一定理性目的的社会功利价值。例如，中国女排取得的巨大成功对促进我国社会发展起到了巨大的推动作用。

体育观众是直接参与体育创造和传播的，观众既是感受的主体，又是参与的客体。当然，并不是所有的观众都能获得体育运动的美感。首先，观赏者必须具备体育审美的意识和能力，即主体的意识能够通过感知和客体发生交流，以引起心理的振奋和激励；其次，观赏者必须具备一定的运动能力，即对所观赏的运动项目的特点、结构、力量和幅度都有一定的体验，才能对审美客体做出一种稳定不变的情感反应。

人类本身的自然属性和社会属性必然要在运动中、在观众面前展现出来。人在运动中要拥有最大的空间、达到最高速度、显示最大力量，这是对人体极限的冲击，是自我超越的过程。人体始终按照平衡—不平衡—平衡的法则运动着，从而达到一种和谐的境界，给人和谐愉快的感觉。体育审美是以直接参与为基本特征的。由于各个运动项目的规律、特点、力度不同，因此，它给人的审美感受是不同的。在体育运动中，人们不仅能欣赏到各种运动美，体育服装、体育建筑、体育场地、体育器械、运动会的开幕式和闭幕式等均能满足审美的需要。

（三）体育审美与艺术审美

体育美和艺术美没有本质区别，但是它们在美的创造方法和表现形式上，以及人在审美关系中所处的地位是有很大差异的。

艺术美是生活美的集中体现，它充分、强烈、典型地反映出生活美。艺术美的创造不仅是在生活美的基础上概括、加工、取舍提炼而成，而且融入作者的审美意识和审美评价，塑造一些非现实性的艺术形象。而体育美却不同。体育美的创造虽然也要遵循美的规律，其中也包含了运动员对自己行为的一种审美态度，但它并不全是现实形象的反映，而是一种有机构成。也就是说，体育美必须直接接受竞技性的要求，并且尊重人体科学规律，研究如何花费最少的体力使人的天赋、体力、技能和运动速度发展到最高境界。体育美不仅要有抽象概括的形式，重要的是要有具体的可感形式。任何虚伪和过分夸张都构不成体育美。

人在艺术作品中和在体育运动中所处的地位也是不同的。人在艺术作品中是被塑造、被表现的对象，而在体育运动中是表现的主体。前者作为间接美出现在审美关系中，成为审美对象；后者作为直接的形象进入审美关系中，成为审美主体。在体育运动中，人既是主体，又是对象；既是目的，也是手段；既是表现的内容，又是表现的形式。文学艺术美需要一种无生命的物质——文字、声音、色彩，作为艺术美的媒介，而体育美的媒介就是运动着的人体。文学艺术美侧重于人们的审美想象，体育美则侧重于人们的审美感知。文学艺术美通过艺术媒介固定下来，具有相对的稳定性和静止性；而体育美表现在人体运动的全过程中，有着强烈而鲜明的个性感。因此，体育美是一种流动的美、动态的美。

（四）体育美的欣赏

体育运动向人展现的是一个绚丽多姿的美的艺术世界，它能使人们得到精神上的愉悦及美的享受。运动员在体育比赛中表现出的高超艺术是体育运动中美的体现。它像一幅幅流动的画面给人以美的享受。

在观看艺术体操比赛时，运动员做波浪动作时所表现出的灵动柔软，做转体动作时表现出来的身体轻盈高飘，做平衡动作时表现出的稳健、优美，都能给观者带来强烈的美的感受。在观看竞技体操比赛中，运动员稳健、准确、高雅、优美的动作更给观者以精彩、动人、魅力无穷的回味。在观看球类比赛时，球场上快速多变的战术，紧张激烈的争夺，熟练默契的配合，更是高潮迭起、精彩纷呈，把观者带入神话般的世界。跳高运动员的腾空飞越横杆，帆船运动员搏击惊涛骇浪，击剑运动员敏捷灵活的矫健身姿，无不使观者沉醉于体育美的享受中，激励人们对体育更高、更深、更远的追求。

视野拓展

1954 年，国际奥委会全会通过了奥林匹克艺术展的方案，并将“组委会举办艺术展览（建筑、音乐、文学、绘画、雕塑、体育邮票和摄影），也可包括芭蕾舞、戏剧、歌剧或交响乐演出”等文字写入《奥林匹克宪章》第 31 款。

现行《奥林匹克宪章》规定，奥运会组委会需制订文化活动计划，并提交国际奥委会执委会批准。其内容包括在奥运村举办象征人类文化普遍性和多样性的活动及主要在主办城市举行的同样活动。文化活动需至少贯穿奥运村开放的整个时期。这种文化展示活动就是奥林匹克艺术节。由于奥运会的主办国要充分利用奥林匹克艺术节展示多姿多彩的本国文化传统，并获取良好的经济效益，因而艺术节举办时间都较长。奥林匹克艺术节既是对主办国文化的展示，也是世界性的艺术大交流。

舞蹈、音乐、文学、绘画、雕塑、摄影、戏剧、建筑、集邮等各种艺术形式争奇斗艳，使各种艺术形式的创作在更广阔的背景中不断地获得表现体育运动的本质意义和人创造价值的机会，以精湛的艺术形式展示了健美的身体与健全的精神和谐交融的文化魅力。艺术节不是简单的庆典，它所开创的天地和所注入的活力同时推动着文化艺术的创作走向兴盛和繁荣。

四、体育欣赏注意事项

不同的体育内容与表现形式必然要求不同的欣赏方法。例如，田径、游泳以速度和力量为看点，球类运动以对抗、技术为看点。为了能够真正领略体育欣赏的魅力，在观看体育比赛前，应注意以下几方面的问题。

（一）观赏比赛前做好充足准备

在比赛开始前，观看者应该了解一些该项体育活动的历史和特点。例如，观赏世界杯足球比赛，就要了解一些足球运动的起源和发展情况，了解该项比赛的情况；应尽量掌握一些该项比赛的规则和裁判知识。对一些具体比赛场次，要了解其背景，要掌握参赛队或队员的一些情况。

（二）掌握好观赏角度

1. 从技术的角度观赏

技术是以运动员的身体条件为基础，是使运动员体能能够得到最大限度发挥的动作方法。例如，体操中又高又漂亮的跟头，足球中的凌空抽射、鱼跃冲顶，篮球中的扣篮、变幻莫测的运球，短跑中充分的后蹬和前摆，跳高中身体过杆的一刹那，投掷中的最后用力等，这些都是精彩引人之处，观赏后会使人得到一种美的享受。

2. 从战术的角度观赏

战术是运动员把一些技术有目的地组合起来运用。战术可分为个人战术、基础战术和全队战术等。运动员们默契的战术配合会启发观者想到当今社会的许多工作都需要人们像比赛场上的运动员那样，明确分工、密切合作才能完成。

3. 从运动员的角度观赏

由欣赏某一运动员的运动技能而扩展到其他方面，如性格、爱好、外貌、风度等，都会使观者感兴趣以至着迷。对于运动员在比赛中所表现出来的勇于克服困难、顽强拼搏、锐意进取的精神，尊重裁判、尊重对手、宁失一球不伤一人、团结友爱的道德风貌等，观者在观后更会受益匪浅。

4. 从文化和社会发展的角度观赏

体育是人类在几千年发展过程中创造出来的宝贵的文化财富，随着人类社会的高度发展，现代体育已经成为一种影响极大的全球性文化活动。体育比赛的内涵更加明确，外延更加丰富、深刻，充满了时代精神和人生哲理。因此，大学生把观赏体育比赛仅仅当作娱乐活动是不够的，还应该在观赏中深入思考，使自己的观念、思维、情趣等都得到启迪和升华。

（三）在观赏后回顾

在观赏体育比赛之后，注意报刊、电视、广播中的有关报道评论，与其他人交换看法，更能加深观赏印象，提高观赏水平，让观赏活动取得更大的收获。如果意犹未尽，还可以写点感想和评论。

第二节 奥林匹克运动

在人类发展的历史长河中，奥林匹克运动是一个最悠久的社会文化现象，体现了人类追求更高、更快、更强的精神。奥林匹克运动将不同肤色、不同文化背景的民族紧密联系在一起，对人类文明产生了深刻的影响。

一、古代奥林匹克运动

古代奥林匹克运动产生于古希腊，其起源与古希腊的社会情况密切相关。当城邦制的奴隶社会逐渐形成后，各城邦之间战争不断。战争需要身体强壮的士兵，体育则是培养能征善战士兵的有力手段，在一定意义上，战争促进了希腊体育运动的开展。随着“神圣休战月”条约的签订，为准备兵源的军事训练和体育竞技，逐渐变为和平与友谊的运动会。

古代奥林匹克运动从公元前 776 年起，到公元 394 年止，共举行了 293 届。公元前 776 年，伯罗奔尼撒的统治者伊菲图斯将宗教与体育竞技合为一体，组织大规模的体育竞技，每 4 年举行一次，时间定在闰年的夏至之后，这届运动会就成为古代奥林匹克运动会的第一届，比赛项目仅有一项，即距离为 192.27 米的场地跑。

古代奥林匹克运动会从第一届开始，每届只举行 1 天。从第 22 届古代奥林匹克运动开始，比赛时间改为 3 天。比赛项目也不断增多，从最初的一项短跑逐渐增加了铁饼、标枪、跳远、角力、跑步、五项全能、拳击、摔跤、战车赛跑、赛马等。

视野拓展

古代奥运会的授奖仪式庄严而隆重。授奖台设在宙斯像前，橄榄冠放在一个特制的三脚台上。授奖时，先由报道官宣布运动员的姓名、比赛成绩、所属的城邦及运动员父母的名字。然后由司仪把优胜者领到主持人面前，主持人起身，将橄榄冠从三脚台上取下来，给优胜者戴上。这时，观众唱歌、诵诗、奏乐、欢呼，并向运动员投掷鲜花。古奥运会对获胜运动员的奖励，虽曾多次改变，但原则都是着重于精神奖励。物质奖励也有，但相当微薄。

橄榄枝作为古代奥运会的精神，作为奥林匹克运动精神的象征，寓意深刻，影响久远。古希腊人认为，橄榄树是雅典保护神雅典娜带到人间的，是神赐予人类和平与幸福的象征，因此，用橄榄枝编织的橄榄冠是最神圣的奖品，能获得它是最高的荣誉。据说，用于编织桂冠的橄榄枝必须得由一个双亲健在的 12 岁儿童，用纯金刀子从神树上割下来，然后精心编制。

在奥林匹亚举行的授奖仪式结束后，优胜者便可陆续还乡。这时，各城邦还将为他们的优胜者凯旋归来而组织盛大的庆典活动。后来希腊还规定免去优胜运动员对国家的义务，在剧场或节日盛会上为他们设置荣誉座位，个别城邦还发给有功绩的运动员终身津贴。

二、现代奥林匹克运动

（一）现代奥林匹克运动的产生与发展

19 世纪后半期，体育出现国际化趋势。随着大量古代奥运会遗址和文物的出土，复兴奥运会的呼声日益强烈。被誉为“现代奥林匹克之父”的法国社会活动家、历史学家和教育家顾拜旦向全世界提出恢复奥运会的倡议，经其多方奔波和积极周旋，于 1894 年 6 月 16 日在法国巴黎召开了恢复奥运会的代表大会。6 月 23 日，国际奥林匹克委员会成立，希腊诗人维凯拉斯成为第一任国际奥委会主席，顾拜旦任秘书长，会议决定于 1896 年 4 月在希腊雅典举行第一届现代奥林匹克运动会。目前，现代奥运会分为夏季奥运会和冬季奥运会。

1. 夏季奥运会

夏季奥运会每四年举办一届。目前举行的夏季奥运会有 30 多个运动项目（图 17-1），包括田径、赛艇、蹦床、羽毛球、垒球、篮球、足球、拳击、皮划艇、自行车、击剑、体操、举重、手球、曲棍球、柔道、摔跤、水上项目、现代五项、棒球、马术、跆拳道、网球、乒乓球、射击、射箭、铁人三项、帆船帆板和排球等。

图 17-1 部分运动项目图标

竞赛时间包括开幕式、闭幕式在内不得超过 16 天，节假日不进行比赛，期限顺延。国际奥委会规定，得到国际奥委会承认的各国际单项体育组织及其所管辖的运动项目才能列入奥运会比赛。

2. 冬季奥运会

第一届冬季奥林匹克运动会于 1924 年在法国的夏慕尼举行。1925 年，国际奥委会决定每 4 年举行 1 次冬季奥运会，在夏季奥运会的同一年举行。1986 年，国际奥委会决定将冬季奥运会和夏季奥运会从 1994 年起分开每两年间隔举行。冬季奥运会的比赛项目（图 17-2）主要有冰球、冰壶、滑冰、速度滑冰、花样滑冰、短道速滑、滑雪、速度滑雪、高山滑雪、越野滑雪、跳台滑雪、自由式滑雪、滑板滑雪、北欧两项、现代冬季两项、雪车、钢架雪车、雪橇等。

图 17-2　2022 年北京冬奥会部分比赛项目图标

赛期包括开幕式在内不得超过 16 天。国际奥委会规定，列入冬季奥运会比赛的男子项目至少须在两大洲、25 个国家和地区广泛开展，女子项目至少须在两大洲、20 个国家和地区广泛开展。

（二）现代奥林匹克思想体系

1.《奥林匹克宪章》

《奥林匹克宪章》是国际奥委会制定的关于奥林匹克运动的最高法律文件，规定了奥林匹克运动的组织、宗旨、原则、成员资格、机构和各自的职权范围、奥林匹克各种活动的基本程序等，是约束所有奥林匹克运动参与者最基本的行为准则。

2. 奥林匹克格言

“更快、更高、更强”是奥林匹克运动的格言。这一格言充分表达了奥林匹克运动所倡导的不断进取、永不满足的奋斗精神。它不仅表示在竞技运动中要不畏强手，敢于斗争、敢于胜利，而且鼓励人们在自己的生活和工作中不甘于平庸，要朝气蓬勃、永远进取、超越自我，将自己的潜能发挥到极限。

3. 奥林匹克宗旨

《奥林匹克宪章》明确指出，奥林匹克运动的宗旨是“通过没有任何歧视、具有奥林匹克精神——以友谊、团结和公平竞争的精神相互理解的体育活动来教育青年，从而为建立一个和平的更美好的世界做出贡献”。这一宗旨可高度概括为“和平、友谊、进步”。

4. 奥林匹克精神

奥林匹克精神是一种相互理解、友谊、团结和公平竞争的精神。它强调对文化差异的容忍和理解。在这里，人们可以摆脱各自文化带来的偏见，相互交流，相互学习，以比较客观和公正的态度去看待别人和自己，并不断丰富自己；强调竞技运动的公平与公正，只有在公平竞争的基础上竞争才有意义，各国运动员才能保持和加强团结、友谊的关系，奥林匹克运动才能实现它的神圣目标。

5. 奥林匹克标志

奥林匹克标志（图 17-3）由 5 个奥林匹克环套接组成，可以是单色，也可以是蓝、黄、黑、绿、红 5 种颜色。环从左到右互相套接，上面是蓝、黑、红环，下面是黄、绿环。整个造型为一个底部小的规则梯形。奥林匹克标志象征五大洲和全世界的运动员在奥运会上相聚一堂，充分体现了奥林匹克精神的内容。

图 17-3　奥林匹克标志

三、中国与奥林匹克运动

（一）中国人第一次参加奥运会

1932 年 7 月 30 日，第 10 届奥运会在美国洛杉矶举行。在开幕式上，刘长春高举着国旗，迈着坚定步伐通过主席台。7 月 31 日，刘长春站在了起跑线前，这是中国人第一次参加奥运会，他跨出了中华民族在世界奥运史上的第一步，向世人表达了不甘落后、不甘屈辱的中华民族不懈奋斗追赶世界的坚强意志。中华人民共和国成立后参加的第一届奥运会是 1952 年赫尔辛基奥运会，由于接受邀请时间较晚，当我国代表团赶到的时候，比赛已接近尾声。此后，由于国际奥委会违背“一个中国”的原则，1958 年中国宣布与国际奥委会断绝联系。

课堂互动

张伯苓是我国著名的爱国教育家，是中国奥林匹克运动的最早倡导者和奥林匹克精神的最早传播人，他在天津创办了南开学校，并预言“奥运举办之日就是我中华腾飞之时”。你如何理解这句话？你认为举办奥运会的意义何在？完成表 17–2。

表 17–2　举办奥运会的意义

我的理解	
奥运会的意义	

（二）中国重返奥运赛场

1984 年，第 23 届奥运会在美国洛杉矶举办，中国的体育健儿重返奥运赛场。射击运动员许海峰以 566 环的优异成绩摘取了此次奥运会的第一枚金牌，也实现了我国奥运史上奖牌“零的突破”，奖牌总数列 140 个国家和地区的第 4 位。

2000 年，第 27 届奥运会在澳大利亚悉尼举办。中国体育代表团又实现了历史上的突破，共荣获 28 枚金牌、16 枚银牌和 15 枚铜牌，金牌榜和奖牌榜均排在第 3 位。

2002 年，第 19 届冬季奥运会在美国犹他州盐湖城举行。中国共派出 72 名运动员参赛，杨扬荣获短道速滑女子 500 米、1 000 米两枚金牌，并与队友一起荣获女子 3 000 米接力银牌，实现了我国冬奥会上金牌“零的突破”。

在此后的奥运会中，中国体育健儿迎难而上，奋勇前行，为祖国全力拼搏。他们不断提高赛场上的成绩，只为国歌响起的荣耀时刻向我们深刻地展示什么是体育精神，什么是爱国热情，什么是民族自豪感。

（三）中国第一次举办夏季奥运会

2008 年 8 月 8 日，第 29 届夏季奥运会在北京举行，这是我国首次举办奥运会，中国人的奥运梦想成为现实。2008 年，北京奥运会开幕式场面之宏大，参与人员之多，背景之隆重，堪称世界之最，它把博大精深的中华文化盛宴呈现给了全世界。在此次奥运会上，中国以 51 枚金牌居金牌榜首位，是奥运历史上首个登上金牌榜首的亚洲国家。

在浓郁的中国气质和氛围中，中国自信和从容地实现了举办一届有特色、高水平的奥运会的诺言。来自世界各地的奥运选手在赛场上奋力拼搏，彰显奥运精神。比赛在绿色奥运、科技奥运、人文奥运三大理念的引领下精彩万分。此外，在整个赛程中，良好的组织、周到的服务、一流的设施为这次奥运会的成功举办增色不少。2008 年北京奥运会在奥林匹克运动发展史上留下了清晰而令人赞叹的中国印迹。

（四）中国第一次举办冬季奥运会

2022 年 2 月 4 日至 2022 年 2 月 20 日，第 24 届冬季奥林匹克运动会在北京和河北张家口举行。北京冬季奥运会设 7 个大项、15 个分项、109 个小项。其中，北京承办所有冰上项目，延庆和张家口承办所有的雪上项目。这也是中国历史上首次举办冬季奥运会。

北京冬奥会会徽“冬梦”（图 17-4）、北京冬残奥会会徽“飞跃”（图 17-5）及北京冬奥会火炬“飞扬”（图 17-6）极富中国传统文化底蕴。

图 17-4　北京冬奥会会徽“冬梦”

图 17-5　北京冬残奥会会徽“飞跃”

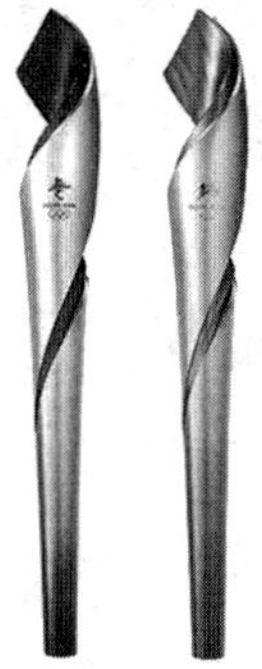

图 17-6 北京冬奥会火炬“飞扬”

“冬梦”的设计以汉字“冬”为灵感来源，上半部分展现滑冰运动员的造型，下半部分表现滑雪运动员的英姿。中间舞动的线条流畅且充满韵律，代表举办地起伏的山峦、赛场、冰雪滑道和节日飘舞的丝带，为会徽增添了节日喜庆的视觉感受，也象征着北京冬奥会将在中国春节期间举行。

“飞跃”的设计展现了汉字“飞”的动感和力度，巧妙地幻化成一个向前滑行、冲向胜利的运动员，同时形象化地表达了轮椅等冬残奥会特殊运动器械形态，展现了运动员不断飞跃、超越自我、奋力拼搏、激励世界的冬残奥会精神。

北京冬奥会火炬的颜色选用银色和红色，象征冰火相约、激情飞扬、照亮冰雪、温暖世界；北京冬残奥会火炬的颜色选用银色和金色，寓意辉煌与梦想，体现了勇气、决心、激励和平等的残奥价值观。

课后思考与练习

1. 什么是体育美？它是如何产生的？
2. 如何欣赏一场精彩的体育比赛？
3. 什么是奥林匹克运动精神？
4. 体育运动是如何塑造和改善一个人的能力、气质与性格的？请举例说明。

参 考 文 献

[1] 王有东，孙茂奎，张力. 大学生体育与健康［M］. 长春：东北师范大学出版社，2020.

[2] 杜远峰，尹建民. 大学体育与健康［M］. 上海：同济大学出版社，2020.

[3] 张玉超. 大学体育与健康教程［M］. 北京：高等教育出版社，2020.

[4] 袁守龙. 大学体育与健康：图解示范 + 视频指导［M］. 2 版. 北京：人民邮电出版社，2021.

[5] 袁逊，李蕾. 高职体育与健康［M］. 天津：天津大学出版社，2019.

[6] 于树祥，夏忠梁. 田径基础教程［M］. 沈阳：辽宁大学出版社，2021.

[7] 杨武代，陈佳，杜静歌. 形体训练［M］. 北京：首都师范大学出版社，2021.

[8] 王博文，干小华. 大众体育球类运动体能训练理论与方法［M］. 青岛：中国海洋大学出版社，2021.

[9] 吴春雨. 武术［M］. 北京：北京体育大学出版社，2017.